劉君祖易經世界

身處變動的時代，易經教你掌握知機應變，隨時創新的能力。

易經六十四卦的全方位導覽

易經密碼 第六輯

劉君祖——著

目錄

懲忿窒欲——損卦第四十一(䷨)

利益眾生——益卦第四十二（䷩）

危機防治——姤卦第四十四（䷫）

出類拔萃——萃卦第四十五（䷬）

懲忿窒欲——損卦第四十一（䷨）

六十四卦中最難的兩個卦——損、益二卦

對初學《易經》的人來講，我覺得損、益二卦可能是最難的兩個卦。這兩個卦可以說是包羅萬象，運用起來也無窮無盡，不管是運用到身體還是管理企業、治理國家等，凡是涉及理性方面的事務，都可以得心應手。但是要理解這兩個卦，熟悉《易經》的人都知道不是那麼容易的。

損卦（䷨）和益卦（䷩）都是三陰三陽的卦，也就是說，陰陽各半。這樣的卦在《易經》中有十組卦，陰、陽總量平衡，但是分佈不同。第一組三陰三陽的卦是泰（䷊）、否（䷋）二卦，這是陰陽對稱分佈的。泰、否之後就是隨（䷐）、蠱（䷑）和噬嗑（䷔）、賁（䷕）這兩組。這是上經三陰三陽的卦，其餘七組三陰三陽的卦都是在談人間世的下經。下經一開始的咸（䷞）、恒（䷟）二卦就是，除了損、益二卦，還有困卦（䷮）和井卦（䷯）、漸卦（䷴）和歸妹卦（䷵）、豐卦（䷶）和旅卦（䷷）、渙卦（䷺）和節卦（䷻），這些卦都不是那麼簡單。

但是，損、益二卦更難，除了必須精確掌握其卦辭、爻辭的文字，其義理又涉及《易經》以外

的範疇。儒、道兩家的經典之中時常有損、益的說法；在傳統的中醫中，也有很多原理都跟損、益有關，像所謂的「七損八益」即是。「七損八益」最早記載於長沙馬王堆出土的醫書《天下至道談》中，提出透過兩性性生活的須知及養生之法，主張去除和防止「七損」，並以「八益」來達到養生保健之效，以求得損、益的平衡，而求平衡是人間世最難的。因為人的身體是動態的，不是靜止不動的，隨時都會變，外面的環境變了，身體的相應部位也會變化。在這種不斷的動盪、變化中找到隨時可以維持平衡的點，這才是最難的。

在中國儒、道兩家的思想中，損、益的重要性不言而喻，其內容主要還是源於《易經》的損、益兩卦。《老子》第四十二章有云：「物或損之而益，或益之而損。」第四十八章稱：「為學日益，為道日損。損之又損，以至於無為。無為而無不為。」第七十七章云：「天之道，損有餘而補不足。人之道則不然，損不足以奉有餘。」還有四十三章云：「無有入無間，吾是以知無為之有益。」又《論語・為政篇》記子曰：「殷因於夏禮，所損益可知也。周因於殷禮，所損益可知也。其或繼周者，雖百世可知也。」儒、道兩家的宗師在他們有限的傳世話語之中就提了好多次損、益在各方面的運用，可見他們非常重視。

從我們養生的小宇宙，求身心的平衡，大到治國平天下，還是在損、益中斟酌。《易經》因為其高度概括性，可以說明一切，所以損、益兩卦也提煉得非常抽象；越抽象，越適合於各種具體情境。有些卦的爻辭是對具體情境如歷如繪的描寫，像睽卦上爻「載鬼一車，見豕負塗」就很形象化。但損、益二卦中沒有這些，都是高度抽象的原則。損、益的心法要結合具體的人生經驗才能體會，而運用的時候又不限於某個具體情境，所以難度之大可想而知。

對於損、益二字來說，現代人大概不會陌生，最平常的就是企業的損益表。做企業的人都知道，做生意一般都是先損後益，剛開始所有的投資、聘雇人員，還有前期的試投產都是損，沒有錢進賬不說，已經花掉一大堆，什麼時候能夠回收，開始獲益，通常需要時間；有時幾月甚至幾年。先損後益是企業必經階段，先投資再求回報，這就需要在經營活動的每一個時間點，心中都有一把尺，有一個算盤，不論時間長短，最後的目的還是要獲益。因此企業有損益表，有資產負債表，這都是平衡的概念。很多企業對危機的處理一般會設計停損點，即損到這個點時不能再損，這是最後的底線，再損下去就會面臨崩盤。

可見，損、益是很實用的，我們身體之中的陰氣、陽氣的平衡運用也是高度奧妙的。《大學》講的從小宇宙到大宇宙，從格物致知、誠意正心，到修身、齊家、治國、平天下，統統在損、益的運用範圍內。《論語》中記載：子張問：「十世可知也？」子曰：「殷因於夏禮，所損益可知也。周因於殷禮，所損益可知也。其或繼周者，雖百世可知也。」這是關於損、益最有名的例子。為什麼孔老夫子充滿自信，認為三千年都可以預測？就是因為掌握了損、益的大原則，其他的細節再怎麼變也變不出這一範疇。我在講恒卦第二爻時也說過，長期預測穩定長久的大趨勢，不必在乎動盪，只要把主軸線抓住，就沒有任何問題。有些人容易被眼前的一些東西迷惑，看不到長遠的未來，而孔子可以對超過任何一個人生命可能的時限進行大膽的預測，因為他完全掌握了歷史變動中人性、時代的大原則。他是周朝的子民，但是他也知道周朝不可能千秋萬代下去，周朝將來也會滅亡，哪有不滅亡的朝代呢？將來滅亡了，還會有新的朝代取代，這就是改朝換代的大原則。任何一個新朝推翻前朝的時候，一定會有新的建設，會革故鼎新，不合乎時代潮流的，就把它廢止了，這就是「損」。不合時宜的放棄、廢止，要因應新的時代需求，就要進行改革創新，那就叫「益」。所以經過時間的變化，有些事物在損，有些事物在益，一直就這麼發展下去。只要我們掌握損、益的大法則，就可以繼往開來，前有夏、商、周，後面不管什麼朝代，其大致的變動都可以掌握，也不出損、益兩卦十二個爻寥寥可數的這些文字。一旦掌握這個原理，我們也可像孔子一樣，很有氣魄地說：「雖百世可知也。」

損、益二卦與中國人的日常思考習慣也是息息相關的。俗話說「吃虧就是佔便宜」，也就是說，損就是益。不吃虧，淨想佔便宜，到最後就一定吃大虧。自私自利的人，做任何事情第一個想到的是自己，想給自己帶來收益，但根據損、益的法則，不用想都知道，這個人絕不得善終，一定損的，因為他視利益為一切出發點。要想獲得收益，開始是要犧牲、奉獻的，或者先讓人家獲益，最後自己才有可能獲益，這是自然的法則。所以，當我們讀完損、益二卦之後，也可以檢討一下自己或者去了解別人。任何起心動念，不要一開始就想怎樣才會有利呢？我有什麼好處呢？長期下去，絕對會有問題。西諺云：「施比受有福。」乾卦講天道的時候，一開始就是布施的心態：「雲行雨施，品物流形。」這是回饋的法則。想要長期獲益，非先損不可，什麼都想先照顧自己的利益，到最後一定是損。

解卦與終極關懷

相對於下經人間世開始的前十個卦全部在人情之中輪迴打轉，損、益二卦是理性開始抬頭。

咸、恒一開始就是天地萬物之情，然後就是遯卦（䷠）、大壯卦（䷡）的世代交替，晉卦（䷢）與明夷卦（䷣）大起大落的痛苦，最後就是家人（䷤）、睽（䷥）、蹇（䷦）、解（䷧）四個卦的輪迴之苦。

感性的輪迴一旦到了一個階段，最後終究要解脫，放下感情和欲望的包袱。就像解卦第三爻「負且乘，致寇至」的包袱太重，為情所苦，為欲所苦，以至於無法走更遠的路。「負且乘」就是因，「致寇至」就是果，這樣的因果其實全由自己製造。這樣一來，沉重的包袱使得人生的道路越來越窄，要解決這些問題，最終還是得靠自己。解卦第四爻「解而拇，朋至斯孚」，就是督促我們趕快甩掉這些縛手縛腳的包袱，解開之後朋友就來了。不像第三爻那麼多包袱，反而招致敵人的覬覦。

由「寇至」到「朋至」，境界就完全不同了。為什麼會「寇至」？因為「負且乘」。為什麼「朋至」呢？因為「解而拇」，放開了。從咸卦初爻「咸其拇」開始綁上的東西，到解卦第四爻「解而拇」解開了；到解卦第五爻則是「有孚于小人，君子維有解」，完全是寬宏大量，對小人還用孚，只要小人退下就好，由君子來主導，並沒有說要趕盡殺絕。所以從這裡看，解卦的境界是很高深的。

解卦第三爻在最深的地獄之中，欲望的奴隸沉淪深淵，都是青面獠牙的「寇至」，追魂索命的冤家債主無處不在。第四爻則是菩薩降臨，「寇至」變「朋至」；到解卦的君位第五爻，則是寬宏大量——「有孚于小人」，人際間的隔閡被化解。第五爻君子對小人這麼客氣，如果小人還不悔改，那就是上爻的「公用射隼于高墉之上，獲之无不利」；為了公眾的利益，也要把害群之馬剷除掉，上爻還是強調要剷除掉全民公敵，這是「有孚于小人」的替代方案。兩手準備，兩手都要抓，端看小人如何面對君子的包容。解卦第五爻可以說是菩薩的低眉慈悲，第六爻則是金剛怒目，其降魔杵在二爻「田獲三狐」的時候就已經準備好了，用與不用全看最後發展的結果。從宗教的終極關懷來看，解卦可作如是說。

損、益的說文解字

「益」字和「蟲」字有共通之處，下面都是「皿」；「蟲」是器皿上捂著蓋子，以致裡面長蟲；「益」則是器皿的容量有限，器小易盈，再往裡面加就會溢出來。這就好比一個人只有那麼點根器，再深的文化也吸收不了。根器太差就無法聞大道，只有把「器皿」做大，才不會輕易滿出來。還有就是本身既然底子有限，就不要貪多，剛好就行。所以人生一要把自己所承受的器局做大，二要有自知之明，不要太貪，要了解自己的局限性，否則就是「益」字加三點水變成了「溢」。

那麼「損」字呢？「損」顯然是人為的，左邊是提手旁，要手動操作；「員」就是數量，要抑制、減損或者裁員。在經濟不景氣的時候，一些生產線要關掉，要減量經營，都要動手操作，光講是沒有用的。動手就涉及損傷，有時開始的損如陣痛，但是「損」的動作會造成未來的「益」。所以我們考慮「損」的時候，絕對不能單一考量，一定要把損、益一起考量，這才是整體的觀點。如果不從長遠的大局著想，完全不考慮未來的「益」，最開始「損」的動作，將會造成真正的損失、損害。可見，「損」的動手操作是非常嚴密、專業的，不能隨隨便便、馬馬虎虎，需要斟酌、細算。就像喝酒一樣，每個人的酒量是不一樣的，有的人千杯不醉，有的人喝兩滴就頭暈。斟酌就和損卦有關，損卦第一爻就有「酌損之」，人際間的酬酢都是相互之間的敬酒發展出來的智慧。應酬需要高度調動大腦，周旋四方，掌握平衡，這樣的動作一下去，才有可能產生預期的效果。

損、益的定位

本章雖然主要是講損卦，但是損、益一體，我們還是先給損、益做一下定位。下經開始進入人情的世界，感情的世界先是咸（䷞）、恒（䷟）二卦；而咸、恒二卦跟損、益二卦的關係非常密切，它們不只是交卦，還是錯卦。這一點我在咸、恒的章節大致提過。咸、恒是屬於非常動情的部分，由少男少女的熱戀世界進入老夫老妻的平淡生活；損、益就要儘量撇開感情的負面羈絆，所以六爻全變，脫胎換骨，由「情聖」變成「理聖」，徹底從感情的漩渦中跳脫出來，面貌煥然一新。

「澤山咸」上下、內外對調就是「山澤損」；「雷風恒」的上下、內外對調就是「風雷益」。雖然是交卦、錯卦，也是少男少女、長男長女，依然山澤通氣、雷風相薄；但是相對的位置變了，就出現不同的卦。那麼，錯卦和交卦的意義是什麼呢？要知道，下經前十個卦在咸、恒的基礎上，人情鋪陳得非常細膩，歷盡離合悲歡之後，損、益開始出頭，針對的就是咸、恒二卦。但是損卦要節制情欲，剛開始就很苦。因為咸卦的情欲是奔放出來的，《論語》中有一句孔子說的話：「《詩》三百，一言以蔽之，曰『思無邪』。」〈思無邪〉是《詩經》中的一篇，講的就是馬的縱情奔騰，其熱情奔放把生命的力量自然暢快地發揮出來，孔子就把這首詩作為涵蓋整部《詩經》的概略，代表《詩經》中處處再現的男女情愛。譜寫男女情愛的詩篇被當作後世的「經」，也在於其對人性人情的深入了解，絕對沒有壓抑。孔子所說的「思無邪」就很坦率，也沒有避諱衛道之士所謂的情愛。因為這是一個人生命自然的抒放，是人情自然的流露，為什麼要壓抑呢？

孔子在《論語》中提到一個最實際的問題，即人生中交朋友這一大事。《論語》著名的「損者三友，益者三友」就是如此。孔子認為交朋友要交使自己身心都能夠獲益的朋友，但是有時候難免也會交上損友。孔子所認可的交友之道就是：「益者三友，損者三友。友直，友諒，友多聞，益矣。友便辟，友善柔，友便佞，損矣。」這也是損、益的觀念。

損、益在道家中的發揮

孔子讀《易經》讀到損、益時大受啟發，其讚歎的話，我在上文中提到過。可見，儒、道兩家的源頭在《易》，又啟發了儒、道二派都高度重視損、益，從損、益裡面都能建立他們的哲學思維。在《老子》中，最有名的就是第四十八章，主張非常明確：「為學日益，為道日損。」「為學」就是治學，「為道」就是修道。一個人的學問知識一定是每一天都在積累，從幼稚園、小學到初中、高中，一直到大學，懂得越來越多。這就是「為學日益」，也就是知識的容器越來越大。而道家是主張減損欲望，有時候知識並不等於智慧，這就是「為道日損」；我們要調節管控好自己與生俱來的欲望，而且每天都要減損一點，因為欲望可能會帶來傷害。修道的人是欲望越來越簡單，只要做到一日心為恒就足矣。損極會轉益，身心會真正獲益，變得輕盈自在。修道的人懲忿窒欲，減損自己一些不恰當的欲望，才會避免給自己或別人帶來傷害。然後是「損之又損，以至於無為」，這就是道家最有名的「無為」思想。「無為」絕對不是消極的，其目的是無為而無不為，因為沒有了欲望的糾纏，沒有像解卦「六三」「負且乘」的包袱，什麼都能做。

「無為」就是「損之又損」之後的修為境界，不再被欲望驅使，不再自私自利，所以充滿了勇氣，能「無不為」，什麼都可以做，了無罣礙。道家的「無為」是消極的嗎？顯然不是，「無為」才能「無不為」。「無為而無不為」就是損、益兩卦的主要目標。「損」就是「損之又損」，損極轉益；「益」就是「無不為」，什麼都能做，什麼都能獲益。從修行人的境界來講，一個人能夠布施，能夠照顧別人，一定要把自己的欲望管理好，損到極點就是無為的境界，一出手則利益眾生。

「無為」是損的境界，「無不為」是益的境界，對這個社會就產生了功德，產生了效益。《老子》第四十二章也是鼎鼎有名的道家哲學命題：「道生一，一生二，二生三，三生萬物。萬物負陰而抱陽，沖氣以為和。」「道生一」的「一」，就是損卦第三爻「一」的概念。〈繫辭傳〉中就此爻闡述道：「天地絪縕，萬物化醇。男女構精，萬物化生。《易》曰：『三人行，則損一人；一人行，則得其友。』言致一也。」損卦的錯卦咸卦第四爻「憧憧往來，朋從爾思」，〈繫辭傳〉就強調「天下同歸而殊途，一致而百慮」。這兩者都跟「一」有關。萬物就是「一生二，二生三……」這麼生成的，而且陰中有陽，陽中有陰，陰極轉陽，陽極轉陰。但最後要達到平衡狀態就是「沖氣以為和」，即陰氣和陽氣達到中和、平衡態，不是陰盛陽衰或者陽盛陰衰，否則就是「龍戰于野」的不和諧場面。

老子在這一章中接著說：「人之所惡，唯孤、寡、不穀，而王公以為稱。故物或損之而益，或益之而損。」一般人都不希望變成鰥寡孤獨者或不善之人。以前的君王對自己稱孤道寡，就是為了提醒自己不要在權力之中墮落，帶有警醒的味道，提醒自己不要由「飛龍」變「亢龍」。「不穀」後來也成為人們的自稱，也是警告自己為人處世一定要慎言慎行。就像西方一些貴族或者大學教授，往往在案前面擺一個骷髏頭，天天看著骷髏頭，就像王陽明參禪一樣，把生死參透。骷髏頭擺在那裡，就是借鑑的意義。所以自稱孤、寡、不穀者，都有居安思危的警醒意味在其中，提醒自己要戰戰兢兢，不要犯錯，不要墮落，如此一來，反而讓自己避開了可能的敗壞，這就叫「物或損之而益」。人和事物自我貶損，身心反而能獲益；「或益之而損」，就是驕傲的下場。

《老子》第四十三章稱：「天下之至柔，馳騁天下之至堅。無有入無間，吾是以知無為之有益。不言之教，無為之益，天下希及之。」這就是典型的「至柔」克「至剛」。在現實社會中已經是完全實現了，現在的先生都得聽太太的話，買菜做飯的先生越來越多了。先生們的空間越來越小了，陰爻「六」的能量遠遠高於「九」的變化。「無有入無間」，「無間」是沒有縫的，就像一堵牆堅硬無比，根本就找不到縫鑽進去，而道家的這種無中生有根本就沒有障礙。「無間」是至剛，連縫都沒有，可是無形的柔照樣可以進去。這就說明有形的東西就有累贅、有包袱，罣礙萬千，一旦碰壁就過不去。而無形的東西是沒有任何阻礙的，可以穿牆而過。這樣的至柔克至剛，就是「無為之有益」。「無為」就是損，對我們來說是大好的，是「不言之教，無為之益，天下希及之」，要修到這個地步絕不容易，很少有人能夠做到，因為很少人懂得吃虧就是佔便宜，損之又損才是真正的大獲益、大快活。

損、益與咸、恒的關係

損、益這兩卦在全《易》六十四卦中處於樞紐地位，它們跟咸、恒的關係就是相交錯，在咸、恒二卦的基礎上，由情入理，因情悟道，再去了解損、益。在了解損、益的時候，對咸、恒二卦的了解就是基本功。損、益二卦本身也是相綜一體兩面，所以損的時候一定要想到益，短期看是損，長期看就是益；短期拚命想要獲益，長期絕對是損。它們是一體相綜，同時俱存的。損己就益人，損人就益己。

如果一個人只想到自己要獲益，而不是公益，一定有很多人會損。像金融風暴的時候，那些賺大錢的人明明知道裡面有風險，可是他還是要賺錢，最後泡沫一旦破碎，一大批的投資者都會損，只有少數人獲益。那麼這個社會怎麼可能會和諧呢？往後的療傷止痛不就要花很久的時間嗎？要知道損、益最終的目的是為了追求平衡，其總量是不變的，有人獲益，一定有人損；有人損的時候，可能別人獲益。這種相綜的關係決定了這一趨勢。

損、益與泰、否的關係

再看損、益二卦跟泰（䷊）、否（䷋）二卦的關係。泰極否來這一驚天動地的乾坤大挪移，造成環境的巨大變化，而損、益跟泰、否是天人相應的。過去的《易經》註解常常講損、益就是泰、否變來的，其實是有道理的。首先我們從卦序上來看，損、益二卦在下經是第十一和第十二，而泰、否二卦在上經也是列第十一和第十二，這就是天人相應。就像咸、恒二卦跟乾、坤二卦，既濟、未濟二卦跟坎、離二卦一樣。泰、否是天道，自然的大環境；損、益則是人為的斟酌調整。損、益的調整一定是完全了解泰、否的大環境變化之後，再在泰、否的大環境變化中做調整；為因應泰、否做更精細的調節，就是損、益。所以損、益是建立在對泰、否充分了解的基礎上；要了解泰、否本身就不容易，還要了解損、益就更難了。

對於個人養生來說，斟酌損益，這是調整身心以求平衡，就像減損一點欲望，身心反而能夠獲益。但是身體跟大環境的氣候、節氣有關的則是泰、否。中醫所講的「五運六氣」（五運六氣，簡稱「運氣」。「運」指木、火、土、金、水五個階段的相互推移；「氣」指風、火、熱、濕、燥、寒六種氣候的轉變）每一年都不大一樣，這是大宇宙，即泰、否代表的大環境。春夏秋冬、十二個月、二十四節氣這一環境的變動是足以影響一切的「五運六氣」，而個人的體質相應於這樣的「五運六氣」就要做調整，這就是損、益，屬於高度精密的個體結構層次。損、益需要自己動手調整，從飲食起居開始著手。我的學生樓中亮曾經寫過一本關於「算病」的書，就是根據出生年月日決定你的體質，你出生年月日那一剎那的天地人之間的關係決定你很多的稟性。所以，人還是要修為，為學日益，為道日損，這些修為不能背離你生下來那一剎那的天地大環境。三分天注定，七分在於人，不管怎麼講，損、益還是基於泰、否的。先要把泰、否裡面的一些規律研究清楚，了解其對人可能產生的效應、限制，或者將一些不錯的正面因素善加運用，借用天地的環境創造人生，人再後天努力進行損、益的修為。所以損、益絕不能偏離泰、否這個大框架。

這就是天人相應、小宇宙跟大宇宙相應。天造地設就是泰、否；人之所當為就是損、益。人是不可能逆天而行的，但是話又說回來，人也不完全是按照泰、否設定的那樣生活，那就變成了隨波逐流。人都希望改善，就得做加加減減的行為，所以我們不要誤解，所謂的順應自然絕對不是什麼都不做，而是要做很多，要順著自然的態勢去做，每個人都有不同的體質、不同的稟性，適合或不適合幹什麼都有限制，隨時都在考慮加加減減，凡是合乎生命形態的、合乎環境的才有可能對自己有益。

其次從卦的結構、爻的相互關係，也就是爻變的觀點來看，損、益既然跟泰、否有關，有些研究者講損卦是從泰卦來的，益卦是從否卦來的，也有一定的道理。如果說損卦從泰卦來，就是把三爻和上爻的位置互換。三爻跟上爻互易其位，就是兩爻齊變，泰卦變損卦或者損卦變泰卦。益卦從否卦來，哪兩個爻換位置呢？就是初爻跟四爻。值得注意的是，損、益是從泰、否來，其實是在泰、否上進行調整，而不是在損、益上調整。損、益的調整又是另外的概念。

對於泰卦的第三爻跟第六爻的因果關係，我們一旦徹底了悟之後，就要避免上爻的「城復于隍」，或者在泰卦第三爻最高點的時候有「逢高必危」的風險意識，這時就要開始調整了，調整的動作就是「損」。益卦則是在否卦初爻就要有先見之明，要看到第四爻，了解初爻跟四爻的因果關係，然後想辦法做人為的調整，才有可能追求一個最好的結果。

泰卦整體看來不錯，可是第三爻是在高峰，下面就一路下滑，掉到第六爻就滅亡了。所以人在泰卦最高峰的時候容易得意忘形，會犯錯，此時就要想到這個可能的結果。一旦透視到這個結果，我們當然不希望從人生的高峰一下子輸光光，甚至滅亡，因此泰卦第三爻當時就教我們要準備「艱貞无咎」，「无平不陂，无往不復」就是調整。爻辭已經很清楚地告訴我們怎樣處理，不然就是第六爻血淋淋的「城復于隍」。既然因果已經這麼清楚，就要做損的動作，讓其因果倒置，這就是損卦的思維。那麼，否卦呢？否卦整體是很糟的環境，但我們還是要有積極的思維。在否卦的操作中，要不退反進，在第一爻時就要考慮第四爻的復甦。通常人碰到否的時候就會停滯不前，所以在否中要有將來獲益的思維，現在是景氣下滑，谷底很長，在初爻「拔茅茹，以其彙」的時候，不傷到根本，待到景氣復甦的時候，就是「有命无咎，疇離祉」，「志行也」。這就是在否中還有益的積極思考，將來就有東山再起的機會。

這就是注意到了泰卦的三爻跟上爻、否卦的初爻跟四爻這一因果關係，在泰中要有損的思維，在否中要有益的思維。可見，損、益的思維是很理性的，讓人脫離感性的糾纏，完全是高瞻遠矚，掌握了整體形勢的變化，不管大環境怎麼變，都有相應的調整方式。

《易經》會有損、益的思維和操作，正是因為有泰、否的存在，那麼為什麼會有泰、否？因為其源頭乾、坤。有乾、坤才有泰、否。前面十個卦遍歷艱險、坎險不斷，然後才產生了泰卦，泰卦一下又變成了否卦。而下經的損、益二卦是源於咸、恒。因為咸、恒的苦楚導致後來的人情糾葛，才會萌發出損、益的思維。當然，損、益的理性並非死板，也不是說專門為了扼殺感性而生，而是要求感性跟理性的平衡，一直到最後的未濟卦最後一爻還是如此。天地萬物最終的和諧就是平衡，對於個人來說，平衡才會身心健康。

損卦的卦中卦

損、益二卦，對於管理個人的身心也是大有關係，這是每個人都可以做的事情。調整飲食起居，修養身心，都是損、益兩卦的作法，一定跟養生有關。而養生是哪一卦呢？第二十七卦頤卦（䷚），頤卦小則養生，大則治國。損卦裡面就藏了養生之道，第二爻到第六爻構成的就是頤卦，損卦之中的「懲忿窒欲」，對欲望的調節減損，能夠幫助我們長壽養生。損卦上爻就是頤卦上爻，是養生最重要的爻，「由頤，利涉大川」，「大有慶也」。「由頤」是順自然養生。損卦的「九二」就是頤卦的「初九」，「舍爾靈龜，觀我朵頤」，無窮的欲望把身體給掏空了。損卦上爻為什麼那麼好？透過頤卦上爻我們可以了解得更精確。當然損卦上爻也是「損」極轉「益」的爻，而且損卦上爻單爻變是自由開放的臨卦（䷒），不好都不行。損卦的「九二」一不小心就「舍爾靈龜」，也是如此。還有一個是初爻到五爻的臨卦，臨卦「元亨利貞」，但是「至于八月有凶」。

另外就是比較稍微簡單的四個爻構成的卦中卦。其中一個以二、三、四、五爻構成的地雷復（䷗）最有啟發性。「損」中藏了「復」之道，所以「懲忿窒欲」的結果就是保持了生生不息的核心創造力。「損」中有「復」，也說明如果不把那些過多的欲望包袱減損，哪裡來的「復」的能力？還有三、四、五、上爻構成的就是剝卦（䷖），損卦上爻也要透過剝卦上爻的「碩果不食，君子得輿，小人剝廬」來理解。可見，損卦上爻除了透過爻辭本身去理解，還有損極轉益，同時也兼備頤卦上爻和剝卦上爻的特性。這種息息相關的關係，說明損卦特別要講究。裡面有剝的象，是針對人情過分氾濫所造成的傷害痛苦。在損卦的時候就要找到情傷的來源，從根本上去「懲忿窒欲」。有復卦的象，說明雖然受到了傷害，但沒有傷到根本，根柢的生命力還在。另外，還有初、二、三、四爻構成的歸妹卦（䷵），歸妹卦是少女懷春，一下子輸掉一輩子。「損」中還有「歸妹」的象，相應的爻位也就更複雜，我們進入爻辭的時候再去分析。

〈序卦傳〉說損、益

損卦前面是解卦，〈序卦傳〉中說：「解，緩也。緩必有所失，故受之以損。損而不已，必益。」事緩則圓的解卦，因為花了太多時間去處理前面蹇卦的問題，難免要浪費不少時間資源，所以在緩的時候一定有所失，「故受之以損」，下面就接著損卦；就像長期投資沒有收益，但是投資到一定程度，就會開始回收——「必益」。換句話說，前面有一段時間一定很辛苦，有的人就失去信心了，在還沒有達到停損獲益的回收點時，就不願意再損下去，提前收攤，結果前期的投入就全部沒有了。這就是所謂的黎明前的黑夜最黑暗，否卦谷底的「包羞」就是如此，在快要好之前放棄了，那就是全損。

所以，這就涉及非常精微的判斷，我們如何知道損的將來一定會益？如何掌握這個時間點？有可能是行百里半九十，懷疑自己當時的判斷而放棄了，一旦放棄就是前功盡棄。如果再堅持一下，說不定下面就是益。所以我們在做損的動作時，諸如投資、付出，一定要有精算。從修行的角度來講，「為道日損，損之又損，以至於無為，無為而無不為」，結果是必益，這就是損極轉益。〈序卦傳〉接著說：「益而不已必決，故受之以夬。」因為涉及到容量的問題，受益太多就會裝不下，一定會潰決，甚至傷到本身承載體的安全。所以不要太貪，知足常樂，人要有自知之明，本身的盤子有多大，心裡要有底。

〈雜卦傳〉說損、益

〈雜卦傳〉說：「損益，盛衰之始也。」損、益完全是個太極球，沒有說損是盛還是衰，也沒有說益是衰還是盛，而且都強調「始」。也就是說，往後可能是盛，現在是盛之始；往後可能是衰，現在是衰之始。並沒有分配說誰是盛之始，誰是衰之始，而是都有可能，所以它像太極一樣圓融，損、益一動就全部動，一定要有整體的掌握。在〈雜卦傳〉中，損、益二卦跟泰、否二卦是一樣的：「否泰，反其類也。」這就是難的地方，泰、否和損、益都沒有辦法分開，只能從整體去掌握。如果把泰、否、損、益研究透徹，我們或許就能看出個人的運勢，乃至民族國家的運勢和文明發展的盛衰。

泰、否是大環境的盛衰，損、益則是個人、組織的盛衰，又基於泰、否，而且不能等到最後的結果，所以一定要有先見之明。在盛衰的開始階段，大環境決於泰、否，人為的奮鬥調整決於損、益。〈雜卦傳〉本來就是重視人為的奮鬥，強調人事，損、益二卦的順序就排在第十一和第十二，就像在《易經》下經以人道為主的第十一、第十二一樣，〈雜卦傳〉第一個大段落就到損、益而止：「乾剛坤柔。比樂師憂。臨觀之義，或與或求。屯，見而不失其居；蒙，雜而著。震，起也；艮，止也。損益，盛衰之始也。」

益卦有農耕之象

在〈繫辭下傳〉的第二章講中國文明的起始發展，列舉了十三個卦。我們前面學過很多，其中噬嗑卦是商業，日中為市，乾、坤跟政治文明有關，離卦是網罟之象，大過卦有棺槨之象，大壯卦是陽宅之象。益卦則跟農業有關，有農耕之象。中國古代是農業社會，以前主要的生產獲利就是農耕，看天吃飯，就要小心密雲不雨，要講究農耕的技術。所有真正獲益營收的來源是種田，種田就得參透益卦的卦象，生產才能獲益。

「包犧氏沒，神農氏作。斲木為耜，揉木為耒，耒耨之利，以教天下，蓋取諸益。」伏羲死後，就是神農氏時代。神農氏嘗百草、教農耕，那個時代就用益卦作為時代的象徵。從卦象上看，益卦下卦震是陽木，是剛木；上卦巽是陰木，是柔木。後天八卦中，震卦是正東方，巽卦是東南方，兩個都是木，但是分陰木、陽木或柔木、剛木。金屬農具發明以前，農耕器具大多是用木頭所製，硬的木頭可以深入地下，作為鬆土的工具，上面駕馭的木頭必須是柔木，可以彎曲。上下都是木頭，變成一個農具的象。「斲木」就是砍削硬木，是下卦震的象，能夠穿入地面；「揉木」就是可以隨意彎曲樹木，必須是軟木，才能造形，那是上卦巽。用柔木來控制硬木頭下土，然後就能播種獲益。

當然，我們現在離以農耕為主的時代已經很遠，任何一個現代國家農耕能夠產生的獲益在國民生產產值中佔的比例也遠遠不如以前了。現在是百業都要獲益，但是如何獲益，其原理還是益卦基本的象。內卦是震，一定要有核心的創造力和活力，外卦是巽，巽是柔軟、低調、深入。內卦震有強硬的生命能量，外卦巽又懂得觀風向，隨時應變，不能硬碰硬，諸如市場環境、社會環境。內部極有原則，外面高度靈活，隨時可見風轉舵，又能深入想要往外探索的領域，這就是人生獲益的大原則。這就不限於農業了，一切行業都包含在內。

益卦的錯卦是恒卦（䷟），恒卦是下卦巽、上卦震，就像長男跟長女的互動，長男在上，長女在下，就造就恒的事物。益卦則是顛倒過來，長女在上，長男在下，就能獲益無窮。同時，很多事情要經過恒的努力，才會產生益；急功近利是不可能產生益的。有恆為成功之本，真想獲益便要長期努力，才種了一年的田就想有三年的收穫，那是妄想。

憂患中的損益

孔子對於損、益二卦非常重視，〈繫辭傳〉就損、益二卦各選一個爻做了進一步闡述。損卦是第三爻，也是下卦兌的開口處，正是人的情欲開竅口，最不受節制的。益卦則是貪心過度的上爻，就是「益」極轉「夬」（䷪）的那個爻。孔子對這兩個爻可謂是慧眼獨具。

另外損、益二卦也雙雙入選〈繫辭傳〉所謂的憂患九卦。憂患九卦是所謂末法時期的重要修為，對於損、益二卦是這樣闡述的：「損，德之修也。益，德之裕也……損，先難而後易。益，長裕而不設……損以遠害，益以興利。」「損，德之修也」，修德是損的事情，不能放任自然，壞習慣要修掉。「益，德之裕也」，修德的人剛開始很不舒服，習慣成自然之後，反而獲益了，身心就很寬裕、很自在，做什麼事情都綽綽有餘，精氣神用不完。這是修德的結果造成「裕」的環境，前後有因果關係存在的。

接下來是「損，先難而後易」，人在損的時候開始很難過，但後面就簡單了，所以「損」的難關就是剛開始修的時候。像戒菸就是如此，能夠戒菸的人，意志力真的要很剛強，不然再犯就很難戒了。像我的老師年輕時也是抽菸，後來看到有一些老兵在地上揀菸頭抽，那些老兵因為菸癮來了，買不起菸，揀起來的也抽；人如果被欲望驅使，這樣就太可憐了。於是老師就下決心要戒菸，也是戒了很久，才真的不抽了。後來老師和我們說，戒菸真的不容易，稍微鬆懈一點就會前功盡棄，但是時日一長也簡單了。這就是「先難而後易」。

「益」就是收穫了，「長裕而不設」。「裕」還是「德之裕」，是很舒服的境界，是取之不盡、用之不竭的「長裕」，而且已經習慣成自然。「長」又是恒卦的概念，益卦跟恒卦相錯，所以益卦中又有恒卦的原理。人要追求的裕是一種長遠的跟天地一樣無盡的裕，那才是益卦的境界。而且「長裕」不是通過設計而來，不是勾心鬥角，不需用盡心機，不涉及人為的穿鑿、雕琢，這種修為的境界才是「長裕而不設」，自然而然就能獲益。有些人一輩子設計這個、設計那個，賺到的裕也常常是短裕，最後還傷到自己。

最後是「損以遠害，益以興利」，感情、欲望都是害，損就是要遠離這些禍害；益是希望累積一些正面的利益。

損卦卦辭

䷨

損。有孚，元吉，无咎，可貞，利有攸往。曷之用？二簋可用享。

損卦的卦辭很長，大概人情很難堪，要說服人家願意損，要進行道德勸說，就得婆婆媽媽講很多。所以一定要給你畫一個大餅，講清楚損是正確的、也是必須的。等到益卦的時候，卦辭就只有簡單的八個字。苦日子，難；要勸人家苦，更難。因為難，所以更需要叮囑。益卦則水漲船高，不必特別地勸教，自然而然就明白。

損卦的卦辭是非常有意思的，用不太嚴格的標準，幾乎是「元亨利貞」四德俱全。卦辭中明顯有「元亨利貞」的卦只有七個，上經六個卦，下經一個卦，但是損卦有一點準「元亨利貞」，所以你不要小看損卦。雖然不是典型的元亨利貞，但「有孚」，願意用損來修行的人，沒有信仰、沒有愛心、沒有對未來可能身心受益的盼望，是不可能辦到的。損要「有孚」，而且是真誠的。

「元吉」，「吉」就不容易了，還有充滿創造力的「元」，這是因為「損」中有「復」，把外面的枝葉都剪掉了，內在的力量就發出來，根源的創造性就出來了。這也是「損以遠害」，把不必要的東西都去掉了，正面的東西就凸顯；損之又損，生命的元神就出來了，就會讓你創造收益。

「元吉」後還有「无咎」，《易經》最終追求的是无咎，沒有後遺症，而不是一時的得失。吉還能无咎，就是勸我們走損的道路是有保證的。「可貞」，无妄卦的第四爻也是「可貞」，起心動念不要有妄念、妄想，要固守住。也就是說，按照損卦的原則這麼幹，是合乎天地之間正道的，短期有一點辛苦，長期絕對有回報。无妄卦（䷘）的第四爻「可貞，无咎」，爻變就是風雷益（䷩）。損卦強調「可貞」，那後面會不會獲益？會，接著就是「利有攸往」，直接接到益卦的「利有攸往」，「先難而後易」。《論語》中也講仁者是「先難而後獲」，所以不要怕難，難是一定的、必行的；完全不肯損的人，絕對不會有真正的獲益。損常常是犧牲奉獻，經過「有孚，元吉，无咎，可貞」，當然「利有攸往」，就往益卦走了。

照講，卦辭講到這裡就可以講完了，但是後面作者又舉了一個例子。大概是覺得前面講得太抽象了，就用祭祀來舉例說明。「曷之用？」這是自設問答，怎麼運用損極轉益之道？「二簋可用享」，「簋」字在坎卦第四爻「樽酒簋貳，用缶」中出現過。簋是盛主食的，大部分是圓的，「二簋」的規格很低，大概是最起碼的公務員級別，用餐的時候是兩個簋。一般天子是八簋，擺兩個就顯得很寒磣，但這就是損，為了節省。為什麼奢華浪費呢？損的時候就是要清心寡欲，不要鋪張浪費。損卦是要講真心的，如果有虔誠的心，用二簋來祭祀，真正有智慧的天地神明祖先也會保佑你的。因為這是損卦精神的強調，何必浪費？兩個簋照樣可以通天地鬼神，因為你有真誠的心，天地神明絕對不會怪罪下來的。所以不要在乎外在的形式，像交朋友也不一定要甜如蜜，可以淡如水。賁卦（䷕）的第五爻「束帛戔戔，賁于丘園」不也是如此嗎？在損的原則下，絕對不要鋪排浪費，「二簋可用享」。「享」也是亨通之意，也就是說絕對溝通無礙，二簋就可以達到這個目的，為什麼要八簋呢？像在非常時期的大過卦（䷛）第一爻，白茅草都可以拿來祭神。為什麼說損卦中是準「元亨利貞」呢？因為「二簋可用享」，「享」就是亨。

損卦〈彖傳〉

〈彖〉曰：損，損下益上，其道上行。損而有孚，元吉，无咎，可貞，利有攸往。曷之用？二簋可用享。二簋應有時，損剛益柔有時。損益盈虛，與時偕行。

〈彖傳〉的解釋是很活的，不是逐字逐句的解釋。損卦的〈彖傳〉解釋就很活，首先告訴我們什麼是損，什麼情況下是有所損失的，也就是「損下益上，其道上行」。從《易經》的觀點來看，這是極不贊成的，因為這會造成國力的耗損、資源的流失，就像剝卦一樣，損了民脂民膏益上面的統治者。「損下益上」就是資源從「其道上行」，流久了不就變否了？這樣的結構就會出問題，就是害。這不是挖自己的牆腳嗎？很多的欲望就是如此，把精氣神給掏空了。「損下益上，其道上行」就是損的狀態，故不能長久。益卦則是「損上益下」，因為民生才是基礎，民生安定才能國泰民安，藏富於民有何不好呢？

下面就要解釋卦辭了。「損而有孚」，損且能「有孚」，一個願意吃虧的人，願意付出的人，其犧牲奉獻往往能孚眾望，一個願意損己利人的人，同時絕對是有信仰的人。但是「損而有孚」之後，我們期望的解釋卦辭卻落空了，「元吉，无咎，可貞，利有攸往。曷之用？二簋可用享」，一個字也沒解釋，只是把卦辭覆述一遍，跟一般訓詁逐字逐句的解釋完全不一樣，作者可能覺得沒有什麼好解釋的。

後面講得就精彩了：「二簋應有時，損剛益柔有時。損益盈虛，與時偕行。」這是綜合性的解釋，是與時偕行、與時俱進的意思，即要看得長遠。得失很難講，損、益一直在變，永遠是動態的。所以泰、否大環境的變動，損、益每一個剎那的變動，都要因應外面的環境而變，針對自身的狀況做出調整，與時偕行，永遠跟上時代的變化。「二簋」是很簡單的祭祀，但也不是萬靈丹，有時候「二簋」就不可「用享」，要看環境、看人而定。有些人你給他二簋就會得罪他；有些人你給他八簋，則純屬浪費，因為二簋就可以搞定。所以損、益二卦絕對是活的，不是金科玉律，「二簋可用享」也只是舉例而言，大部分情況是，有些情況下就是行不通。這就是「二簋應有時」，使用二篇的條件要搞清楚。

然後是「損剛益柔有時」。「損剛益柔」是本質的，本來就是如此，一般情況下不可能「損柔益剛」，但是到具體的爻的時候，我們就會發現，有的剛就不去益柔，而且是對的，這就是「不可為典要，唯變所適」，這也是損、益二卦為難的地方；沒有公式，沒有標準答案，原先那樣做是對的，現在這樣做可能就錯了，完全是活的。「損益盈虛，與時偕行」，非常的錯綜複雜。

這就是〈彖傳〉贊易的部分，就是怕我們執著於刻板的損、益的調整，要因時而變，隨時調整。外面環境變了，所有這些損、益的動作都得跟著調整。不要把二簋當成萬靈丹，要考慮實施條件，什麼環境下可以用二簋，什麼時候不可以用。「損剛益柔」也是「有時」，像養生的「慎言語，節飲食」也有時的條件。「損益盈虛」的生生化化的現象，唯一的條件就是「與時偕行」，跟外面的「時」配合，如果逆「時」操作就不行。所以整體都是動態的，陰跟陽、剛跟柔之間的互動完全是活的，怎樣淋漓盡致，恰到好處，需要長期的修為。

損卦〈大象傳〉

〈大象〉曰：山下有澤，損。君子以懲忿窒欲。

〈大象傳〉從很樸素的上下卦的互動、內外的互動來談問題，來體悟人應該怎麼修的智慧。「山下有澤，損」，澤不在山上，在山下。艮為山，少男，要止欲；兌為澤，本身就是情欲的自然流露，代表少女。咸卦的少男少女異性相吸，是很純淨的，就像山上的澤一樣，沒有塵世的污染。

如果澤不是在山頂上，而是在山腳下，當然就很容易被污染，這一污染就造成了生態的破壞，被習氣污染，那就叫損。莊子說「嗜欲漸深天機淺」，所以你要求山下面的澤也乾淨就很難。山下的澤就不像山上的澤那麼純淨，天光雲影很難反射出來。不容易維持純淨的環境，就是損。咸卦是自然純淨的，因為在山頂上，沒有任何污染。同樣的兌所顯現的那一汪水，在山下，一旦遭遇習氣污染，後天就要下損的工夫，就要去損讓我們變髒的物欲，「懲忿窒欲」自然就出來了。

「君子以懲忿窒欲」，要保持那一汪水的純淨，就要把垃圾的污染源清掉，要減損過多的欲望。「懲忿窒欲」就是說，憤怒要把它壓下來的，不能夠隨便生氣。老子云「善戰者，不怒」，這也是兵法，明君賢將不可以隨便生氣的，氣憤之下做的決定就會傷害到千千萬萬人的性命，所以一個決策者要有非常的ＥＱ，不能意氣用事。智者就要高度理性的節制，要「懲忿」，任何人都會有怒火，就要用很大的力量去克制。「窒欲」則是讓欲望鑽到地洞之中，在很狹隘的空間中、快要窒息的情況下，都能夠生存，把那個欲望壓抑住，不能讓它冒出來，冒出來就會變成傷害。有的版本的損卦〈大象傳〉的「欲」是下面加一個「心」——慾，如果是那樣的話，損卦跟益卦完全是用心的工夫，懲、忿、慾都有心，心之所欲，欲火熊熊，需要高度節制。

移山填海之難和欲壑難填

「懲忿窒欲」這個象除了從「山下有澤」悟出來之外，另外也是呼應損卦上卦、下卦的互動關係悟出來的。內卦是兌，兌是少女情懷，完全不施任何雕琢，有什麼情感、欲望統統都冒了出來。我們學過太多下卦、內卦是兌的，因為口是開的，有什麼就說什麼，結果第三爻就很慘。像履卦

（䷉）第三爻踩老虎尾巴，「眇能視，跛能履，履虎尾，咥人，凶，武人為于大君」，被老虎一回頭咬死了，也就是被你的欲望吞噬了。君臨天下的臨卦（䷒）什麼爻都好，就第三爻出問題：「甘臨，无攸利。既憂之，无咎。」所以必須要調節，嬉皮笑臉、不以為意是不行的。還有睽卦（䷥），陰居陽位的「六三」「其人天且劓」，也是三多凶，闖禍的主。所以，我們內心中的欲望太多，如果不節制就會出問題。

損卦是「山澤損」，內心的欲望、憤怒一旦爆發，就被上卦、外卦的一座大山壓住。止欲修行的艮卦，跟下卦兌剛好是相錯，兌卦是「我要」，艮卦是「不要」，壓制欲望的蔓延。內卦的兌是象徵內心中的欲求，外卦的艮就是用外面的修為工夫去「懲忿窒欲」。艮的止欲修行針對兌先天情欲的要求，就結合成損的象，即靠外在行為的節制，壓制內心中的憤怒和欲望，而且用的力度很強，絕不讓它冒出來為害。

但是，這樣做容易嗎？可以說是高難度，有移山填海之難。兌為澤，小一點的是湖泊，再放大就是海，它跟坎卦奔流的河川是不一樣的。我們的欲望就像海一樣深，無窮無盡，怎麼壓呢？在損卦來說，上卦是愚公移山，下卦是精衛填海，移山填海塞得住嗎？愚公移山是神話傳說，笨老頭才會移山，那要挖到什麼時候？但是笨倒發揮了功能，幹到底，總有一天會鑿通山。精衛填海也是神話傳說，精衛是一種鳥，要填大海，鳥嘴那麼小，一天叼一粒小泥土去填海，理論上來說，無窮的時間下去，海也會填滿。這就是人的大志向，天地都會被震驚。

不過，這些只是神話傳說，用在現實中是辦事情之難，務實一點講就是「移山填海」之難。因為欲壑難填。艮卦不管怎麼修，山真的能夠把內心中的欲望都蓋住，讓欲望不往上冒嗎？就像火山，你能讓它不爆發嗎？還有如來佛祖用五行山把孫猴子壓住，讓他五百年不能翻身，真的一定壓得住嗎？移山填海也是一樣，稍微有一點常識的就知道，山不可能填滿海的，因為欲壑難填，下卦兌的開口，就是欲望的淵藪，怎麼會滿足呢？你今天壓住了，明天稍微有一點沒壓住，又冒出來了。就像那些休眠的火山，不代表它不爆發，在地底下說不定早已蠢蠢欲動。可是，不壓也不行。於是人總是想盡辦法用艮卦的山去壓住、填滿欲望之海的兌卦。如此循環的動作，就是損之又損。

理性節制感性

可見，「懲忿窒欲」不容易，有移山填海之難，不知道要損多少、修到何等程度，艮的工夫用得不恰當，搞不好還會走火入魔。所以，節卦才會有「苦節不可貞」的無奈。止欲修行的艮對付我們與生俱來的欲望兌，也要恰到好處。這就是「二簋應有時，損剛益柔有時」的意涵。也就是說，「清心寡欲應有時」，針對對象的變化，採用的「藥方」也得據此調整。就像中醫看病一樣，因為病是會發展的，不能老用同一個方子，一旦病變，用藥要加重或減輕，難就難在這裡。人的欲望也是一樣，有形形色色的欲望，原先可能有貪錢的欲望，現在變成了貪色，用制服對錢的貪心那一套對他就沒用了。

這就是「懲忿窒欲」所要強調的理性節制感性，剛開始都是用強制的工夫壓下去的。下經前面十個卦所透露出的欲望很可怕，所以損、益二卦的理性抬頭，到後面還會出現止欲修行的艮卦（䷳）。艮卦就比損卦更徹底了。畢竟損卦時不時還承認人有情欲存在，下卦兌還存在影響，只是理性地節制。艮卦則否認欲望的存在，要趕盡殺絕。所以艮卦不但是外卦是艮，要遵守種種戒律，連內心也是艮，除欲務盡，像鐵石一樣不給人感情，自然流露的兌卦被貼上了封條。這就是艮卦純淨的修行，沒有人情，不動如山。損卦雖然好像很節制，但是內心還是有兌卦洶湧的情欲，只是艮卦在上面壓著。咸卦之所以容易失控，因為外卦是兌，情感流露在外，當然，咸卦的情不一定是罪惡，但是弄不好就有傷害。艮卦就發現人這種感情的自然流露，一旦氾濫，很容易導致自己受傷，也很容易傷害到別人。咸卦和損卦一交錯、調整，兌卦代表的情感移到下方、內部，艮卦的節制則放在外。損卦就像休眠的火山，咸卦就是噴發的火山。由咸卦到損卦，這是一種修行的思維，是用理性慢慢來節制感性。

但是，因為內卦兌還在，前面十個卦的情感餘孽哪能說解脫就解脫，所以損卦的節制還是不能徹底，還是有無窮的痛苦，直到第五十二卦艮卦，完全走艮卦的路子，上下、內外都不容許兌卦存在，才算斬盡塵緣。

為什麼從損卦到艮卦要下這麼重的藥去治療呢？很簡單，損、益二卦後面就是夬、姤二卦，姤卦（䷫）是不倫之戀，五陽下一陰生的大危機代表的就是蠢蠢欲動的情欲。損卦、益卦有沒有用？時效有多長？大概就三個來月，第四個月就是夬卦，第五個月就是姤卦了。可見，損卦的動作不見得一定有用，忍得一時，不能忍一世。那麼後面的艮卦有用嗎？還真的有用，不過只有少數人立地成佛，斬盡塵緣，登到了孤峰絕頂。如果說艮卦對大多數人都有用，後面就不需要有節卦的存在了。第六十卦節卦（䷻），內卦兌又恢復承認人皆有情，但條件是兌卦中裝的水不能太滿，否則情欲會氾濫成災。節卦就是要節制得恰到好處，不像艮卦走極端，大多數人還是行不通的。艮卦如果有用，後面就不會有第五十四卦歸妹卦（䷵）。歸妹卦就是出大狀況了，少女又懷春了。可見，這些節制都有限，一定要六十四卦中哪一個卦使大部分人不受到欲望之害，這簡直是「求不得苦」。損卦是初步，艮卦走極端，剷除欲望最終是幻象，按照後面的卦一步一步走下去，欲望還會冒出來。畢竟艮卦的決絕只能成就少數人，大多數人會走向歸妹卦，還是要找一個通道，那就是第六十卦節卦，這也是《易經》修行的結論，能節制個人的嗜欲，不能斬斷嗜欲。像佛祖弘揚大法，要對每個人都有用，理論上跟實際上都能做得到的，所以不能用太高的標準去要求一般人。只要恰到好處，欲望的存在也不見得是壞事。一旦做到了就產生中孚卦（䷼）的信仰，接著就是「小過既濟兼未濟」，這就是《易》卦的修行邏輯：「見山是山，見水是水」，「見山不是山，見水不是水」，「見山又是山，見水又是水」。只有不斷地嘗試探究，才能信受奉行渡彼岸。

損卦六爻詳述

損卦的不言之象

損卦有一個爻沒有提到「損」，也就是「六五」君位沒有言及「損」，但是提到了「益」。其他那五個爻雖然都提到了「損」，不過不是很利索，有兩個爻言「損」的同時帶著「益」，像上爻爻辭就說「弗損益之」，二爻也是「弗損益之」；這邊一「損」，那邊就有「益」，此消彼長，看來「益之」跟「弗損」之間明顯有因果關係。

第五爻是純粹的獲益，完全沒有損，在損卦中是很標準的獲益之位。第三爻有一個「損」字，而且很受傷，「三人行，則損一人」，大限來時各自飛，一定要走掉一個，這裡完全看不到

「益」，而且「六三」是在內卦兌的開口處，那是最易感情用事的時候，也是最捨不得的時候，但是捨不得也要割捨，一定要損掉一個，這就需要理性的冷靜考量。這一爻和第五爻的純益相反，是純損。二爻、上爻是損、益交雜，一個在第二階段，一個在最後階段，當然有共通之處也有不同之處，這些留待具體的爻再闡述。

第四爻也是要「損」，不過是「損其疾」，用醫藥治療的手段使沉重的病情減輕。「疾」從哪裡來呢？有很多出處。像第二十五卦无妄卦（䷘）第五爻的「无妄之疾，勿藥有喜」，純粹是心病，平常的藥物都難以治理。還有第十六卦豫卦（䷏）第五爻「貞疾，恒不死」，也跟无妄卦的第五爻一樣，都是君位的「寡人有疾」，越是稱孤道寡的決策高層毛病越多。孟子見齊宣王時，齊宣王就坦承自己「寡人有疾」：好色、好財、愛打獵。損卦第四爻損的是「疾」，也是屬於居高位的「寡人有疾」。不管是身體的毛病、心理的毛病，還是操守上的瑕疵，居高位的有疾，不管是第五爻還是第四爻，都會影響極大。要是沒有一定的修為，居高位者就是害人精。內聖的工夫不夠，外王只有害人。中國文化中一直強調修身、齊家，有修、齊的工夫才能去治國、平天下。否則，修為不夠，無法抗拒種種的誘惑，就會禍害人間。

還有就是第一爻，第一爻有「損」，也不能亂損，還要斟酌。損卦是「損下益上」，基層的老百姓要交稅，要被上層侵壓剝削。頤卦中也是如此，初爻很可憐，永遠沒有翻身機會，虎視眈眈的第四爻「其欲逐逐」，就專門吃初爻的靈龜，初爻還得做「忍者龜」，要忍耐。損卦的初爻也是如此，損是必然的，而且它剛好又是陽剛的爻，跟它對口的是執政高層的「六四」，「損剛益柔」，這是命。「六四」作為政府機構，其運作所需要的資源，不跟「初九」要跟誰要？勞力者治於人，勞心者治人。尤其在以前的農業社會，「初九」作為基層，負責基本資源的生產；「六四」作為管理階層，自然要依靠基層的供養。「初九」又和「六四」相應與，又處在損卦「損下益上」的食物鏈中，「其道上行」，資源是要往上的，當然就要「損剛益柔」，提供食物給「六四」去周轉。關於初爻就點到為止，我們看具體的爻辭。

初爻：量力而為

䷨

初九。已事遄往，无咎。酌損之。

〈小象〉曰：已事遄往，尚合志也。

我們先看初爻爻辭的後面一句。「初九」要損，但是不能過度，不然它受不了就會造反，所以爻辭稱「酌損之」。就像喝酒一樣，一定要斟酌自己的酒量，要量力而為，醉與不醉之間的平衡點需要細細把握。就「時」來講，「初九」是損之初，也是「先難而後易」。換句話說，初爻就很難，剛開始只有付出，需要努力生產給上面的爻提供花銷。投資的時候也是「損之」，燒錢，可是不能燒過頭，要量力而為，需要斟酌，不能打腫臉來充胖子，除非你有必勝的把握。「酌」就是冷靜、理性的計算，不夾帶任何的感情用事。因為損卦之初一般來說是艱難的，就像人要節制自己的欲望，剛開始絕不簡單。再者，從位置上來講，初爻是組織的最基層，屬於升斗小民。

我們回頭再看爻辭的前一句：「已事遄往，无咎。」「遄」字有快速行動的意思，就像瀑布從高空奔騰而下，水流很快速。我們講一個人鬥志高昂，就用成語「逸興遄飛」來描述。初爻、四爻都有「遄」字，絕對是因果相關的，初爻這個動作一做，四爻就產生翹翹板效應了。這是損卦原理最典型的印證。損卦的實際操作就是「損下益上、損剛益柔」，資源的流向由下往上、由內往外流，即「其道上行」。這種高層剝削基層的作法，其實是挖自己的牆腳，一旦過度，下面遲早會撐不住。這也是典型的「損內益外」，一個人內聖的工夫修為一旦減損，很少做深刻的反省，只重視外面的空架子，那麼這個人會越來越損，會「其道外行」。資源從內部拚命往外面流，想回流時流不回來，清末的鴉片戰爭，中國的白銀大量流失到外國就是如此。所以在事情發生的時候，要「已事遄往」，才能无咎。

「无咎」的前提是「已事遄往」。「遄往」就是要趕快去，動作不能慢，決定之後快速動作。什麼事情要快呢？「已事」。「已」就是停下來，什麼叫「已事」呢？止住「六四」的欲求，也就是「初九」要止「六四」的欲。「六四」是中央政府，需要「初九」的供給，就要徵稅。這跟頤卦中的老虎和烏龜的關係是一樣的。從某種程度上來說，這是天經地義的，只是「六四」不要太過火。「六四」作為管理高層，需要「初九」的生產成果維持運作。「初九」如期納稅，填滿「六四」的需求，這本是「初九」的基本義務，所以「六四」有這種欲求也是正常的。「初九」要以下待上，就是「事」，即以下事上，《論語》中說「事父母能竭其力，事君能盡其身」，都是以下事上。而「六四」的需求則是在一定合理的範圍內，對於「初九」來講，止住「六四」欲求的動作需要趕快，否則，「六四」一旦無法運轉，最後是兩傷。

「已事遄往」落實到實際的政府組織，就是交稅。人民接受這個政府，當然要交稅，納上錢糧不怕官。合法、合情、合理的以下事上，「初九」若能如期完成，「六四」就不會再來煩擾你、找你的事了，這就是无咎。但是，「初九」的賦負不能太重，所以要「酌損之」。在苛政猛於虎的時代，「六四」虎視眈眈，其欲逐逐，苛捐雜稅讓老百姓民不聊生，「初九」就會抗議「六四」的暴政，社會也會陷入動盪不安中。所以「六四」的欲求要有度，絕不能幹殺雞取卵的事情，一定要謹記「取之於民，用之於民」。

可見，在損卦的初爻還是要有理性的判斷，在「已事遄往，无咎」時，已經盡了國民的基本義務，還要「酌損之」，判斷其合理性，量力而為，保持平衡。〈小象傳〉說：「已事遄往，尚合志也。」「尚」即心嚮往之，把自己的義務看得很神聖。「尚」也可以指「上」，即跟它對口的「六四」。「六四」需要，「初九」有，「初九」供給「六四」以使陰陽平衡，這就是陽施陰受，夫婦、男女、民官、朝野都是一樣。「合志」就是有志一同。損卦初爻「損剛益柔，損下益上」，才能達到兩不相欠，甚至可以相反相成；但是「六四」不能需索無度，超過「初九」的能耐。

所以，初爻要跟四爻建立好的關係，都要有節制，都要量力而為，找到雙方的平衡點。以政府管理民眾來講，任何時代的小民，三百六十行，士農工商，都要交稅，那就叫「已事遄往」，該做的事情一定要做，合情合理合法的事情趕快做，做完了就沒事了；但是做的時候一定要計算，量力而為，「尚合志」。這樣「初九」跟「六四」才能搞好關係，所以「初九」的「快」很重要。這就很妙了，損卦第一爻強調該做的事一定要快，而損卦的前一卦解卦（䷧）則是「事緩則圓」，因為解卦面對的是蹇卦（䷦）的難題，所以要有耐心，必須緩；但是「緩必有所失」，等到解卦結束，進入損卦第一爻就要快，如果還是用解卦那一套，搞不好就要交「滯納金」了。人家需要的等不到，抱怨頻頻，人際關係的不和就產生了。

損卦第一爻求快，能否在解卦的環境中把角色轉換過來，需要一定的智慧。急驚風，不能碰上慢郎中，損卦「初九」動作快，「六四」的病才好得快。所以「初九」最忌諱的就是爻變為蒙卦（䷃）的毛病，蒙卦也是情欲蒙蔽理智的象，看不清楚形勢，導致判斷錯誤。該給的不給，或者給得太多，超過你的能力範圍，這都是蒙，情欲蒙蔽理智。

四爻：久旱逢甘霖

䷨

六四。損其疾，使遄有喜，无咎。

〈小象〉曰：損其疾，亦可喜也。

光看損卦「初九」，還真的有一點「蒙」，那再看第四爻。「初九」是給人家東西，「六四」是接收「初九」的陽剛資源，這兩個爻一定要配套來理解。「損其疾」，「其」是指「六四」，「六四」如果沒有「初九」的資源挹注，就無法運作，像人生病一樣，要治病，就得吃藥，而且還得對症下藥。「初九」剛好和「六四」陰陽互相應與，「六四」自己的病想要減輕，唯一的辦法就是從「初九」那裡取得「藥方」。「初九」如果趕快把對症下藥的藥方「其道上行」，送到「六四」那裡滿足了它的需要，這就是「損其疾」，「六四」的病因為「初九」資源的挹注而減輕，「使遄有喜」，病很快就好。在豫卦中我們就提到過，「疾」跟「喜」是相對的，有病的時候是「有疾」，病好了就叫「有喜」，因為沒有了病就很喜悅。「使遄有喜」就是因為「初九」給得爽快、俐落，也在它能力範圍內「酌損之」給了「六四」，久旱逢甘霖，所以「六四」「損其疾」，「初九」的資源在一定期限內到了，它的病很快就好了，「六四」需要的東西滿足了，結果也就「无咎」。

「初九」跟「六四」的關係是施與受，屬於典型的陽施陰受，是嚴格遵守損卦「損下益上，損剛益柔，其道上行」的基本原則。「已事遄往」導致「使遄有喜」，兩個爻的結果都是「无咎」。正如〈小象傳〉所說：「損其疾，亦可喜也。」「初九」是供給，「六四」是需求，二者之間供需平衡，互通有無，陰陽和合。在這種平衡的國家機構中，政府的運作就不會是病態的。「六四」爻變為睽卦（䷥），如果不從「初九」那裡得到資源，「其疾」大概很難病癒，可以說此時的「六四」更加迫切需要「初九」的安慰。而這兩個爻齊變是未濟卦（䷿），說明一波未平一波又起，永遠無法滿足。

二爻：密不透風

九二。利貞，征凶。弗損，益之。

〈小象〉曰：九二利貞，中以為志也。

接下來看「九二」跟「六五」這一對是怎麼配合的。照講，「九二」的作法應該是「損下益上，損剛益柔」，而且與「六五」相應與，「六五」也是陰柔的，沒有資源，不能夠自立，卻有大量的需求，在這種情況下，「九二」也應該仿效「初九」和「六四」這一對模型。但是我們發現，「九二」拒絕提供任何資源給「六五」，而且其作法是對的。這就是《易經》所謂的「不可為典要，唯變所適」。「初九」要給「六四」，天經地義，只要考慮「酌損之」；「九二」看起來好像應該給「六五」，但是爻辭都直言不要給。

為什麼呢？因為「有時」，時位發生了變化。時位不同，對象不同，作法就不同。「九二」的爻辭就講得很清楚：「利貞」，利於固守，也就是說因為資源有限，擁有的陽剛資源最好自己留著；「征凶」，如果給了，結果就凶。這就如同蒙卦上爻的「不利為寇，利禦寇」，只能採取固守的方式，這點資源好好留給自己用；用強而有力的行動往外輸出，就是「征」，這種擴張的攻勢結果是凶。泰、否二卦的初爻一個是「征吉」，一個是「貞吉」，一個是守，一個是攻，攻守得當結果都吉，然而損卦「九二」採取積極的擴充結果是凶。這是為什麼呢？以現代經濟活動來說，「征」就是「九二」把資源投入上卦「六五」潛在的市場，但是「九二」已經成型，在下卦經營有成，擁有雄厚的資源，而在損卦的大環境中，資源很寶貴，拍「六五」的馬屁反而會給「九二」帶來凶咎，這時還不如什麼也不給，固守「九二」的正道，把資源留給自己用。

下面自然就得到一個結論：「弗損，益之。」這個「損」是什麼意思呢？站在「九二」的角度來講，「六五」迫切需要，想討其歡心，看它喜歡什麼就給什麼，這就是在做損的動作。此時的「九二」只有不損，才能真正獲益。初爻為什麼要給四爻？國民要交稅給政府，這是正當的。二爻去交給五爻是什麼意思？五爻是國家元首，二爻是民間的大戶、社會的中堅、大企業家、大財團，給五爻提供金援不是官商勾結、權錢交易嗎？這不是一般的為商之道，這樣等於是賄賂；五爻是領袖，不能收取任何私人的財物。一旦交給了「六五」，日後東窗事發，「九二」很可能就要陪著一起坐牢。所以初爻給四爻是正當的，二爻給五爻就有賄賂的嫌疑，這是不合理、不合情、不合法的。除非二爻心有所圖，五爻貪欲熾盛。這就是時不同、位不同，正如〈彖傳〉所說的「二簋應有時，損剛益柔有時，損益盈虛，與時偕行」，「九二」和「六五」都要清醒，把權利和義務的關係搞清楚，做到合情、合理、合法，才不會留下後遺症，絕不能圖一時之快，要知道現代社會的國家元首都是有任期的，「九二」貞就有利。因此，對於損和益，我們一定要有長期觀、整體觀，因為畢竟還是在泰、否的自然法則下，千萬不要埋下後來凶的種子，「九二」「弗損」才是真正的獲益之道。

〈小象傳〉說：「九二利貞，中以為志也。」這就是剛而能柔、陽而能陰，「九二」居下卦兌，最易感情用事，一不小心就會「征凶」，所以這個時候要穩住，志行要高潔，謹守下卦的中道，不要只看片面的「九二」跟「六五」的呼應關係。從卦中卦我們也可得知，「九二」、「六三」、「六四」、「六五」、「上九」互成頤卦（☶☳），「九二」就是頤卦的「初九」「舍爾靈龜」，昧著良心致使靈明之心蒙塵；「觀我朵頤」，一天到晚送給虎視眈眈的大老虎，結果是凶。所以損卦的「九二」不要犯頤卦「初九」的毛病，要是犯了那個毛病，靈龜就餵了老虎，而且老虎的欲望無窮盡，需索無度，後患無窮。「九二」就要遵守頤卦初爻的警告，千萬不要「舍爾靈龜」，不該給的時候，絕對是密不透風，不給就獲益，不會留下任何後遺症。

關於這個爻也是超有意思。前段時間有報紙報導，世界人口組織有個研究報告稱，全世界的生育率越來越低了，而問題是出在男性，因為精子的生產量減半，只有六千萬了。也就是說，二十一世紀「坤道」日盛、「乾道」日衰，方方面面都顯示現代人陽氣不足。陽氣不足，中醫的觀點是補陽，補陽的藥劑下得越重越好，因為現在很多人陰氣盛，有些男人看著就像女人；抑鬱症、精神疾病也有很多，所以就得補陽。但現在卻是男人的精子產量不行了，只有一半，我一看這麼有趣的研究報告，於是暗算一卦，真的是如此嗎？如果說這是醫學的事實，同時也反映這個時代的氛圍，那麼陽衰陰盛該怎麼辦呢？對男性來講，面臨的環境變了，「損益盈虛，與時偕行」的時代變了，男人應該怎麼辦？結果就是損卦第二爻，「利貞，征凶。弗損，益之。」比初爻的「酌損之」更甚，完全不給了，因為給不起。而這個爻的爻變正是頤卦，頤卦是自求口實，完全合乎現實。《易經》真是可人，善解人意。「九二」既是頤卦中的「舍爾靈龜」，爻變又是「頤」，所以「九二」跟養生的關係相當密切，只能止欲修行了。那麼男人都「利貞，征凶。弗損，益之」，女人怎麼辦？結果是比卦的第一爻，「有孚，比之无咎。有孚盈缶，終來有他吉。」這個意思大家自己去體會吧。

五爻：自然獲益

六五。或益之，十朋之龜弗克違。元吉。

〈小象〉曰：六五元吉，自上佑也。

我們看第五爻。第五爻是純獲益，所以誰都想做皇帝、做國君。「六五」居最高位，大權在握，即使手上沒有現成的資源，外面的資源也會不斷地往他那裡送。這種利益輸送，不僅僅是一些看不清楚形勢的「九二」會去送，還有很多法外不當的收益。

「六五」是損卦中最佳獲益之位，這就說明人做事情要有意志力、能夠抵制誘惑；要是不能清廉自持，一定會出問題。其實《易經》勸「九二」不要隨便送給「六五」，不要亂了這個分寸，也是因為「六五」根本不在乎「九二」送不送，其他送的人都在排著隊呢。君位的誘惑常常就是如此。所以，如果是處在損卦「六五」的環境，即使大環境不好，依然是一天到晚獲益，就是純收益，幾乎是不勞而獲。因為有這個權位，到處都有人進貢，「或益之」就是說從哪一個地方來的收益都不可測，不是本分應有的收入，無法預測。為什麼會這樣？因為你是「六五」，就這麼簡單。「九二」如果不識趣，要拍馬屁送東西給「六五」，只能是「錦上添花」，多多益善，「六五」會覺得是應該的。不像雪中送炭，讓人感激一輩子。所以「九二」「弗損，益之」是對的，「六五」就是什麼都不用做，資源都會往他那邊流。

接下來就是「十朋之龜弗克違」。「或益之」是利益輸送，但是有些東西險不可測，哪些可以收，哪些不能收，需要考量。怎麼辦呢？就到宗廟中把烏龜請出來，卜一卦看看。「十朋之龜」即很大很名貴的烏龜。貝殼是以前古代的通貨，兩貝為朋，就代表其身價不凡。「十朋」為二十個貝的計量單位，說明那是很大的神龜。為什麼要在宗廟裡把專門卜卦的烏龜請出來？因為它很靈驗，代表著祖宗、神明和天道。古代當軍國大事難以決定的時候，就要用「十朋之龜」來卜筮，通過燒烤龜甲裂開的斷紋判斷吉凶，此之謂龜卜，這種方法現在已經失傳。烏龜通靈，可以顯現邦國興衰。「六五」明顯碰到大事了，什麼大事呢？因為這麼多資源往「六五」這裡匯聚，是益還是損？是吉還是凶？只能請示一下天意或者祖宗、神明做智慧的判斷，藉由龜卜之象來決定可否「或益之」，結果是「弗克違」，徵兆是「元吉」；合情、合理、合法，不能拒絕。也就是說，從天道的高度來講，不能拒絕人家的善意，收下來是合情合理的，因為此舉跳脫了個人的人情欲望，不是中飽私囊，而是借助領袖的權位做富國利民的公益事業。

可見，「六五」面臨「或益之」的時候，慎重其事的用龜卜，即天意，透過「十朋之龜」顯現的徵兆說可以接受並做最恰當的運用，自然「元吉」。故〈小象傳〉說：「六五元吉，自上佑也。」這是上天的意志，跳脫了人情的考量，是依據天道，藉著卜筮來解決問題。所以這個爻一定是有信仰、有愛心的，其爻變為中孚卦（䷼）。「自上佑」的「自」也是自強不息的「自」，「六五」的所作所為，即君心跟天心是一樣的，自然蒙受保佑。如果懂得「六五」是這樣的情況，「九二」就更不必給了，「六五」根本不在乎「九二」給的那點東西。如果「九二」做對了，不隨便進行利益輸送，「六五」也完全大公無私，靠著掌門人的位置，也爭取到很多援助，拿來濟助國民。二爻、五爻都很有分寸，兩爻齊變就是益卦（䷩），對眾生都有利。

對邦國大事來講是如此，對於公司、組織、家庭或者個人來講，損卦第五爻讓人看了就有一點心曠神怡，做夢都沒有想到天天有人送東西，而且還可以收下來，沒有任何問題，收下來之後趕快做最好的運用，老天都會保佑的。看來，這個爻是多方獲益，作為金字塔的塔尖，可以利用威望做很多的好事。損卦要到第五爻才能這麼獲益，其實也是因為「六五」是眾望所歸，值得信賴，別人才把錢給他，希望他善加運用。益卦為什麼大環境比損卦要好？因為它的第二爻就到了這個境界，益卦「六二」爻變也是中孚卦，值得信賴的人、信用好的人，就會創造資產，別人都樂意幫他，這就是所謂的得道多助。

這兩個爻這麼好，坐著就有錢，我學《易經》快四十年了，占過的卦都沒有出現這兩個爻。其實這也是損、益的機制，我們不要把損「五」益「二」看得那麼嚴肅，這是一種人生情境，累積到一定程度自然就多方獲益。到那時就不太需要費心了，真的是「長裕而不設」，資源自然就來。

三爻：小捨大得

六三。三人行，則損一人；一人行，則得其友。

〈小象〉曰：一人行，三則疑也。

再看三爻跟上爻，這也是損卦的精華。「三人行，則損一人；一人行，則得其友」，「六三」的爻辭有點像詩歌，文辭雖然工整，但這個爻是大有問題的，是下卦兌的情欲開竅口，且陰居陽位，不中不正；更要命的是，「九二」那麼守本分，固守正道，沒有任何不該做的動作；「六三」卻跟「九二」的關係不好，陰乘陽、柔乘剛。「六三」相應與的是「上九」，這兩個爻都做到的結果是泰卦（䷊），調節得好，就是泰，內外、朝野關係什麼都好，結果是天下太平。所以這兩個爻很重要，就得棋逢敵手，三爻按照爻辭做對了，六爻就有好的結果，這也是一個因果關係。

在「六三」的處境中，其情形就不適用損卦所謂的「損下益上，其道上行」，作為陰爻，沒有資源給上爻，但是它要下決心做正確的動作；「六三」如果是因，可能結的善果就是「上九」登峰造極的艮卦（䷳）山頂，厚實有力，損極轉益。「上九」爻變為君臨天下的臨卦（䷒），其發展不可限量。損卦的「上九」是好極的爻，但是要有「上九」這麼好的結果，「六三」的作法關係重大，這個爻處在下卦兌的開口處，最易感情用事犯大錯，需要做出冷靜、理性的抉擇。「六三」做對了，才會有「上九」的結果；如果做錯了，「上九」就是泡影。所以在損卦六爻中，想要創造「泰」的效果，「六三」可謂是如臨深淵、如履薄冰，如果這個時候感情用事，放不下、割不斷、捨不得，什麼糟糕的事就都來了。「上九」是先捨後得、棄小就大，如果「六三」勇於割捨，毅然決然，再經過三個爻，就可能由虛變實，到達上卦損極轉益、創造登峰造極成就。

我們回過頭看「六三」的爻辭：「三人行，則損一人；一人行，則得其友。」爻辭很抽象，〈繫辭傳〉中也重點談過這個爻。〈小象傳〉也很簡單：「一人行，三則疑也。」為什麼一個人要離家出走？因為三角關係不好搞，互相猜忌，絕對處不長，內訌、家變、競爭的家人、睽二卦——兩個女人的戰爭，就是前車之鑑。「三人」是什麼意思呢？三人成眾，指的是一男兩女，不是一夫一妻，而是妻妾鬥法，就是家人、睽二卦的世界，是兩個女人的戰爭。家人卦（䷤）的時候，大房跟二房相安無事；睽卦（䷥）的時候，大房被趕出家門或者出家長伴古佛青燈，二房被扶正，三房又起來了；「二女同居，其志不同行」就是如此。家人反目成仇，就是因為男人貪多務得，娶了一房又一房，大紅燈籠高高掛。所以「三人行」不是辦法，除了大舜的娥皇、女英是死心塌地，其他人恐怕都沒有辦法擺平。不能齊家，就不能治國，而兌卦正是人的感情，男女之間的感情、夫妻之間的感情，絕對是講獨佔的，所謂的「齊人有一妻一妾」不能長久，在感情遊戲之中的「三人行」就很複雜，什麼變故都有可能產生。損卦既然講究理性，就要懂得割捨、切斷，不捨怎麼會有得呢？要得就要有人犧牲，在三個人中，兩個女人裡，一定要有一個放棄，不能一男兩女，一定要減掉一個，但也不能減錯了，不能把男的給減掉。這就是「損一人」，剩下一男一女，沒有了第三者的競爭，就不會有家人、睽二卦的悲劇了。那麼，「一人行」呢？也不必擔心，天涯何處無芳草？含恨出走離家門，很多愛慕者馬上又來了，這就是「則得其友」，又會交上新的男朋友。「一人行，則得其友」，這不是很好的結果嗎？

話雖這麼說，做起來就難了。要知道「一人行」的決心是很難下的，但又是非走不可。如果戀棧不走，捨不得割裂，一定是睽極之爻的環境，不僅看到塗滿泥巴的豬，還看到一車子的鬼。這個爻就是要離家出走，闖蕩世界，因為其爻變就是大畜卦（䷙），大畜是「不家食吉，利涉大川」，這就是「一人行，則得其友」的好處。

我們看一下〈繫辭傳〉怎麼說：「天地絪縕，萬物化醇。男女構精，萬物化生。《易》曰：『三人行，則損一人；一人行，則得其友。』言致一也。」孔老夫子解釋得很美，就像「《詩》三百，一言以蔽之，曰：思無邪」一樣，他是肯定下卦兌的，只要調理得好，掌握分寸。天地的陰陽二氣親密流通，萬物得以變化而豐富。雄性與雌性精血交合，萬物得以變化而產生。這樣解釋起來「六三」就值得肯定，變得很神聖了。要注意的是「致一」二字，也就是說不要貪多，要專注搞一行，因為一陰一陽才能合、才能生。三心二意，反而會變成「疑」。企業也是一樣，如果有三條生產線，有些明明不賺錢，為什麼不把它關掉呢？這種決斷在當時難免有陣痛，有很多人抱怨，但是整體效益是好的；就像「六三」卸掉包袱之後到達「上九」的佳境。修行常常也是如此，禪宗五祖傳法到六祖惠能這一段幾乎就在印證這一點，弘忍法師當時如果沒有遠見，授了衣缽給惠能之後讓其趕快逃亡，那麼惠能勢單力薄，一定是死無葬身之地。一山難容二虎，五祖之後怎麼能跑出兩個六祖呢？後來的南宗、北宗就是讓他們各有一片天，自己獨立發展。惠能在南方發揚光大禪宗，創立了南宗，也就是損卦第六爻。所以真正開宗立派的大師，絕對不會感情用事，要鼓勵他們獨當一面，敢於出去闖出一片天，發揚光大自己的事業，這就是小捨大得；不然師兄弟門裡爭，只會自相殘殺。

上爻：功成名就

上九。弗損，益之，无咎，貞吉。利有攸往，得臣无家。

〈小象〉曰：弗損益之，大得志也。

三爻做對了，上爻就有好果子吃。「上九」的「弗損，益之」跟「九二」的「弗損，益之」並不完全一樣，因為上爻完全不需要去「損」就可以獲益，直接就到益卦了。至此，損的階段完成了，自然而然就是「无咎，貞吉」，「利有攸往」，而且「得臣无家」。「臣」就是管事的，老闆自己不用去。原先第三爻的包袱重得不得了，不肯離開家，到第六爻則是處處無家處處家，「莫畏征途苦，千山即是家」；這個爻的爻變就是君臨天下、自由開放的臨卦（䷒），「君子以教思无窮，容保民无疆」，發展前途無比寬廣。比當時擠在「六三」的師傅座下師兄弟相爭的局面好得多。留在師傅身邊繼承本業、發揚光大師傅原有的成就；離開師傅出外闖蕩的，更易創造登峰造極的成就，創立更光輝的事業。作為他們的師傅來講，師傅的影響力投射到全世界，更加樂於見到這種局面，這就是「得臣无家」。有開放的「六三」的作法，才有開放的「上九」的成就——損極轉益，就是〈小象傳〉所說的「大得志也」。損卦「六二」叫「中以為志」，「初九」稱「尚合志」，到「上九」則是「弗損益之，大得志」。這就是講究專業、講究致一，最後才能夠產生「上九」的成就。

占卦實例1：西方式的企業管理

西方式的企業管理有何特色？這個問題曾經困擾著我們，在一次課程中，我特意為此占了一卦。西方式的企業管理就是損卦動初爻、二爻，有剝卦（䷖）的象。即在內卦做最嚴格的成本管控，要照顧股東的最大利益。基層的初爻「已事遄往，酌損之」，二爻「利貞，征凶。弗損，益之」，對於生產層面的初爻、二爻是高度節控，甚至有時候剝削到不合理的地步，一旦公司不賺錢，裁員是絕不手軟的，連總經理都可以裁掉。所以這樣的管理模式是損中有剝象。要知道，損、益是最嚴格的成本控制，冷酷無情的計算，不像中國人富有人情味，需要照顧這個照顧那個，一堆包袱，結果大家一起倒。

然而二〇一〇年二月初，我占算台塑企業創辦人王永慶的經營風格，也是「遇損之剝」。台塑集團有名的「魚骨頭理論」，就是對各項成本的嚴格控管，幾乎到了苛刻不合人情的地步，非常有效率，倒是和西方企管思想相合。

占卦實例2：美國量化寬鬆政策

二〇一〇年，美國推行所謂的量化寬鬆政策，第二次大量印鈔，印這麼多錢撒下來，一方面當然是稀釋其負債，另一方面就會造成其他國家的困境。那麼這樣的作法能不能讓美國經濟復甦呢？結果看起來是不行，偷雞不著蝕把米。第二次印鈔票，對美國經濟的影響是損卦下卦全動，三爻齊變為艮卦（䷳），重重難關、停滯不前。將來造成的失業率會非常可怕，印鈔票雖然可以疏解一時的問題，但是對整體經濟的結構一點都不能改善，結果還是損中有艮象，「貞悔相爭」，不管是損還是艮，都無法借助印鈔票讓美國經濟復甦，而且是損己又不利人，以鄰為壑，這就是典型的美國做法。

對中國大陸經濟的影響呢？為損卦二、上爻動，「上九」值宜變為臨卦，齊變為復卦。「九二」、「上九」爻辭皆稱「弗損益之」，不但不損，反而獲益。損卦之象山下有澤，損以修德，藉此挑戰磨練資金調節池的功能。

占卦實例3：《山海經》的奧祕

中國有一部奇書《山海經》，是記載華夏以前山海的地理環境，跟我們現在所熟悉的完全不一樣。書中描述的古代中國不知道有多奇怪，有水由東往西流的，然後有很多怪物，有很多非人。這本似神話、似地理、似歷史的古書，又在華人世界掀起新的研究熱潮。《山海經》中所描述的古代中國地理形勢，和現代相比可謂是滄海桑田，雖然描寫得非常詭異，可是有些山川地勢又跟現在的隱隱相合，妖魔鬼怪一堆，各種生物的描寫又那麼奇怪，《山海經》所講的到底是怎麼一回事？答案無從知曉，只好占卦一問究竟了。結果很妙，就是損卦的三爻、上爻動，齊變為地天泰（䷊），地天泰代表的是新的天地，怎麼來的呢？因為損，乾坤大挪移，移山填海，導致天地變化；然後三爻的澤，上爻的山都動了，高山下凹變成海底，海底上升堆成高山，三爻、上爻這麼一變，就變成一個新的天地，這難道就是滄海桑田？

占卦實例4：未來男女兩性的損益盈虛

二〇一一年元月中，報載現代社會工作壓力大，男人性能力減弱，平均精子量不足云云。我問未來男性在這方面會如何？為損卦「九二」爻動，恰值宜變成頤卦，爻辭稱：「利貞，征凶，弗損益之。」顯然得多加節制，以免消耗過度而致凶。

〈大象傳〉稱：「君子以懲忿窒欲。」我接著再問未來女性會如何？為比卦「初六」爻動，爻變為屯卦，爻辭稱：「有孚比之，无咎。有孚盈缶，終來有他吉。」比為陰陽相比附，「初六」離比卦唯一陽爻「九五」太遠，不易得到上卦坎水滋潤，只有積極主動爭取，熱情若夠，還能「有他吉」。爻變後的屯卦為新生兒之象，如此才能生育後代。真是妙哉！

利益眾生——益卦第四十二（䷩）

六十四卦最難解之卦

我在損卦一章中就說過，對於初學者來講，損、益二卦是最難的。很多舊的註解或者現代人的解釋，常流於片面或膚淺，沒有整體的貫穿。儒、道兩家的祖師爺都很重視損卦、益卦，小到一個人的精氣神，大到幾千年歷史文明的發展，都離不開陰陽互動之間的補瀉這一套高度抽象的法則。卦辭、爻辭所涵蓋的大小宇宙，其文辭的描述典雅，因此一般老百姓難以理解。《易經》自古就是帝王學，在孔子「有教無類」之前，一般人連字都不認識，絕對不可能懂的。古人尚且如此，對於現代人來說，還要借助翻譯白話來理解，那就更難懂了。尤其益卦比損卦還難，算得上是六十四卦中最難的一個卦。

而且，損、益二卦所涉及的一些大道理，小到個人養生，大到治國平天下，以及文明的因革，不僅僅限於《易經》，還關係到其他很多相關的經典，對於現代人來說就更難了。像《尚書》中的「洪範九疇」，那是有名的詰屈聱牙，非常難懂，它就和益卦有關；必須用《易經》卦爻結構的模型，把它表達出來，然後還要穿針引線、承乘應與，如此串聯，才能了解。

斟酌損益與泰極否來

我在損卦一章中，強調了損、益二卦跟泰、否二卦的關係。人為的斟酌損益絕對要了解外在客觀自然大環境的泰極否來。人的生老病死，時代的變遷都是如此。我們必須與時俱進，隨時做調整。損、益二卦就是根據泰、否二卦而做相應的調整。

在〈雜卦傳〉中，就強調人的修為跟自然的架構，即所謂的天人合一，人要順天，但是不能放棄自己主觀的努力，在根據自然法則修行的同時，又不能過分地干擾、破壞自然的平衡。在泰、否大環境變動的時候，每一個時、位的作法，都要有損、益相應的調整。〈序卦傳〉中，泰、否二卦在上經，損、益二卦在下經，都是十一卦、十二卦的位置，這就是所謂的天人相應。可是〈雜卦傳〉就提出，人修到一定的境界之後，天就是人，人就是天，天人是合一的，本來自然卦序的第十一、十二是泰卦和否卦的位置，現在換成了損卦和益卦，此時的人已經是巧奪天工，天人合一。所以〈雜卦傳〉更重視人為的努力，泰、否反而跑到了下經，變成第九、第十：「咸，速也；恒久也。渙，離也；節，止也。解，緩也；蹇，難也。睽，外也；家人，內也。否泰，反其類也。」天人因為合一，人就是天，天就是人，完全可以互換。「自天佑之，吉無不利」，小宇宙完全彰顯出大宇宙生生化化的原理，對於〈雜卦傳〉來講，擺在上經和擺在下經都互相呼應是一樣的。

這就說明《易經》的理氣象數都是通的，尤其是益卦，完全有可能把我們一般人必受的限制打通。什麼限制呢？時間和空間的限制。從《易經》的角度來講，就是時跟位。當我們了解了時空的奧秘之後，就不要忽略位跟時的關係。一旦真正通曉，修為高的人就可以跳脫時空的限制，發揮更大的創造力；就像乾卦〈彖傳〉所說的「六位時成，時乘六龍以御天」，每一個龍都代表千變萬化的時跟位，一旦可以統天、御天，所有的自然順序、生化盡在你的掌控中。益卦的〈彖傳〉就講時間通常對我們有很大的限制，我們所處的空間對我們也是很大的限制，如果完全按照〈彖傳〉所說的修行到位，這些限制都可以跳脫，不受任何時間、空間的變化所限。就像〈繫辭傳〉所說的「神无方而易无體」，就會變化自如，無所不在，放諸四海而皆準，百世也應對無礙。這就是益卦的境界，時、空皆跳脫，從《金剛經》的角度講就是「無壽者相」，如此才能「長裕而不設」，創造力可以發揮無窮。

利益眾生

「利益眾生」是益卦的主題。也就是說，人不要自私自利，要顧及公眾的利益。如果大家都為自己活，那麼這個世界非毀滅不可。乾卦〈文言傳〉稱：「雲行雨施，品物流形。」就是標榜「天下為公」的思想。大有卦（䷍）第三爻云：「公用亨于天子，小人弗克。」說的就是小人就很難突破這個境界。《禮記・禮運大同篇》則說：「貨，惡其棄於地也，不必藏於己；力，惡其不出於身也，不必為己。」指出完全不為自己謀利也是不可能的，不過不一定每次都是為自己。

益卦的人位，也就是第三爻和第四爻，在思考益的問題的時候，就提出要損己益人，第三爻爻辭稱：「益之用凶事，无咎。有孚中行，告公用圭。」第四爻稱：「中行，告公從，利用為依遷國。」在對待損、益這些問題的時候，這兩爻態度很明確，就是儘量少私心，要化私為公；畢竟三爻、四爻是多凶、多懼的人位，如果每個人都自私自利，那就真的是多凶、多懼。這兩個爻直接把「天下為公」的「公」表達了出來，強調「告公」，並且在上面的第五爻和第六爻也有很明確的對照，即利己心與利他心，長期的果報絕對不同。

這就是有關益卦主旨的闡述，在我們還沒有進入具體的卦爻辭之前，先有結構上的掌握，明其主旨。並且，「利益眾生」所針對的還不只是人，人以外的自然環境等也包括在內，甚至人及非人都在這個範圍內，那麼如何讓「益」發揮作用，其意義就重大了。所以自私自利、甚至損人利己的行為，在益卦中絕對會有非常不好及不可預料的惡果。這一點就表現在益卦的上爻：「莫益之，或擊之。立心勿恒，凶。」

但是，人要做到濟度眾生、利益眾生這一點並不容易，「天下為公」的想法雖非憑空說大話，但首先就得經過「損」的階段，即「懲忿窒欲」。先要降低自己的欲望，抑制自己有時的憤懣心理，調整心態，經過「懲忿窒欲」的修行，才有可能進入益卦的境界。要知道，人的私心私欲非常可怕，綜觀發生在我們周遭世界的一些事情，我們就知道佛要變成魔鬼是多麼的容易，而魔鬼要修行成佛，需要經歷多少層的地獄修煉。

集思廣益

集思廣益也是益卦的一個特點。我們平常在做任何決策之前，首先要考慮的是這個決策一旦付諸決定，會影響到很多人。如果受益的只是與你密切相關的群體，只照顧到特殊的既得利益集團，這就是獨裁。古今中外的獨裁者就是如此，他想到的不是大家，而是以他為中心的群體。所以，現代社會任何一個決策的行為，凡是涉及公眾利益時，絕對不能一個人獨斷專行，需要集思廣益，產生符合眾生利益的結論。也就是說，最後的決策是經過充分討論，兼顧眾人利益，最後由決策者拍板定案之後形成的，結果是盡可能照顧到最大多數人的最大利益。這才是集思廣益。

益卦的卦象，尤其是六個爻的爻辭，其實就是集體決策的過程。集體決策中，哪一些人可以發表意見，要聽取哪些人的意見，然後綜合起來做出「益」的決定；而不是照顧某一部分人的利益，犧牲大部分人的利益。集體決策的目的就是集思廣益，進而產生最大的效益。益卦的下一卦就是夬卦（䷪），「夬」就是決策，夬卦的卦辭就是集體開會的象，也就是集思廣益。夬卦如同裝滿水的水庫，下決策猶如開閘洩洪，在開閘之前，就要考慮下游的承受能力，上游一放水，水一洩下來就不能回去了。如果因為一個錯誤的決策而害死下游不知多少人，其罪就莫大焉。所以，凡是重大的決策，拍板定案的閘門不能隨便開，夬卦本身就告訴我們要慎重，要戒急用忍，兼聽各方面的意見，評估種種可能的風險，不能隨意做最後的決定。

夬卦的重大決策拍板之前，就是益卦的集思廣益。這樣的決策一旦底定，就要合乎社會公義，也就是對大多數人有利，即使可能會傷到少數既得利益集團，但大多數人得益，決策者就要堅持。要知道，所有的重大決策前，也就是夬卦前，一定有損、益二卦的考量。從社會公義的角度來說，損的是少數人的利益或者特權階級的利益，而有益的是絕大多數人，這種決策當然要堅持。像現在的控制房價，幾乎每一個國家跟地區都在為這個問題頭疼，民怨沸騰也不是一時的了。控制房價的決策如果有效，抓到了問題的竅門，那麼它對大多數人來說是有利的，其手段肯定會傷及少數人的暴利企圖，這就是要損。所以，最後要看是誰獲益，才是一個重大決策的基本考量，雖然絕對不可能面面俱到，討好所有人，但是要多方聽取意見，有時候還不光是聽，還要兼顧天意，為廣大的弱勢群體爭取利益才是利益眾生。

民意至上的弊端

美國在小布希政府那幾年，到處掀起戰火，作為一個所謂的民主國家，怎麼能隨意起刀兵呢？難道沒有制約的力量？其實不盡然，這些刀兵舉措的決定，都是通過國會的，是受民意支持的。尤其是經歷「九一一」恐怖襲擊之後，美國民意沸騰，主張美國出兵。至於出兵的結果是什麼，沒有人會想到。

這就是民意至上的美國。對美國來講，它是國會授權的。那麼，這個民意就一定對嗎？經過事實證明，民意有時不合天意。像第二次海灣戰爭，伊拉克並沒有大規模殺傷武器，美國憑什麼要趕盡殺絕，最後連自己也陷入戰爭泥潭？這不是天怒人怨、大造孽嗎？要知道，這個決策在國會的通過率是九成以上。可見，民意至上有時不一定對，一旦出現問題就會很嚴重。這就說明自由民主的制度有時不一定是合理的。

常看到報紙上說，某某決定在國會獲得過半數通過，那麼這過半數就是合理的嗎？這過半數的可能有共同的利益，尤其可怕的是，它可能是短視的利益，只考慮到選情或者其支持者；可是這短期的利益長期會傷害到整體的利益，或他人甚至他國的利益，但是對於這些決策群體來說，凡是利益集團之外的利益他們就不關心了。這就不合天道，不合天道就要嘗受苦果。從合法與否的角度來講，這些決策是民意通過，如此一來，民意無限上綱就是一個問號了。就天道無私的觀念來講，這就是有問題的決策。

很多人在研究西方民主制度的時候，很少會從這個角度考慮問題，也就是說不會反省到這個問題，總認為這樣的制度是真自由、真民主，是民意至上。民意重不重要？確實很重要，自古以來，民心即天心，一旦民心有變，統治者就要反省自己是不是「寡人有疾」。但是民意至上就有問題了，要知道人難免有私心，個人有個人的私心，集體有集體的共同私心。從天意來講這就不合理，像濫墾森林，對於某個利益團體來說是獲利的，但是對於生態環境來說，卻是極大的破壞，而且禍及子孫後代。那麼在開發這些自然資源之初，參與的人都舉雙手贊成，都獲得了短期的利益，可是長期下去，等於是在挖自己的牆腳，這就是見樹不見林，短期的損，破壞長期的益。所以，損、益的問題是很嚴肅的，涉及這些問題時一定要慎重考慮、深度考慮、長遠考慮。

中東地區目前也是戰火不斷，人民遭受苦難，其幕後的操刀者有些就是美國。美國這樣做合乎美國利益，但是合乎美國利益，就不合乎這個地區的民眾利益。而美國的民主就是建立在永遠不變的美國利益基礎上。所以，我們不要太天真，不要民意極端化，把任何一個東西都無限上綱，無限上綱會反常，反常即為妖。像自由開放的臨卦，「元亨利貞」四德俱全，也會「至于八月有凶」。像埃及的總統穆巴拉克下台，這是民意覺醒了嗎？他們期望的真正的自由民主能不能建立呢？《易經》告訴我們的答案就是需卦（䷄）的二爻、三爻動。按照第二爻既定的方案，那是「需于沙，小有言，終吉」，「衍在中也」。總統下台是合乎人民的普遍需求，但是往前發展，馬上就陷到第三爻的「需于泥，致寇至」。看到沒有？還有寇，不只是國內的，還有國外的，所以就陷入泥沼中。需卦二爻、三爻齊變是什麼卦？就是埃及的民主——屯卦（䷂），還是棵幼苗，「動乎險中大亨貞」，談何容易？

從卦的結構上看，益卦的卦象是利益眾生，上卦是巽，巽是教化、風化，循循善誘；「君子之德風，小人之德草，草上之風必偃」，風行草偃的象。下卦是震，就是眾生，「帝出乎震、萬物出乎震」。所以巽卦教化的對象是眾生，巽的政策方向、教化目的就是震卦的眾生，要尊重他們內在的主宰，這才是真正的益。

益卦卦辭

䷩

益。利有攸往，利涉大川。

益卦的卦辭跟損卦的卦辭有明顯的區別，損卦是要勸人節制欲望、調控情緒，道德勸說不是一件容易的事情。損卦要修德，凡是不合規範的就得限制，因此一般的人不會願意「懲忿窒欲」。為了達到道德勸說的目的，損卦卦辭可謂苦口婆心，講了很多話。但益卦就不用那麼費事了，形勢一片大好，每個人都是一馬當先往前衝。這也意味著不管是追求哪一種利益，必然伴隨著重大的風險，但是一定要冒險才能夠獲得相應的利益。如果冒險犯難所獲得的利益非常可觀，那麼它還是鼓勵往前衝，想絕對沒有風險而獲大利的好事少之又少。這也是做人做事的一個基本原則，想要成功，不經艱難險阻是很難實現的。

卦辭稱：「利有攸往，利涉大川。」說的就是這樣的道理，利於前往你想到的目的地，利於度過重大的險難，冒險犯難去謀取利益。富貴險中求，想要物質或精神上的長久富裕，就要冒風險。如果所謀的利益可以利益眾生，那更是功德無量。而這些道德目標和人生目標的實現，必然伴隨著風險，高風險帶來的是高收益。如果你承擔風險的能力或意願低，就不要想著獲得天大的利益；如果什麼風險都不願承擔，只想白揀便宜，那是不可能的，天上不會掉餡餅。益卦的精神是積極奮發的，下卦是震，需要積極主動，就是要敢冒風險；而上卦是非常靈活的巽，隨時看風向定奪，同時要低調行事。而且，「利有攸往」是利於根據我們既定的主張、信念，向目標前進，設定這個目標之後就不要偏離，要積極、勇猛精進。它不像訟卦（䷅）的「不利涉大川」，以及剝卦（䷖）的「不利有攸往」，不是在跋山時被阻，就是在涉水時被攔。益卦因為下卦震的動力十足，其核心的競爭力無窮，絕對是可以積極主動往前奮鬥的；雖然是冒險犯難，但是所儲積的能量足以抵擋一切艱難險阻。所以，凡是下卦是震的卦，大多充滿了核心的創造力，像天雷无妄（䷘）的无妄真心、水雷屯（䷂）的新生命力。

「利有攸往」和「利涉大川」在《易經》經文中常出現，「利有攸往」主要出現在卦辭這一大形勢中，而「利涉大川」在卦、爻中都有出現。像養生的頤卦（䷚）和損卦、益卦有密切關係，其上爻是「由頤，厲吉，利涉大川」，而君位的第五爻則是「居貞，吉，不可涉大川」。因為第五爻「拂經」，違反了自然運作的原理，即使是君位也不能涉大川。如果要涉大川，就要藉「由頤」之力，才可以「利涉大川」，不但自己可以過河，還可以渡眾生過河。故第五爻一定要跟上爻的力量結合，也就是陰承陽、柔承剛，從「不可涉大川」就變成「利涉大川」。上爻「由頤」沒有任何束縛，完全順著自然的法則自由自在地發展，它當然就可以涉大川了。還有訟卦，為什麼「不利涉大川」，而前面的需卦就可以「利涉大川」？為什麼剝卦「不利有攸往」，而復卦「利有攸往」？為什麼无妄卦問題頻出，又「不利有攸往」，而後面的大畜卦則是「利涉大川」？這些問題一環扣一環，又是因果相聯。這說明，在不同的形勢下就有不同的應對，是否有風險？風險在哪裡？怎麼評估？是我們所有人都要考慮的，這都是《易經》所要告訴我們的智慧。

損卦之利有攸往

損卦的卦辭在後半段也講到「利有攸往」，而「利涉大川」到益卦的時候才出現。損卦上卦是艮，因此在損卦之初，不能「利有所往」，前面橫著一座大山，內卦兌的欲望就是過不去。損卦要做到「利有攸往」和「利涉大川」，必須經過「有孚，元吉，无咎，可貞」，以及「懲忿窒欲」的試練，才可以進入損卦的後一階段，最後進入遷善改過的益卦。

損卦的卦辭在爻辭中就集中體現在損卦的「六五」跟「上九」。「六五」「十朋之龜弗克違，元吉」，爻變是中孚卦（䷼），合乎卦辭中的「有孚，元吉」。〈小象傳〉說：「六五元吉，自上佑也。」也就是說，烏龜所顯示的天意不能違背，只須順著天意去展開。人為什麼要相信烏龜呢？因為中孚卦。損卦的「六五」爻變成中孚卦，也就是合乎時中之道的信望愛，天人感應相通。損卦前面四個爻的努力就是希望產生「六五」這個結果，然後「弗損，益之，无咎，貞吉。利有攸往，得臣无家」，也就是損卦上爻的爻辭，幾乎和卦辭說的完全一樣。可見，在損卦中，卦辭跟爻辭的精密配合非常明顯。

但是，損卦的「六五」跟「上九」的境界有可能一下子就發生的嗎？不然，「先難而後易」，經過艱難的修行之後，使身心達到平衡點，之後才開始平順發展。前面調整身心的時候，不知道有多苦，剛開始就要「已事遄往，酌損之」；第二爻還要考慮「利貞，征凶。弗損，益之」，一步都不能錯；到第三爻時「三人行，則損一人」，該割捨就得割捨，眼光要放遠；然後到第四爻「損其疾，使遄有喜，无咎」，馬上要從「初九」處獲得資源，才得以把毛病去除。等到「六五」的時候，開門就可以見財。人追錢苦死，錢追人爽死。損卦「六五」就是錢追人，不要都不行，因為天意都「弗克違」。這就是時運到了，天地皆同力；時運走了，一切都一籌莫展。人追錢很苦，就是損，前面一定有一個打基礎的階段，要調整，去除諸多不利的因素，等到一定程度之後，你就會發現錢追人了，那就是損卦的五爻和上爻。

「損己利人」也是如此，人開始的時候，要把私心放淡，要捨棄自己的東西很困難，直到布施、行善成自然時感覺就不同了，這就是「先難而後易」。到了益卦就不一樣了，因為已經經歷「損」的階段，在一片形勢大好的環境中，雖然有風險，但不再逃避，風險越大也代表著更多的利益。

益卦〈大象傳〉

〈大象〉曰：風雷，益。君子以見善則遷，有過則改。

益卦的〈大象傳〉比較簡單，我們先看文字：「風雷，益。君子以見善則遷，有過則改。」益卦的〈大象傳〉和恒卦（䷟）有點像孿生兄弟，恒卦是「雷風，恒。君子以立不易方。」益卦的〈大象傳〉強調君子要遷善改過，也就是說，個人的修為或者是組織團體的決策，以及國家的政策，在這些行為的實施過程中，我們一定要看到自身的問題，看到好的東西馬上爭取，有過錯馬上就改。整部《易經》就是遷善改過之學，孔子說「五十以學《易》，可以無大過矣」。孔子之所以說「無大過」，是因為「小過」還是很難免；並且，有時候過錯的出現隨著時勢的變化而變化。譬如，你在去年這樣做沒錯，而今年環境變了，你還是那樣做就錯了，那麼你就得隨時調整不合時宜的作法；有時候早上做是對的，下午情勢變了，當然也得調整作法。這就是從善如流、遷善改過，一旦發生變遷，轉變風向，馬上就得調整。要知道益卦上卦巽，本身就有觀風向的警訊，只要看到風向一變，馬上就調整；時代的風尚、風潮就是如此，一旦發生變化，馬上就得轉向。益卦為什麼有「利涉大川」的象呢？也就是因為上卦巽為風，可以張風帆；下卦震為木，可以為船舵，見風就得轉舵，這是獲益非常重要的前提。內部穩得住，外面隨機應變，這才是益卦變遷的靈活度。什麼是善，什麼是不善，都要看時而定，如果抱殘守缺、因循守舊，沒有了益卦的靈活機變，就很難解決問題了，更不用說是否合乎時宜了。所以我們絕對不能固陋、固執，要「見善則遷，有過則改」，朝有過，夕改之；夕有過，朝改之，這也是乾卦第三爻的概念：「君子終日乾乾，夕惕若，厲，无咎。」〈繫辭傳〉也說：「《易》之為書也不可遠。為道也屢遷。變動不居，周流六虛，上下无常，剛柔相易，不可為典要，唯變所適。」《易經》的道是一直在變的，人生在世，常常戀棧、背包袱，有過就是不改，一旦形成習慣，要改過就很困難了。遷善也是，人們安土重遷，缺乏冒險精神，就很難積極奮發進取，沒有「利有攸往，利涉大川」，就不會獲益，始終留在一個舊的格局中。

益卦的象有點像「雷厲風行」，見善則遷，明明有比較好的東西，為什麼不調整呢？為什麼要安於現狀？因循守舊只有等著被淘汰或者被毀滅。有過則改，就要像「風雷，益」，速度快，又有聲勢。從這個角度來說，益卦的遷善改過和損卦的「懲忿窒欲」是先後相承的，都強調要快，不允許有絲毫的猶豫。

另外，益卦的〈大象傳〉跟恒卦的〈大象傳〉在修辭風格上有點類似。風跟雷，雷跟風，長男長女的巽卦跟震卦渾然一體，配合得很融洽；老夫老妻的恒卦，步入婚姻生活，以求白頭偕老，雖然卦象有上下，但沒有說誰在誰上、誰在誰下，〈大象傳〉只說「雷風，恒」。不像咸卦，少女兌被追求，洋洋在上，少男艮獻殷勤，苦苦追求在下，所以說「山上有澤，咸。君子以虛受人」，這就有了上下之分。可是恒卦強調兩性平權，夫妻對等，相敬如賓，這就沒有上下之分了。夫妻本是一體，男有分，女有歸，不適合講上下，所以恒卦就講「雷風，恒。君子以立不易方」，並沒有說「雷在風上」。益卦也是如此，「風雷，益」，上下沒有分別，內外渾然一體，因為這才是身心獲益最好的結構，也是長期富裕的目標。如果「雷風恒」一體的結構，經過長期的打磨，結果就是「風雷益」，因為不拘上下、不分內外，時日一久，上下已交換，就會產生長期的效益。六十四卦的〈大象傳〉大概只有這兩個卦是這樣，沒有區隔。

「君子以見善則遷」，看到善，立刻就遷；「有過則改」，馬上把舊包袱拋掉，改弦更張，一般人辦得到嗎？一般人懶得變動，覺得變動就有風險，但是一旦克服變動的風險，就會有新的發展，與時俱進，然後獲得新的效益，煥然一新。同時，下卦震的核心競爭力永遠在，而且上卦巽不管東西南北風怎麼吹，都可以順利航行，適應不同的時勢，願意深入到哪一個領域就能深入到哪一個領域。這就是內有生命的主宰，外面低調又深入，且靈活機變。

益卦〈彖傳〉

〈彖〉曰：益，損上益下，民說无疆。自上下下，其道大光。利有攸往，中正有慶。利涉大川，木道乃行。益動而巽，日進无疆。天施地生，其益无方。凡益之道，與時偕行。

我們再來看〈彖傳〉。研究益卦的〈彖傳〉時，也要結合參考恒卦的〈彖傳〉。恒、益這兩卦的〈彖傳〉和〈大象傳〉的寫作風格都迥異於其他六十二個卦，彼此關係又很密切，像「風雷，益」和「雷風，恒」，任何一個卦的〈大象傳〉都沒有這樣不分彼此、不分內外的。貧富懸殊、剝削民眾的政權為什麼會容易垮掉？就是因為它們彼此等級森嚴，上下懸殊。恒卦有長久的利益，是因為固守「立不易方」這個大原則，而益卦靈活得不得了，遷善改過隨時而行。

益卦的〈彖傳〉也是少有的詩歌體，如同唱詩班唱出來的天使之音，這是六十四卦的〈彖傳〉中唯一的，完全是《詩經》的頌體，用頌來歌頌天地、德性、祖先，那是很有品位的廟堂之樂。《詩經》的「風雅頌」，一般人都對「風」的風土人情很著迷，對「雅」的酬酢往來也很嚮往，而對有關天地鬼神的「頌」則無法企及。面對天地鬼神的頌，那是終極關懷的境界，益卦的〈彖傳〉就有這個味道。恒卦的〈彖傳〉雖有韻味，但是因為「恒」是宇宙中永恆的真理，〈彖傳〉沒有辦法精簡，要把道理講清楚，用了八十多個字，難免有點囉唆，所以這個天下第一長的〈彖傳〉，遠遠遜色於益卦的〈彖傳〉。

用頌體來講益卦，皆因益卦的心量廣大，絕不只是私人的利益，也不只是眾生的利益，還包括整個天地鬼神在內的大環境的利益。《尚書・舜典》云：「滿招損，謙受益，時乃天道。」說的就是益卦、謙卦和豐卦、損卦，謙卦和豐卦都強調天地人鬼神，豐滿過甚則招損，謙卑低調則受益。益卦的〈彖傳〉全篇都是稱頌，這種韻文體的文字憑藉其節奏的感染力，讓我們明白什麼才是最廣大的天地人鬼神的整體利益。

我們回到具體的文字中來。首先是「損上益下，民說无疆。自上下下，其道大光。」「說」即「悅」，意思是減損上方而增益下方，百姓的喜悅沒有止境。從上方來到下方，他的道德大放光明。「光」者，光明也。艮卦講：「時止則止，時行則行，其道光明。」大畜卦也稱：「剛健篤實輝光，日新其德。」「其道大光」則是大光明，還不是一般的光，且沒有分別心，是「自上下下」，是「雲行雨施，品物流形」的利益眾生，資源是從上往下，絕對不像損卦是剝削下面去奉養上面，老百姓當然歡欣。「无疆」則沒有疆界、沒有國界、沒有分別，全天下都分享到了。

益卦的〈彖傳〉中有兩個「无疆」，「无疆」的概念很重要，是不可限量的。在《易經》中，出現過六個「无疆」，從〈易傳〉產生的時間來看，臨卦的〈大象傳〉首先宣導「无疆」的觀念：「君子以教思无窮，容保民无疆。」所以它能夠自由開放，君臨天下。其次就是益卦的兩個「无疆」。先是「民說无疆」，基層老百姓之所以歡欣鼓舞，在於他覺得政府的管理者、他所生活的這個社會，或者他所在的團體體制，讓他覺得很有參與感，所以他就有動力，願意投入。基層一旦有了這種動力，就會鬥志高昂，整體的效益當然就會出來。如果他被壓榨，基本生活都不能得到保障，活著很痛苦，很快就會導致民怨沸騰。後面又有「日進无疆」，民眾每天都在進步，而且不可限量，苟日新，日日新，又日新。「日進无疆」是從哪兒來的？就得益於「民說无疆」。老百姓的基本生活得到很好的照顧，基層的力量一旦起來，整體就會被推動，其動力就會「日進无疆」。

最後是坤卦〈彖傳〉的三個「无疆」。我在坤卦一章中曾強調過，即「德合无疆、行地无疆、應地无疆」。這三個「无疆」不但因果相聯，且每一個階段都不同，先是「坤厚載物，德合无疆」，无疆就「含弘光大，品物咸亨」。然後是「牝馬地類，行地无疆」。因為「德合无疆」就能「行地无疆」；最後則告訴我們不要迷途，要「西南得朋」，懂得「安貞之吉」，才可以恰到好處，即「應地无疆」。人生所追求的「无疆」莫過於此。〈大象傳〉是寫在前頭，所以臨卦的「无疆」在前，其次就是益卦〈彖傳〉的兩個「无疆」，因為坤卦是母體，在〈彖傳〉最後總結出三個「无疆」，這就是有名的〈易傳〉「六无疆」。清末民初易學大師杭辛齋首先提出「六无疆」的說法。杭辛齋是一個才氣縱橫的人，據老一輩講他是目前所有中國讀書人讀《易》註最多的人，大概讀了七百多種易學著作，《易經》的註解在《四庫全書》中只有三、四百種，但是他讀了七百餘種。

我們繼續看益卦的〈彖傳〉。「損上益下，民說无疆。自上下下，其道大光」，這是基本結構，下面就解釋卦辭了：「利有攸往，中正有慶。利涉大川，木道乃行。」「行」念「ㄏㄤˊ」，這四句是解釋卦辭的。為什麼「利有攸往」呢？因為「中正有慶」，益卦的結構之好就在於中正的兩個爻，即「九五」的君位跟「六二」的臣位，在朝在野、在外在內，都處於中正的位置，而且「九五」跟「六二」相應與，沒有比這個更好的了。眾喜曰「慶」，益卦只要「六二」跟「九五」

這一對在朝在野、在內在外擁有資源的核心領導者有良好的呼應關係，協調一致，大家都會蒙受好處，分享到巨大的利益。這就是皆大歡喜導致的「利有攸往」。益卦講「有慶」，損卦則是講「有喜」，不過境界不一樣，階段也不一樣，損卦的「有喜」只是「六四」這一個階段，只是個人的或者片面的，不像其下一卦益卦的「有慶」，可以利益眾生。為什麼「利涉大川」？「木道乃行」。「木道」指下卦震陽木，上卦巽陰木，陰陽配合協調一致，於是就大行其道，有了木船，就可以從此岸渡到彼岸，這就是「利涉大川」。上卦巽為帆，下卦震為舵，見風使舵，就是震卦的陽木、剛木跟巽卦的陰木、柔木的完美結合，一切重大險難都可以安然度過。

另外，「木道」的用詞也是很妙。一方面是後天八卦中，東方的震卦跟東南方的巽卦所代表的木，另一方面木道也代表草木的欣欣向榮，所以木道也是生機的象徵，震與巽陰陽協調，大行其道就生生不息。這樣看來，「木道」真的很美，後續的井卦、升卦也都取象於木，木道中能產生無限生機，所以地球上森林資源的重要性不言而喻。如果把森林統統砍伐掉，人類生存的空間哪裡還有生氣？從《易經》的角度來講，「木」就是生，生意無窮，大錢進去才會生大錢，伸枝展葉，生生不息。可見，木道就是生機之道，只有生氣勃勃，才會「利涉大川」。如果木道所象徵的是衰退，那就是我們學過的大過卦（䷛），澤風大過也是從木取象，下卦巽為風，也為木。但是大過卦是棟樑之木彎曲，是澤滅木的死象，沒有了生機，沒有欣欣向榮的景象，只有「枯楊生稊、枯楊生華」才可能勉強絕處逢生。「木道乃行，利涉大川」，用在中醫的角度來說，巽是肝的象，震是心，「帝出乎震」，一切的主宰當然是心，但是心沒有定在，一定有載體，就是我們的心臟。心有時也是火，八卦中的離卦（䷝）也歸到心一塊。心既是離卦也是震卦，離卦、震卦都相應於人體的心。

離卦是講心火，震卦是講心動，震卦跟離卦剛好又是先後天八卦方位中的東方，都是生方。

接下來我們看贊易的部分：「益動而巽，日進无疆。天施地生，其益无方。凡益之道，與時偕行。」人生一切獲益的奧秘，就是在內動而外巽、下動而上巽。一個國家的競爭力在於民間有活力、政府有決策，英明的施政風向可以引導民間的活力往正確的方向發展，這一切都須配合得恰到好處。「益動而巽」，才可以「日進无疆」，成長和進步就是這麼來的，而且沒有止境，每一天都在進步，就像孔子讚美顏回時說：「吾見其進也，未見其止也。」只看到他天天進步，沒有看到他停下來休息。這也是益卦跟恒卦關係密切的原因。恒卦是積日成恒才天長地久，在每一天的陰陽交替中做到日新又新，長時間的積累，就如「益動而巽，日進无疆」。

「天施地生，其益无方」，獲益沒有固定的方法，就像中醫開方子，不只是開一味，也不是千篇一律，藥方沒有固定的，也不是萬靈的，都要看對象而定。這就是說，益卦沒有任何限制，會賺錢的人哪裡只有在一個地方賺呢？全球任何一個地方都是他賺錢的所在。這就沒有地域、方所的限制了。「其益无方」，不可限量，而且「不可為典要，唯變所適」。觀卦的「省方觀民設教」，需要因時因地制宜；益卦則無方，沒有方所限制，放諸四海而皆準，這就是「天施地生」的力量，「雲行雨施，品物流形」。下卦震（☳）是地生，由坤卦（☷）的初爻變陽爻，即長子誕生；天施就是上卦巽，巽（☴）本來是乾卦（☰）最下面的陽爻變成了陰爻，這就是「天施」。「天施地生」，有了陽光、空氣、雨水、風，萬物就成長，沒有任何空間的限制，到哪裡都能生長。

「凡益之道，與時偕行」，下面再講永遠跟著時間走，一點都不落伍，所有益的道理都不可能脫離時；要與時俱進，絕不落伍。一旦落伍，就沒有什麼益可言。「時」不斷地往前走，「益」也不斷地跟著往前走，它是動態的。如果只在一時或者只在一地獲益，那就不是《易經》中完美的益；益卦是永遠獲益，任何時候、任何地方都統統能獲益。《中庸》稱：「建諸天地而不悖，質諸鬼神而無疑，百世以俟聖人而不惑。質諸鬼神而無疑，知天也；百世以俟聖人而不惑，知人也。是故君子動而世為天下道，行而世為天下法，言而世為天下則。」〈繫辭傳〉說，「神无方而《易》无體。」都是沒有時間、空間的限制，這才是「陰陽不測之謂神」。「其益无方」就打破了方的限制，而且永遠與時俱進。我在很多年前占算過中國道家的智慧，就是不變的益卦，靈活機變到極點。兩年前也算過禪宗六祖惠能的境界，也是不變的益卦。可見道家和禪宗都是「其益无方，日進无疆」。

益卦六爻詳述

初爻：全民積極投入

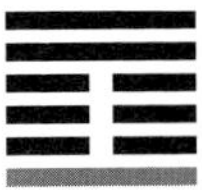

初九。利用為大作，元吉，无咎。

〈小象〉曰：元吉无咎，下不厚事也。

我們進入益卦的六個爻。先看「初九」：「利用為大作，元吉，无咎。」〈小象傳〉說：「元吉无咎，下不厚事也。」

「大作」是指大動作，在農業社會時代就是偉大的勞作活動。〈繫辭下傳〉第二章講過益卦有農耕的象：「包犧氏沒，神農氏作。斲木為耜，揉木為耒，耒耨之利，以教天下，蓋取諸益。」益卦就是利用農耕器具進行生產勞作，也就是耕田；而擴大生產就是「利用為大作」。在農業社會、工業社會都有其「大作」，民力的發動在於「民說无疆」，因此全民積極投入。群眾的力量一旦發揮，就充滿了創造力，當然就產生龐大的社會效益。現代社會提倡綜合國力的競爭，只有發動民力，士農工商三百六十行都為增加整體的生產力努力做貢獻，才能創造巨大的社會效益。而「初九」大作的誘因，源於「六四」的鼓勵，大力投資刺激生產，也就是上卦巽的政策風向，風往哪裡吹，就可以激發民間的活力。可見，「初九」的形勢一片大好，跟相應與的上卦巽「六四」發號施令照顧民眾的福利是分不開的。對「初九」的老百姓來講，利用「六四」這個政府的好政策、好措施，投入其最在行、最專業的生產活動，即「利用為大作」。政府所要做的就是採取各種相應的措施鼓勵民眾在某個行業擴大生產，像早期的一些特殊產業，政府有時候就要減免稅收，以增加生產者的積極性，更大地、更有效地刺激生產，這樣整個社會的生產力就上來了。國家實力一旦逐漸雄厚，民眾的社會福利也會相應增加，民眾的生活有了保障，才可以繼續努力工作。所以，民眾的福利是一切的基本，要有生產的力量，要有競爭力，必須做好各種誘導、刺激的措施，要讓「初九」利用這些好的措施，進行一些獲益的活動，這樣就可以讓下卦震的活力開始發酵，民眾趨之若鶩，心甘情願地投入創造社會財富的活動中來，於是整個國家、組織的根本力量就出來了。結果「元吉，无咎」，吉後面是无咎，沒有後遺症。益卦初爻這麼好的環境，必定有所成長。在「初九」的活力大增後，社會就越來越有活力，綜合國力也蒸蒸日上，這就是「日進无疆」的盛世。

〈小象傳〉把「初九」「元吉，无咎」的奧秘揭開了：「下不厚事。」這四個字可把以前的人考住了，很多解釋都無法到位。其實「下不厚事」最簡單的解釋就是少交稅，政府要減稅，跟損卦的初爻完全一樣。這是損、益的操作，需要特殊考量，如果一開始就收那麼重的稅，民間的生產力就被限制；一旦限制就會被閒置，民眾的惰性一旦形成，社會將是一潭死水。如果國家對民眾減少稅收，民眾受益，就有可能激發最大的生產力效應，稅收也會相應提高。

從這個角度來說，「下不厚事」的「下」就是「初九」，指基層老百姓；「事」就是交稅。以下事上，老百姓納上錢糧不怕官。如果稅賦不太重，就不會束縛民間的活力，民眾願意投入，民富了，國家怎麼會不強呢？剛開始損失一點稅收，長期不是賺回來了嗎？所以損、益二卦的初爻都是在強調降低下層的負擔，剛開始政府收入減少，但長期下去，政府的稅收會逐漸增加。這個很簡單的道理，在《論語》中孔子的大弟子有若就曾對魯哀公說過：「百姓足，君孰與不足？百姓不足，君孰與足？」尤其以前農業社會時代，要大作，更不能交太重的稅，要量力而為，賦稅太重只會導致民不聊生。像損卦第四爻的政府就得靠老百姓繳稅而活。益卦就是這種思維，放長線釣大魚，培元固本，讓百姓有喘息之機，最後大家一起獲益。

「初九」講「利用為大作」，利用「六四」的好政策「為大作」；「六四」也講「利用為依遷國」。「初九」跟「六四」互相利用，明顯是配套的，就像損卦的「初九」「已事遄往」和「六四」「使遄有喜」一樣。總而言之，人生所有獲益的活動，第一條準則就是強化、擴大你的生產力，而擴大生產要有條件，要「下不厚事」；要有值得「利用」的條件，才可以「為大作」。就像對於學生的學習，學生有很強烈的學習意願才能進步，不然逼著他去學也沒有用，只有讓他自動學習，進行誘導，才能「元吉无咎」。

二爻：富而好禮

䷩

六二。或益之十朋之龜，弗克違。永貞吉，王用享于帝，吉。

〈小象〉曰：或益之，自外來也。

第一爻打好基礎，擴大生產，第二爻則是「富而好禮，富而後教」，開始重視禮樂教化。益卦本身是「其益無方」，本業一旦賺錢，其他附加的項目也能賺錢，甚至有時候還超過本業。不像損卦要到第五爻才翻身，才進入從「人追錢」的痛苦到「錢追人」的痛快，而益卦第一爻因為「利用為大作」，第二爻就進入「錢找人」了，而且還可以多元化，天意都不能違背。

在「利用為大作」之後，國力全面增強，民間富實，整個社會蒸蒸日上，第二爻「或益之」，即可以產生效益的不止限於「大作」，「大作」只是發家的本業，現在是獲益多方，猶如「天施地生」，機會多且不限量。換句話說，不再局限於「大作」的方向，是處處開花，從點的突破到線的發展，到面的展開，最後是到體的建立。「或益之」就是整個社會欣欣向榮，百業興旺，有時候自己不敢相信會有這麼好的發展，於是心生疑問，又把宗廟中寶貴的「十朋之龜」——神龜請出來，進行大事的占卜，結果還是「弗克違」，天意不可違，好運氣要接受。

損卦「六五」一百八十度轉過來就是益卦的「六二」，同樣的象，和遯、大壯二卦一樣，遯卦（䷠）第四爻「好遯，君子吉，小人否」，轉過來就是大壯卦（䷡）的第三爻「小人用壯，君子用罔，貞厲。羝羊觸藩，羸其角」，這兩爻就有君子跟小人的差別。損卦「六五」「或益之，十朋之龜弗克違」，益卦則是「六二」「或益之……」，損卦要到第五爻才有的好結果，益卦第二爻就有了。

這就是本業發展之後，相關的產業也可隨之發展，整體經濟也隨之壯大，這也是現代企業發展壯大的思路。當然，最重要的還是本業要成功，那是發家的根本，也就是益卦的初爻非常重要，初爻做到了，第二爻不發展天都不答應。這麼好的大形勢，為什麼要違背呢？面對就好，很自然地接受。損卦「六五」面臨這麼好的環境，結果「元吉」，因為它用君位就可以調度一切資源，做一些創造性的運用，其爻變就是中孚卦；益卦的「六二」爻變也是中孚卦。合乎時中之道的信望愛，在損卦的「六五」君位，對於資源可以直接決定如何做創造性的運用，結果是「元吉」。益卦的「六二」不是上位，是下位，在野、在民間，那它的作法就不是「元吉」。同樣是好運道，天意都不能違背，它的結果是「永貞吉」，永遠固守正道就吉。不要做暴發戶，不要暴起暴跌，整個事業展開之後，一定要有「永貞」的想法，懂得「永貞」才能吉。永遠固守正道是行業的準則，不要稍微一發財就認為自己是神。要知道，這是社會在幫你賺錢，所以要懂得厚德載物，不要囂張跋扈。

既然是整個形勢大好，社會在幫你賺錢，國家的政策成就了很多富豪、財團，那你要不要回饋？一定要。取之於社會，用之於社會，沒有社會的良好環境，就不會有我們的獲益。之所以獲益，是因為整個社會的庇蔭，這時就要回饋社會，「王用享于帝」就是如此。「帝」即宇宙的主宰，人間的王者跟宇宙的主宰之間的關係是藉著宗廟祭祀的典禮進行溝通而達成的。

「王用享于帝」就會吉，意義很豐富。一是對造就你獲益的環境、大形勢要有感恩圖報的心，要懂得回饋。二是你為回饋所做的事情，也表示你是一個有教養的人，懂得感恩。這就是「王用享于帝」。「王用享于帝」基本上就是宗廟祭祀的象，是人對天地鬼神、對列祖列宗的敬意，不會因為自己是王而自我狂妄。你的成功上面有「帝」的關照，還有周遭的人群，這時你就要回饋大家，讓大家分享你成功的果實，這才是吉。「王用享于帝」表現在「六二」這個民間的中流砥柱上，是對社會發展的極大力量。民間新興的力量懂得「王用享于帝」，對於社會來說，這種教養相當重要。不然，社會就是一堆暴發戶，粗俗不堪，沒有信仰，社會也沒有溫情。

〈小象傳〉說：「或益之，自外來也。」為什麼天意會降臨到「六二」身上？因為人的信望愛，我們千萬不要小看這個力量。益卦的「六二」爻變是中孚卦（䷼），既富有又有教養，還懂得利用自己的財富幫助別人。「中孚」會帶來想像不到的多方獲益，事先都沒有辦法預測，這種「或益之」還是「自外來」，不完全是內部的本業，而是天降的好運，這麼好的運氣，皆因自己的積德行義，自然而然就會有上天幫忙。

人有信心，有愛心，對未來擁有盼望、不放棄，常常就會創造奇蹟。像比卦（䷇）就是靠「孚」創造奇蹟。比卦的第一爻稱：「有孚比之，无咎。有孚盈缶，終來有它吉。」要跟外面有很好的合作關係，即使你一無所有，只要「有孚」就會創造奇蹟，要五毛可以給你一塊，「終來有它吉」，是你做夢都想不到的。現代社會，錢都會追著「有孚」的人來，信用好的人可以最大限度地調度社會資源，實現自己的夢想。

「自外來」與「固有之」

益卦第二爻「自外來」的運氣需要憑藉「有孚」，不是第三爻的「固有之」。「固有之」是原先就有的，「自外來」是「固有之」以外的好東西突然跑來。第六爻的「自外來」則是天降災禍，一下子山河變色，甚至傾家蕩產，為什麼呢？「自外來」的壞東西造成的。所以「自外來」的東西一種是福報，一種就是天譴。

除了益卦之外，還有一個卦專門在談「固有之」跟「自外來」的關係，即无妄卦（䷘）。无妄是超出我們預期的疾病與災難，无妄之災、无妄之疾皆屬此類，這些禍患是我們想像不到的，但是它會發生。无妄卦的第四爻直接跟益卦有關，〈小象傳〉稱：「可貞无咎，固有之也。」无妄卦第四爻的爻變就是益卦，能夠「可貞无咎」，能夠「固有之」，守住既定的家底、資源，然後不犯錯，就能獲益。在无妄中要獲益，一定要下損卦「懲忿窒欲」的工夫，這樣无妄卦第四爻「可貞无咎」的獲益，才可以補救第三爻的无妄之災，不會有第五爻的无妄之疾，當然，這一切的前提是第四爻能夠獲益，而且一定是先損後益，再「固有之」。「可貞无咎」也是損卦需要下的工夫，一旦「无咎，可貞」，後面就「利有攸往」。

无妄卦第四爻講「固有之」，說明无妄之災、无妄之疾的發生就是「固有之」的東西有問題。无妄之疾是「勿藥有喜」，无妄之災則是門禁不嚴，導致外來的讓固有的受傷害；也就是外面的欲望誘惑讓我們內心中的原則受傷害。所以无妄卦第四爻只要守住固有的，就不會受外來的影響。但是无妄卦更值得重視的是，「固有之」與「自外來」之間是有關聯的，現在固有的曾經是自外來的。无妄卦的〈彖傳〉就說「剛自外來」，內卦震的生命力是自外來的；「剛自外來而為主于內」，「為主于內」就是「固有之」。地球上的生命從哪裡來？從外太空來的。所以人在任何情況下，都有「固有之」的東西，不在你範圍內的就是「自外來」的東西，可能是福，可能是禍。可是永遠會是這樣嗎？當你檢討自己怎麼會擁有「固有之」的東西，不就是從「自外來」消化吸收變成

「固有之」的嗎？換句話說，現在是「自外來」，不管是福是禍，只要善於經營，將來就可以趨吉避凶，讓「自外來」的吸納進來變成新的「固有之」。這樣一來，「自外來」的壞東西不會傷到自己，還能變成自身的一部分。中國的傳統文化源流中本來沒有佛教。現在佛教反而是中國傳統文化的一部分，像胡琴本是西域傳過來的，現在變成了演奏國樂的主要樂器。在唐朝那個開放的時代，就是把「自外來」的吸納變成「固有之」，這種消化吸收才能使自己不斷發展壯大。

東方文明面對西方文明也是一樣的道理，現在東方文明在面臨著西方文明新的挑戰，我們就要把「自外來」的變成「固有之」，如果自身力量不強，就有可能受到外來的傷害。

三爻：濟難救困

六三。益之用凶事，无咎。有孚中行，告公用圭。

〈小象〉曰：益用凶事，固有之也。

第一爻本業獲得利益，第二爻產生多方的效益，而且精神境界也得到了提升，這樣一個富裕的社會，卻總不長久，第三爻則應了一句老話：「天有不測風雲，人有旦夕禍福。」益卦前兩爻所聚集的財富和效益，到第三爻時就要發揮人道精神，用物質和精神去救濟災荒、貧困，也就是爻辭所說的「益之用凶事」，救濟得好，結果就「无咎」。

這說明在益卦的社會充滿著溫情和富足，人人都懂得「人溺己溺，人饑己饑」，一旦碰到三爻這種凶事發生的時候，馬上就有錢的出錢，有力的出力，大家都慷慨解囊，根本就不必臨時募款，也不必到中央、到上卦要求撥放救濟款。在民間、在下卦的初爻、二爻，尤其是二爻，馬上就可以把庫存的資源用在救苦救難上。人們在做這些事的時候，往往會認為自己的作法順理成章，自己應該對社會感恩，憑藉自己的實力去幫助受苦的人群。這就是「益之用凶事」，讓受難的同胞們「无咎」。所以〈小象傳〉說：「益用凶事，固有之也。」初爻、二爻本來就累積了社會財富，出現災難的時候直接就可以拿來救濟災民，根本不用另尋他途，這種「固有之」的救助也完全不在中央政府的預算中。中國有句老話：「養兒防老，積穀防饑。」如果連庫存都沒有，一旦發生災變，社會怎麼辦？或者一個人突然生了大病，沒錢治療，家庭不是要破產嗎？為什麼能夠「益之用凶事」，還能夠无咎？就是因為有累積盈餘的資源，已經是「固有之」的一部分，一旦發生非常之變，就可以濟難救困。

從精神的角度來講，孟子說，人為什麼看到別人痛苦，就一定要去救呢？因為惻隱之心，人皆有之，這是人的良知良能，這也是「固有之」。從復卦到无妄卦，都在強調「固有之」，在〈繫辭傳〉中，憂患九卦之一的恒卦，更是被稱為「德之固也」。人都有良知良能，一旦懂得在後天的修為中不斷固守堅持，長期下來，就是「固有之」。「益之用凶事」時，應有的資源絕對足夠，不必向更大的組織機構求助，靠自己和周邊守望相助就可以辦到，社會如果是這樣的話，溫情一定滿人間。

剛才所說的是災難，天災人禍總會有，但有時也不是天災人禍，而是從社會的福利出發，需要救助鰥寡孤獨廢疾者，那也是社會的凶事。一個益卦的社會，就要去救濟這種弱勢群體，讓他們有生存的空間。濟助弱勢群體也可以稱為「益之用凶事」。

可見，一個政府施政的方向，在益卦時，第一爻一定要有「利用為大作」的本業興旺，這是根本。第二爻就開始多方獲益，然後始有「王用享于帝」這樣深厚的文化底蘊。到第三爻則可憑藉社會的富足讓民間在災禍面前能夠自救。這就是利用物質的基礎和精神文化的基礎，在處理這些凶事時綽綽有餘；在災難救助的黃金時期，民間完全不用靠政府的救助，就可以用「固有之」的資源自救。而且這種救助還有後奏，那就是「有孚中行，告公用圭」。「有孚中行」，即依據時中之道而行。「圭」是一種信物，一般是玉做的，古代大臣上朝手上拿的就是圭，以示誠信，後來又多了一個作用，即奏對前寫下要上奏的提綱，以免上朝時忘記需要奏對的事情。在這裡則表示救助的明細帳目要公開，也就是說事後要公佈。前面在災難發生時，所有的救助資源沒有經過任何手續，直接就用到了凶事上面；因為時間不等人，不能依照程序辦事。這些預備資源在不測風雲、旦夕禍福的時候用上了，用完之後要報帳。先用了再說，事後每一個單據都要經得起考驗，要有公信力，就得「告公用圭」。「用圭」就像我們現在用公章一樣，代表誠信的信物，一旦公佈出來，大家都可以檢驗。

益卦第三爻爻變為家人卦（䷤），都是一家人，有難當然要救助，何況自身又資源充足。「益之用凶事」就无咎，想要逢凶化吉，就要早有準備。對於個人來說，平時在銀行就要有存款；國家、地方或任何組織都要有預留款；那是不能夠花掉的，需要救急用的。人在職場幹一輩子到最後可以領退休金，這種社會保障也是怕到老了出意外，沒有賺錢的能力，這就是在有收入的時候要考慮到萬一糟糕的時候。

益卦的社會中有凶事，像災禍、不幸，為了保障遭遇凶事之人順利度過，這就需要社會制定某種保障制度，即在平時就要預留各種資源，以便在凶事發生之際用來救濟。這就是有備無患，以防萬一發生突然的狀況。同時在救濟之後，也要維持程序的正義，在事後要理清帳目，「告公用圭」是必要的。像古代地方一旦發生災難，地方官可能來不及請示，就得先行開啟平時必須經上級批准使用的糧倉，用來救濟災民。賑災後，還要向朝廷補報程序，要經得起朝廷派下的大員的考驗；要如實反映，一定要有公告的過程，不能救災後就沒有了下文。急救的事情可以先做，「告公用圭」的手續可以補辦。而要做到自行救災，一定要在初爻、二爻時準備好，有「固有之」的預算，不能什麼都得靠外卦、上卦，下卦如果不能獨立自主解決、排除內部發生的凶事，就不是一個益的社會。

王道政治的施政程序

王道政治是中國古代學者所津津樂道的，我且結合益卦來說明之。益卦初爻「利用為大作」，刺激民眾願意全心投入公共建設、投入生產事業，那麼一定要用最好的條件刺激他，然後有長期的回收，「利用為大作，元吉无咎」。益卦中有一個生態叫頤卦，「九二」到「上九」構成的就是自給自足的頤卦（䷚），不管是個人的養生，還是組織、政府的養生，甚至整個文明的養生，都是頤。益卦要形成自給自足的生態，分工合作的生態在「初九」到「九五」，「上九」為什麼會凶？因為它不在益卦的生態內，在頤卦以外，是化外之民，完全不按照大家互益、互惠、互信的遊戲規則玩；盡想佔便宜，靠邊站，結果是凶，會被雷打死。在頤卦中，不論是老虎還是烏龜，大家都要重視生態平衡，不能無端破壞，益卦自給自足的初爻到五爻就是如此，如果政府的施政程序不按照這個原則，就是第六爻的結果，不但不能益，反而一塌糊塗。如果益卦中的初爻到五爻是頤卦的穩定生態結構，益卦的君位才可以利益眾生，「九五」不但是卦中卦頤卦的上爻，其爻變也是頤卦，貢獻巨大。

「初九」則是頤卦的初爻，「舍爾靈龜」，要小心被剝削，其創造的能量如果沒有出來，「觀我朵頤」，頤卦初爻爻變就是剝卦（䷖）。所以如果高層拚命欺壓基層，「虎視眈眈，其欲逐逐」，整個生態就會面臨崩解。這樣看來，益卦的「初九」既然是卦中卦頤卦的「初九」，當然不能剝削，所以要「利用為大作」，要幫助卦中「初九」的生產，不要讓它「舍爾靈龜，觀我朵頤」。

益卦中還有一個卦中卦，就是初爻、二爻、三爻、四爻構成的充滿核心創造力的復卦（䷗）。「利用為大作」正是復卦的初爻，一陽來復的核心生產力、創造力、競爭力的代表，「不遠復，无祇悔，元吉」。那這麼一個核心的復卦初爻的創造力，當然在益卦初爻非常重要。所以要好好培養初爻這一復卦的核心創造力，「利用為大作」，以最好的條件去培育，讓其發揮出來。

這就是王道政治，也就是《孟子》講的仁心、仁政。益卦「初九」至「九五」這個程序千萬不能錯，初爻「利用為大作」，這是一切的本；二爻就是調整順利，多方獲益，然後就要「王用享于帝」，畢竟大家都是生命共同體，休戚與共。第三爻一旦出了什麼狀況，全社會動員濟難救困絲毫不成問題。在當今制度化的社會中，「鰥寡孤獨」就是第三爻所說的凶事，那麼在施政的程序上是要優先考慮的。益卦第三爻能夠做的這些事情，錢從哪裡來？一定是在益卦第一爻跟第二爻的基礎上。如果為了競選，根本就不管國家有沒有錢，先去討好鰥寡孤獨，以博取選票，大家比賽看誰發的錢多，這樣豈不是殺雞取卵？那這個社會怎麼會益，怎麼能累積國力呢？因為在使用善款時，也要重視分配的合理性，沒有生產，哪有分配？如果沒有「利用為大作」，錢從哪裡來？變成了本末倒置，結果可以投入生產的資源沒了，經濟越來越萎縮，羊毛本是出在羊身上，羊沒了，毛從何來？這種為博取民意的短期政治操作，完全就忘了本末的歸屬，怎麼稱得上仁心、仁政呢？

孟子說：「是故明君制民之產，必使仰足以事父母，俯足以畜妻子；樂歲終身飽，凶年免於死亡。然後驅而之善，故民之從之也輕。」豐年的時候吃飽沒有問題，還要有結餘，凶年時就可以利用積累的資源來補救。如果在豐年時把積累的資源揮霍掉，災荒來時，誰來救助？雖然孟子說的是農業社會，比較單純，但是放在當今社會，還是一樣的道理，這就是王道政治的根本。

四爻：政治改革

六四。中行，告公從，利用為依遷國。

〈小象〉曰：告公從，以益志也。

第四爻開始進入上卦，因為下卦打下了良好的根基，根本不怕凶事，不怕颱風、地震、水旱等災荒。初爻、二爻打的底子厚，有什麼凶事都可以處理，而且樂於處理，第二爻的收入來源管道多多，第三爻碰到任何狀況都不怕，能夠擺平。這就是從生產到分配合理化，也是「謙受益」的表現，兼顧了各方平衡而得善終。

但是益卦不只是這樣，還要由內而外、由下而上，它要推進的是「日進无疆、其益无方、與時偕行」；「初九」、「六二」、「六三」還得繼續往外卦、上卦走。上卦巽為風，「六四」就是風的根，要「中行」，永遠記得依據時中之道而行，因為時位皆不同了，還要「告公從」。「六四」作為提案人，它就是政府的風，要把政策、教化等種種措施付諸實施。在益卦「六四」的時候，溫飽已經不成問題了，貧富的分配、社會安全、社會福利也沒有太大問題，即使遭遇水災、颱風，甚至地震，也沒有問題；可是「六四」不能只考慮妥善應付問題的發生，還要想得更遠，還有很多事務不止涉及經濟層面、民生層面，還要考慮國家或組織未來往哪裡發展的問題，也就是政治改革的問題。下卦可以說是經濟改革大大成功，國富民強，一旦出現任何非常狀況，都可以自己料理。但要往外發展，要國際化，就需要繼續往上提升，也就是政治改革。我們講需卦（䷄）是經濟改革，「飲食宴樂」是最基本的民生，晉卦（䷢）則是精神建設，需要「自昭明德」，提升德性。需、晉二卦相錯，上、下經天人相應，都是排在第五卦；在「需」的基礎上倉庫充實，民生沒有了問題，就要講究德性的修為，那就是「晉」。經濟改革一旦上軌道，政治改革就要提上日程。像前蘇聯，戈巴契夫就不夠老辣，經改、政改一鍋炒，結果經濟沒起來，反而導致整個國家瓦解。

第四爻迫切的問題就是進行政治改革，「利用為依遷國」就是它想做的事。遷國在中國歷史上很常見，尤其是先秦時期。商朝的盤庚、周朝的平王，直到春秋戰國時期的一些諸侯國，都曾把國都遷移過。盤庚遷都，不知道有多少老百姓反對，《尚書》中就記載，他還要親自去跟父老溝通。還有隨卦上爻說周太王搬到岐山腳下，百姓拖家帶口都跟著去。為什麼要搬家？有時是與時俱進，有時是為躲避災難，有時是形勢所逼。整個國家的政治經濟文化中心一旦搬遷，絕對是大事，但有時這樣做才能夠進行必要的改革。

假如說要進行重大的政治變革或者合乎時宜的遷國才能帶來最大效益，一定要有民意的基礎，這才是根基。遷國或政治改革都要有這樣的基礎，即「利用為依」。「六四」要執行涉及政治層面的制度改革或是重大的變遷，一定要爭取到「初九」大部分的民意支持。況且「初九」已經「利用為大作」，在其富實的基礎上行有餘力，它願意支持「六四」的決定，就變成了可以推行大計的重要民意支持依據。「初九」是利用「六四」的好政策「為大作」，經濟實力強盛起來；「六四」要進行進一步的政治規劃、改革，就要利用「初九」的支持，「為依」才可以「遷國」。所以他們互相利用，體制要改革、調整，或者要變遷，風向也要轉變，「初九」就要大力支持「六四」，「六四」就把民意作為遷國政策的依據。也就是說，「利用為依遷國」一定要在「利用為大作」的基礎上，以及二、三爻都做好之後，才能進行。中國的改革開放也是如此，改革是為了發展經濟、改善民生，開放就是和國際接軌，但是做出這樣的決策就要有一定的依據。依據是什麼？就是民意。「六四」畢竟不是拍板定案的最高決策者，他只是執行者、提案者；提案給「九五」，讓「九五」決定；而且提案時還有「初九」民意基層的支持，認為符合全民利益。因此「六四」不能專擅獨為，它既要讓「九五」同意，也要讓「初九」贊成。「九五」是拍板定案的決策者，「初九」是民心向背的支持者。「六四」跟「初九」相應與，呼應民心；而「六四」又要上承「九五」，這即是所謂的「三合一」，「六四」來穿針引線。

經過一段時間，經濟實力沒有太大問題了，「六四」就要考慮政治的走向，要提出改革的重大措施，專門應對重大變遷，那他就要先取得「初九」的支持依據，要公告大眾，也要「九五」同意，「中行，告公從」就是這個動作。依據時中之道而採取行動，要「告公」，「公」包括

「九五」和「初九」，而且絕對是公心而不是私心。「告公」之後，上面的「九五」跟下面的「初九」這些公眾都聽從、接受，接著就可以在經濟富實的下卦基礎上進行政治體制的改革，這樣一來，就沒有什麼風險了。告公而公從，「六四」取得了上下的支持，使自己的提案變成實際的政策，他就可以開始推行。可見，「告公」的動作絕不能省，而且要先報。不像「六三」的「有孚中行，告公用圭」，取得群眾的同意或事後的審核，那是在救難之後；但是「六四」沒有那麼急，一定要大家同意，要集思廣益，就得「告公從」，哪一個程序不能夠通過，不能夠得到大家的支持，就根本不可能進行重大的變革。如果上下都支持，你才能夠「利用為依」，才可以「遷國」，然後「告公」而「公從」。「從」就是大家同意。這一點和「弗克違」還不同，「違」是反對，「弗克違」就是不能反對，只能聽從。也就是說「十朋之龜」所顯示的天意不能反對，所以烏龜不是民意代表。而是天意代表。我在前文講過，集體決策中還要考慮天意，因為所有的人合起來可能是更大的私人利益的總和，並不客觀，像美國的民意就可能是犧牲了別人的幸福，這時就需要老天爺來主持公道，透過烏龜來顯示。

「中行」、「告公」則是需要聽取民意，事先要有這個程序，如果不通過「告公」，公不從，那你就不能實施。大部分人同意了，這個事情才可以幹，而且是在下卦國富民強的基礎上，才有資格談施政的改革，不能本末倒置。「利用為依」的「依」不只是初爻，還包括第五爻，需要集思廣益，這樣的「益」面面俱到，充分尊重各方面的意見，平衡各方之後才能「謙受益」，才可以像晉卦一樣如日東升。

五爻：利益眾生

䷩

九五。有孚惠心，勿問元吉，有孚惠我德。

〈小象〉曰：有孚惠心，勿問之矣；惠我德，大得志也。

益卦「九五」很重要，「六四」跟「初九」兩個人都想做「九五」這樣的事情卻不能成。作為公益事業，其操作就得包括「九五」，也包括四爻的政府，還包括初爻的民意。初爻、四爻、五爻就是透過四爻的穿針引線，承乘應與而得到最好的結果。這三個爻如果一起行動，宜變的爻在「九五」，也就是說最主要的變數是第五爻；第五爻如果不同意，就無法形成良好的體制，初爻和四爻想做公益也不能成。作為穿針引線的第四爻如果撇開初爻的民意，爻變是无妄卦（䷘）；輕舉妄動，一點機會都沒有，純屬癡心妄想，就算拉攏民意，兩爻變還是否卦（䷋）。如果上下都打點，爭取各方面同意，同時「六四」重視程序，拿出合法的依據，「中行，告公從」，就可以完成政治上的重大改革、變遷。只有「六三」是另類，幹完再辦程序，因為性質不同，「六三」所處的境地特殊，當務之急是救災，無需走既定程序。「六四」則是有新方案，就一定要慎重，所以必須「中行，告公從」，才能「利用為依遷國」。「六三」「益之用凶事」，先辦了再說，後面再「有孚中行，告公用圭」。從修辭的角度來說，這兩爻的爻辭可謂嚴謹，但事實上做事情就是如此。

既然「九五」特別重要，「六四」或「初九」都不可單幹，「初九」想「利用為大作」，爻變是觀卦（䷓），允不允許還要觀風向，尤其要看上面的風向如何，不能瞎幹。在觀風向之前，千萬不要失去理智，畢竟損、益二卦是很理性的，不是感情用事。「六四」也是如此。所以益卦這三爻一定要三合一，缺一不可，這三爻也是政治上最重要的環節，一個是民心的向背，一個是執政階層提案的執行，一個是決策階層的掌舵，而作為掌舵的「九五」非常重要。「九五」沒點頭，「初九」跟「六四」想合作也行不通，結果便是否卦。如果「六四」跟「九五」不通知老百姓，不經過投票、選舉，完全不顧「初九」的意見，作為高層的「六四」跟領導人「九五」想遷國可不可以呢？爻變是噬嗑卦（䷔），是弱肉強食的叢林法則，非常霸道，老百姓一定不肯；所以民意也不可小覷，至少有三分之一的力量。如果「九五」覺得自己力量夠強，根本就不想受「六四」的體制約束，直接就訴諸「民粹」，不顧「六四」官僚階層的反對，「九五」和「初九」兩爻變的結果是剝卦（䷖），「不利有攸往」。可見，這三者是缺一不可，必須集思廣益，尊重各方面的立場，才能建立共識，形成晉卦（䷢）的場面。雖然「九五」那一票最大，可是誰也不能專擅，官意、民意、君意都得要，同時還有天意，那就是第二爻所代表的宗廟，二爻的烏龜就是天意，是首席代表。

這樣的決策就完全符合《尚書・洪範》所說的：「汝則有大疑，謀及乃心，謀及卿士，謀及庶人，謀及卜筮。」但凡重要的軍國大事決策，在以前的體制下，第五爻如果自己有想法，完全出於自己的本心，是利他的仁心、仁政，絕對沒有任何私心，根據政治經驗也可以這麼做，那就可以形成決策施行。所以一個重大的決策就是先從領導人第五爻開始，是利他還是利己，如果經得起考驗，即「謀及乃心」，就是君王自己想想是不是合理？這麼做的出發點是什麼？如果理直氣壯，形成決策，就可以富國利民。如果沒有把握，不知是否可以推行、落實，那你就要跟第四爻的執政階層商量，即「謀及卿士」。如果雙方面認為可行，那還要做民意調查，即「謀及庶民」，也就是初爻。如果說這三方面都贊成，是不是一定就是最好的呢？還不一定，就像美國，民主政治靠選票說話，就有這種誤區，因為短視，政客們只考慮四年，老百姓看到的也只有眼前，長期可能造成對自己或別人的傷害。所以天意是最後的檢驗，那就是「或益之十朋之龜，弗克違」，也就是「謀及卜筮」。這就是「洪範九疇」中的第七疇「明用稽疑」；但凡有重大的疑難，就需集思廣益，除了人意，還要看天意，而且天意大公無私。《尚書》這一章很有意思，有少數服從多數的意味，如果要擴大會議，還要請烏龜、蓍草來開會，而且占卜的也要三個人，「三人占，則從二人之言」，消弭人為的誤差。

我們看第五爻的爻辭。首先是「有孚惠心」，這就是「謀及乃心」，自己憑心問一問，是不是要照顧老百姓，給老百姓恩惠？「有孚惠心」就是利他心，就是佛菩薩的心，就是老婆心，更是仁心、仁政的心。作為君王首先要充滿熱忱，其次就要照顧老百姓，改善他們的生活，所以領導人念茲在茲的不是空口白話，而是給民眾實惠。這就是「有孚惠心」。一個君王、領袖的品質非常重要，如果假借名目給自己摟錢，那就是利己的心，是益卦「上九」的作為，「九五」是利他心，「謀及乃心」的出發點是要照顧老百姓，讓百姓享受真正的實惠。如果真的是這樣惠民，沒有摻雜私欲，天意不要問，大臣也不要問，「謀及乃心」就好，所以「勿問元吉」，有什麼好問的？這樣做一定好。這樣看來，這個爻就超越了占卜的境界，憑自己的一片愛心就可以達到；此時的君心就是天心，就是仁心，自天佑之，何必多此一舉，還去占卜問天？去問官僚集團「六四」搞不好又摻雜私欲，又有很多想法。這就是「有孚惠心，勿問元吉」；正如〈小象傳〉所說：「有孚惠心，勿問之矣。」這個境界就比「六二」高了，益卦的「六二」跟損卦的「六五」雖然都很好，但還是要看天意，自信度還不夠，自信足的話，哪裡還要占卜問天意？自己就是佛，自己就是菩薩，自己就代表天道。《易經》在這裡很明顯地告訴我們，有利益眾生的心，德高鬼神驚，可與天地合其德。可見，「有孚惠心」的境界不容易，心安理得，不必考慮回報，也不必人家感恩，這就是善的胸懷。

做君王的如果「有孚惠心」，結果就是「勿問元吉」，最後還發現反應很好：「有孚惠我德。」「我」就是「九五」，看起來是小我，其實是大我，因為君王「有孚惠心」，這樣照顧老百姓，百姓受惠之後，自己就要「利用為大作」，或者「王用享于帝」，也可能表現在「益之用凶事」，祥和的社會於焉形成。「有孚惠心」出去，給你「有孚」的回報，這樣「九五」和下卦三爻建立了互信、互愛，都是「有孚」，都有信望愛。這就是布施的心，受惠的人反過來「惠我德」，但是「有孚惠心」的人沒有考慮這一點，行善不計較人家的回報，願無伐善、無施勞，「有孚惠我德」就形成一個互信、互惠、互愛的社會，而這樣的局面是由最高領導人的初發心造成的。

可見，「有孚惠心」的感應非常快，就像〈小象傳〉說的：「惠我德，大得志也。」損卦的上爻那個境界也是「大得志」。「九五」爻變是頤卦（䷚），也是頤卦的上爻：「由頤，厲吉，利涉大川。」這個爻其實就是《金剛經》所講的「菩薩行」，什麼叫做「有孚惠心」？就是不計回報，認為自己理所當行，即「菩薩於法，應無所住，行於布施……應生無所住心」，這樣才是真菩薩，如此才能「天施地生，其益無方」。

上爻：無所逃於天地間

䷩

上九。莫益之，或擊之。立心勿恒，凶。

〈小象〉曰：莫益之，偏辭也；或擊之，自外來也。

上爻的結果很糟糕：「莫益之，或擊之。立心勿恒，凶。」這就是自私自利的惡果，尤其是處在高位者的所作所為，更是局勢大亂，怎麼可能有好結果呢？所有的決策都不能做到平衡總體利益、利益眾生的效果。因為太貪、太自私，凡事都是利己主義，任何事情都要先看對自己有沒有利，這樣的人一旦掌權、掌握資源，那就糟糕了，一定是禍國殃民。「莫益之」，不但不能獲益，益到極點就是夬卦（䷪）；「或擊之」，街頭巷戰都出來了，整個社會一塌糊塗。一心想為自己獲益，結果招致公眾的反擊或者國際社會的反擊。什麼原因造成的？皆因心不正——「立心勿恒」，根本就沒有長期為百姓謀取利益的打算，純粹就是想短期獲利，撈足了錢就走路。以私利來存心就是「立心勿恒」。恒卦講「立不易方」，這都做不到，用什麼東西立心呢？要知道，為天地生民立心，那是復卦，立心不恒，不穩定，不是長期的合乎真理的心，結果當然凶，自私自利毀了一切，這是損人不利己，反而拖垮很多人，然後導致社會一團糟。

《易經》那麼多卦，就是因為第五爻的高境界做不到，就會走到第六爻的絕地。「飛龍在天」時不好好「利見大人」，結果就是「亢龍有悔」。「有孚惠心」是「利他心」，「立心勿恒」是利己心；一個有恒心，就長期默默行善，一個一天到晚盡想著自私自利，巧立名目為自己謀利，這完全是對立的兩個指標；一個是五爻，一個是上爻；一個是飛龍，一個是亢龍。正如〈小象傳〉所稱：「莫益之，偏辭也。」「偏」就是不正，像復卦、无妄卦走偏了，就是天災人禍並至；差之毫釐，失之千里，不走正道就會偏離很遠。另外，只照顧片面的利益，不顧整體的利益；只照顧人的利益，不照顧天地自然的生態利益；也是「偏辭」。「辭」就是主張，主張決定行動。「偏辭」絕非大道之行，往往以偏概全，只照顧到一小撮人的利益；這樣的主張，往往「莫益之」，偷雞不著蝕把米，絕對不會真正如願以償，反而「或擊之」。「或」是不定詞，就像「或益之」一樣，怎麼獲益不知道，打擊的力量從哪裡來也不知道，天下之大，無處可逃，根本就不知道危機在哪裡。因為實在是造孽太多，怎麼防備都沒有用。〈小象傳〉說：「或擊之，自外來也。」怎麼防備？走到路上，招牌會砸下來打在你的頭上；走在教堂旁邊，教堂會垮下來埋掉你，反正是無所逃於天地間。

〈繫辭傳〉特別重視這一爻，文辭非常白話：子曰：「君子安其身而後動，易其心而後語，定其交而後求。君子修此三者，故全也。危以動，則民不與也；懼以語，則民不應也；无交而求，則民不與也；莫之與，則傷之者至矣。《易》曰：『莫益之，或擊之，立心勿恒，凶。』」這一段是接著損卦第三爻的闡述而來，損卦「三人行」的時候，最易感情用事，搞得一塌糊塗，沒有當機立斷做出處理。益卦第六爻則完全是負面的結果，不但不能獲益，還損人不利己，傷及無辜。「君子安其身而後動」，很穩重，先立於不敗之地，自己先安定，再採取行動。「易其心而後語」，人心中有所求，有欲望怕人家發現，才會得失心很重，患得患失很浮躁；「易其心」則心無所求，心態輕鬆。「定其交而後求」，人不可能完全無所求，那要看你為什麼而求。要看對象、看交情，有沒有幾十年的朋友基礎，有沒有社會的公信力，邦交也是一樣。「定其交」要花很長的時間，跟恒卦有關，「而後求」，有一定的基礎才能去求，朋友之間也是如此。所以，動之前要「安其身」，溝通的時候要先「易其心」，有所求時就要「定其交」；不然就像恒卦的第一爻，馬上碰壁，交淺言深，誰理你呢？「君子修此三者」，這三個都要修，「故全也」；「偏辭」就不全，上爻的作法就是偏的，所以要全。如果這三個都修了，怎麼會有「莫益、或擊」的結果呢？「危以動」，自己已經是危險的狀態才去行動，老百姓的眼睛是雪亮的，「民不與也」，他不跟你合作，你就得不到。「懼以語」，你心中因為有很多弱點，怕人家識破，講話也會透出心中的恐懼，人家一旦有警覺，則「民不應也」，好像沒聽到一樣，不回應。「无交而求」，交情不夠，過分的要求則「民不與也」，人家也不會甩你，不會站在你這邊。「莫之與」，不幫助你，不跟你合作，「則傷之者至矣」。世間事講透了就是這樣，你爭取不到援助，常常適得其反，然後人都是愛揀便宜的，看你落單，他不打你打誰？傷害你的人這次就來了。所以，「需于泥」是「致寇至」，「負且乘」也是「致寇至」；你的弱點完全暴露，沒有任何盟友、沒有任何朋友，當然會有人趁機打你，而旁邊的人也見死不救。這就是睽卦所謂的「睽孤」，眾目睽睽下，陷入孤立，暗中的敵人無數，你才會遭受想像不到的打擊。而這一切的發生，就是自己原先的居心有問題，盡想自己片面的利益，沒有顧及社會整體的利益，沒有替他人設想。所以《易經》說「莫益之，或擊之。立心勿恒，凶。」文辭很白話，但是社會人情就是這樣一個規律，古今中外都不出這個範疇，任何事情的發生都有根源。像「有孚惠心」就會創造好的結果，使社會祥和，人們互信、互惠、互愛；一旦有了拚命替自己牟利的心，就會造成很糟糕的「或擊之，自外來」的後果。這裡的「自外來」跟「六二」的「自外來」完全不同，一個是禍，一個是福。

第五爻的「有孚惠心」是朋友之道，第六爻就不會交朋友，交的絕對是損友，這就是被大家所摒棄而招致被打擊的結果。第五爻是善交朋友的人，先照顧朋友，先不要奢求在朋友那邊得到什麼東西，這才是真正會交朋友的人。朋友之道是先施之，是無住生心的布施，這才是菩薩心。作為老闆，想為公司創造利益，就要學會怎麼做老闆，要「有孚惠心」，在你的經營活動之中先考慮客戶的利益，先考慮合作夥伴的利益；在公司內部，就要先考慮員工的利益，不要先考慮自己。等到你的客戶、員工、社會關係都因為你的經營活動而得到利益之後，你自然就會獲益。很多人就是這麼簡單的道理想不到，任何事情常常先想「可以給我帶來什麼利益」，這樣就完蛋了。「長裕而不設」就是第五爻的境界，以做生意來講更明顯，別人對你的品牌有忠誠度，就會老想到你，因為你先前曾照顧到他，他得到恩惠之後，就想回報你，那就多進一點貨。

《尚書》中提到「正德、利用、厚生、惟和」，這是政治四德性，益卦就占了前三個。第五爻是領導人「正德」，「利用」四爻跟初爻，就可以「厚生」。「正德、利用、厚生」就表現在整個益卦形成的程序之中。

占卦實例1：重大天災的深層因由

二〇一一年三月中，日本福島發生大震災，震驚世界，我問：所有重大天災，真正深層的因由為何？為益卦五、上爻動，「上九」值宜變為屯卦，齊變有復卦之象。益卦「九五」爻辭：「有孚惠心。」利他心不能持之以恆，遂成「上九」偏私之心，爻辭稱：「莫益之，或擊之。立心勿恒，凶。」這和佛教的看法相近，一切災難源於人心不乾淨。

占卦實例2：毓老師的本命

一九九六年六月下旬，我問恩師愛新覺羅・毓鋆的「本命」為何？得出益卦初、四、五爻動，「九五」值宜變為頤卦，三爻齊變成晉卦。益卦「初九」爻辭：「利用為大作。」年輕時投身政治，英風蓋世。「六四」爻辭：「利用為依遷國。」壯年時遷徙來台。「九五」爻辭：「有孚惠心，勿問元吉，有孚惠我德。」晚年講經弘道，啟蒙後學。晉卦〈大象傳〉：「君子以自昭明德。」頤卦〈彖傳〉：「聖人養賢以及萬民。」這真是老師光輝一生的寫照啊！

戒急用忍——夬卦第四十三（䷪）

日本大地震——无妄之災

二〇一一年三月十一日，日本大地震引發大海嘯，災難場景完全是地獄的景象。記得二〇一〇年年初，一對同是我學生的新加坡夫婦從外商公司退休，他們退休後計畫壯遊天下，每五年換一個地方住，第一站就想去日本。我當時就日本未來五年的發展情勢占問，結果是无妄之災，无妄卦（䷘）初爻、三爻、四爻動。第三爻動，代表會有大災難：「无妄之災。或繫之牛，行人之得，邑人之災。」日本人就算了，算他倒楣；讓一個外國人碰上了，不是无妄之災嗎？結果翌年三月就發生大災難。但當中也有亮眼的表現，就是无妄卦的初爻跟四爻；四爻是政府，初爻是老百姓，其他四個爻都不好。三爻是无妄之災，五爻是无妄之疾，上爻是天災人禍，二爻則是急功近利。初爻「无妄，往吉」，老百姓不管在什麼狀況下都是「往吉」，這是了不起的。四爻就是政府，在第三爻的无妄之災發生後，災後重建還算到位，「可貞，无咎。」而且第四爻的處理是「固有之」，訓練有素。這倒是事實，日本是多地震國家，對於地震的處理歷來有自己的機制。初、三、四爻齊變就是漸卦（䷴），非常有秩序的團隊。這個卦象就把即將發生的災難，以及日本社會如何面對災後處理等現象，統統表現出來了。

在地震發生之後，當時我們在富邦講堂上講佛經，大家一起占問日本地震後的核災是否會傳播影響？又是不變的觀卦（䷓），風行大地，傳佈全球。看來大家都要拜觀音、學觀音，不僅要「觀自在」，還要如觀世音一般聞聲救苦。觀世音菩薩生日是陰曆二月十九日，成道在陰曆六月十九日，出家在九月十九日，之間就是陰曆七、八月間，其中觀卦的月份在八月。從極端熱情的大壯卦到悲天憫人的觀卦，很有意思！觀卦與大壯卦（䷡）剛好是錯卦的關係，表示先天狀態可以完全靠後天的精誠修為徹底改變。

「八月之凶」是《易經》典型的術語，只是這場災難發生在陰曆二月，大自然的反撲力量這次撲向日本，大概是給世人的警告吧！最深層的天災其實都源於人的內心欲望，人心欲望透過公共力量、政治權力和科技發展表現出來，一不留心就會造成人與自然的互動失衡，然後老天爺會按照自然法則反應，那就是「八月之凶」。

那麼，未來兩年內，日本是否會遭受更大的災難？結果是未濟卦（䷿）第四爻動：「貞吉，悔亡，震用伐鬼方，三年有賞于大國。」照講爻辭是比較正面的，未濟卦動到「九四」，表示離險入明，已經離開下卦的坎險，進入上卦的光明。從卦象可知，這個爻是在一次大的坎險震災之後，痛定思痛，追求永續文明——「大人以繼明照于四方」，然後以行動掃除災害的黑暗面。爻辭說「貞吉，悔亡」，表示有但書，就要看經過這麼大的災難之後，日本人的集體作為如何？個人有個人的修行，集體有集體的修行，貞才能吉，悔才能亡；「震用伐鬼方」，人跟自然的較量暫時獲勝，結果是「三年有賞于大國」。賞可能是人給的，也可能是天給的；就像噬嗑卦有人的「明罰敕法」，也有自然界的「明罰敕法」。臨卦（䷒）的「至于八月有凶」，弄不好就會進一步發展成噬嗑卦（䷔）。「噬嗑」是人間地獄，所以日本的景象簡直慘不忍睹。但「噬嗑」的殺機主要根源還是人心；人心不平、觀念衝突，稍一不慎，就會觸動「噬嗑」的殺機。

看來，在這一場與地震天災的奮戰中，如果日本人表現不錯，仍有休養生息的機會；但未濟卦第四爻是剛剛脫離第三爻的谷底，不能打包票絕對有機會。換句話說，這是給日本「留校察看」的反省機會。從過去的占例來看，「貞吉，悔亡」是很重要的提醒。要離開坎險，進入光明，必須「貞吉」，奮鬥自強，努力三年，然後才能「悔亡」。不管如何，這次事件日本政府大受損傷。從因果來看，當年日本人姦淫擄掠、殺了這麼多人，到現在，連成本低廉的真誠道歉都不肯做；不肯道歉，後果就這麼嚴重，很難保證未來不受更大的災難。從爻辭字面上看，確實有點詭異，「震用伐鬼方」——地震專門討伐日本鬼子那一方。這不是老天爺的懲罰嗎？

姤卦——錯卦的應用典型

夬卦、姤卦都是十二消息卦。「夬」音「怪」，「姤」即邂逅的「逅」，不期而遇，原先是「女」字旁。姤者，女后也，應該是女人做主，所以是五陽下一陰生（䷫），千萬不要忽略最底下那個陰爻的力量，雖然在基層的內卦、下卦最深處，但星星之火可以燎原，一有機會就會波及全局。用現在的話講，姤卦就是危機的管理、防治。姤卦代表的危機是讓人措手不及的，如果第一時間沒有處理好，等到危機擴大，就很難善後了。時機短暫，處理前後會產生截然不同的巨大反差；所以要知機應變、當機立斷、見機而作。危機一旦發生，沒有多少從容的時間應付，必須立即做出最好的應對，這就需要訓練有素；不像坎卦的風險控管，時間可能是很漫長的。風險跟危機的觀念不同，一定要弄清楚。

姤卦代表的時間是陰曆五月，用夏至這個節氣來象徵非常合適。天氣一熱，蚊蟲孳生，最容易滋生病媒，環境衛生特別重要，所以要注意清潔打掃。而且不光是打掃環境，也代表清除內心蠢蠢欲動的情欲。姤卦運用在婚姻關係中，就是外遇的概念，可遇不可求，也不知道怎麼會碰到？碰到了可能會產生很大的破壞效應，顛覆既有體制；但如果管理、防治得當，危機就是轉機，一方面可以產生機遇，重新檢驗彼此的關係，另一方面是設法讓損害降到最低，甚至把它轉化。轉機的觀念是復卦，一元復始，萬象更新；危機的觀念是姤卦。危機就是轉機，這正是典型的錯卦關係，如果姤卦的危機處理得好，六爻全變，就變成地雷復（䷗）。所以姤卦不見得是負面的，善於面對人生這種不期而遇的機會，說不定正是改變的機會。這一點在姤卦〈彖傳〉講得很明白，大破壞有時會帶來大的新生，大毀滅往往蘊含無限生機；自然界、人間世有很多這樣的範例。所以姤卦也是很微妙的，五陽下一陰生，無形無象、深入滲透，很徹底、很低調，但不可小看。下卦巽為風，姤卦又剛好是「天風」的象，多多少少有一點天命的象徵。

夬、姤的卦序發展分析

在京房八宮卦序中，乾卦排第一，姤卦排第二，然後就是天山遯（䷠），繼續發展下去，陰長陽消，也就是「君子道消，小人道長」。姤卦代表一切機緣的開始，有機遇、有因緣，像佛教很多基本觀念可以通過姤卦來理解，如「十二緣起」，這是印度原始佛教及部派佛教的核心理論，又作十二有支、十二因緣，指無明、行、識、名色、六處、觸、受、愛、取、有、生、老死等十二支。說的就是各種因緣聚合才有這些生命現象，這就是姤卦，很難預期，它是人生或自然界在隨機碰撞之後產生火花，原先設定的人生軌跡就統統變了。就像人在某個時刻碰到某些人、某些事、某些東西，甚至一本書，很可能就此改變一生。這種姤的機緣很微妙，跟我們熟悉的「大衍之術」的占法很相似——「分而為二以象兩」，「分」的時候絕對是「姤」，很隨機、無法控制。

那麼，這種機緣到底是怎麼發生的呢？原因就在夬卦。夬卦其實已經累積很久了，所以凡事要說偶然，其實也不見得是偶然。要知道夬卦五陽上一陰，雖然還沒堆滿，但一看就知道儲備太久。好比水庫的水滿了，一定要宣洩出來；一宣洩出來就形成了姤卦。〈序卦傳〉說：「益而不已必決，故受之以夬。夬者，決也。決必有所遇，故受之以姤。姤者，遇也。物相遇而後聚，故受之以萃。萃者，聚也。聚而上者謂之升，故受之以升。」「夬，決也」，就是決口。因為滿了，大大超出承載量，為了堤壩安全就得洩洪；夬卦上爻的缺口——陰爻，就是泄水的缺口。就像地震是要釋放板塊移動產生的能量，如果你剛好在附近，不就是「姤」嗎？那麼，你就得承擔這個想像不到的衝擊。夬卦是上游放水，姤卦就是下游受衝擊。上游放水，洪水沖刷下來，怎麼承擔呢？這就要看姤卦如何使危機變成轉機；否則，上游的洪水沖下來，下游不做防範，所有的生態就會產生質變。所以夬卦的五陽對決一陰，蓄滿的資源一旦宣洩下來，就變成五陽下一陰生的姤卦了。

《說文解字》解釋夬字為：「分決也。從又，紂象決形。」「分決」說明儲備太多了，超載的部分一定要宣洩，但不會一下全部洩光。人有時候也是如此，很多東西一旦憋久了，如積怨、情欲，總要宣洩出來，這就會產生「姤」。但姤卦這種體制外的接觸並非常規，而且剛開始很可能會帶來顛覆性的破壞，例如婚姻。夫妻相處，一旦喪失新鮮感，加上很多不利的因素漸漸積累，這就是「夬」；積累到一定程度就可能爆發，變成了「姤」。姤卦的機遇可能就是外遇，就像現在最流行的名詞——「小三」，然後也許還有「小四」、「小五」……。姤卦是體制外的遇合，在人海茫茫中相遇，產生新的緣分。你可能與舊的關係決裂，此謂之「舊怨」，這就是夬卦；新的緣分常讓人充滿動力，此謂之「新歡」，這就是姤卦。

我們看，由咸卦（䷞）的戀愛到恒卦（䷟）的婚姻，經過嫌隙初現的遯卦（䷠），然後經過光明的晉卦（䷢）和黑暗的明夷卦（䷣），再經過家人（䷤）、睽（䷥）、蹇（䷦）、解（䷧）四卦的輪迴，雖然暫時回歸損（䷨）、益（䷩）二卦的理性，但經過益卦的累積，到了夬卦，就無法再維繫下去了。所以說，人跟人長久相處，一旦積怨太深，一朝決裂，覆水難收，很難再回頭，接下來只能嘗試新的路子，那就是姤卦的不期而遇；如同水一旦宣洩出來，只有繼續往下流，走向不可知的命運。上游的水流下來積聚在下游，就是萃卦（䷬）；下游的水漲起來，水位上升，升卦（䷭）就產生了。可見，夬卦跟舊關係決裂，產生姤卦的新機緣，但因為姤卦不是穩定的體制，有了新歡，進入新的生活社群，就會希望尋求合法的保障，那就是萃卦。萃卦不像姤卦是隨機的、枱面下的，而是堂而皇之聚在一起。倘若聚合得好，人生就可能進入新的境界，那就是升卦。所以萃卦也是《易經》中專門談人情的卦，跟咸卦、恒卦、兌卦差不多，但萃卦是第二春的概念；因為它前面是姤卦、夬卦終結的第一春。

人生的轉捩點，常因為新的機緣而徹底改變，從夬卦到姤卦就是很大的轉換，後面是萃卦和升卦。而這些變化，就是因為前面的損、益二卦不斷往裡面加東西；加滿了就得宣洩出來。這種長期積累的爆發，往往是累積到稍稍有一點衝出來，就成為姤卦燎原的星星之火。

另外，要稍微提一下夬、姤二卦的錯卦。夬卦（䷪）與剝卦（䷖）相錯，姤卦（䷫）與復卦（䷗）相錯。這四個卦就好比是太極圖中陰中有陽、陽中有陰的魚眼睛；陰極轉陽，陽極轉陰。而且這四個卦在《易》卦中特別重要，都有「機」的概念，危機、轉機、生機、契機皆是。很多卦的卦中卦都包含這四個卦的生死存亡之機，有了「機」的存在，就會產生不可逆轉的變化。

「夬」字說文解字

「夬」字為「分決」，而且「夬」字在中文裡本身就有缺憾，因為夬卦上卦兌有一個缺口，象徵內心的情欲，又象徵嘴巴喜歡亂講話，鋒芒畢露。兌卦還有毀折之象，而且已經形諸於外，裡面都滿了，沒有任何騰挪的空間。

我們說「夬」字有缺憾的意思，因為「缺」也是「夬」字邊，左邊是「缶」。坎卦第四爻和離卦第三爻都提到「用缶」，敲著缶唱歌來排遣人生的寂寞無聊。比卦第一爻則是「有孚盈缶」。缶就是陶罐，陶罐有了裂口，「缶夬」就為缺。有些東西慢慢產生裂縫，年久失修，於是一滴水慢慢就可能導致整個大壩潰決；裂縫是徵兆，累積太久就會潰決。還有「心夬」為「快」，「快」就是心中有夬的象。所以凡是有快感、感覺痛快的時候，就是夬卦的累積突然有了宣洩的管道。還有「玦」，是半環形有缺口的佩玉，古代常用以贈人表示決絕，是君子絕交用的；因為玉器出現缺口，不再圓滿，就像英文字母C。絕交不出惡言，送玦暗示缺口已無法再補起來了。

「夬」又同「決」，詞語「解決」二字又通解卦和夬卦。解跟決不同，要先解，才能決。家人、睽、蹇、解四卦的輪迴，要有耐心磨，後面就要經過損、益二卦的斟酌計算，不能隨便。決是最後攤牌，不回頭了。前面先解，到最後毅然決然做決斷。解卦要有耐心慢慢來，夬卦的決斷也要集思廣益，不能莽撞。這就是中國功夫。如果什麼都慢慢來，就會越搞越糟，做了等於白做。

〈雜卦傳〉說夬、姤

「戒急用忍」是清代雍正皇帝的座右銘，是皇帝決策時的警語。皇帝決策要經過「謀及卿士，謀及庶民」的過程；最後實在沒把握，就要「謀及卜筮」，「十朋之龜弗克違」，聽從天意。益卦六個爻就是集體決策的模型，進入夬卦則更是集體決策的過程。

御前會議就是為了集體決策，作為皇帝不能專斷，更不能衝動，各種風險都要評估，在集思廣益的基礎上才能做出最後決斷，這就是戒急用忍。一旦形成決策，大家都得遵循，即使在討論過程中不贊成，也要全力配合。這就是「決定不疑」。「戒急用忍，決定不疑」八個字正是清代皇帝一代傳一代的庭訓。雍正皇帝特別重視這一點，尤其是「戒急用忍」。戒急用忍就是夬卦。

我們看〈雜卦傳〉如何說夬、姤二卦。在〈雜卦傳〉中，這兩卦沒有放在一起，夬卦是最後一卦：「夬，決也，剛決柔也，君子道長，小人道憂也。」姤卦則緊接在大過卦（䷛）的「大過，顛也」之後：「姤，遇也，柔遇剛也。」

先分析姤卦。姤者，「遇也」，「遇」就是特殊機緣。在睽卦中，家人反目，想要溝通就要製造各種機會，以特殊管道達到目的。其中就有「遇主于巷」、「遇元夫」、「往遇雨則吉」，都是很微妙的天風姤的概念。還有，如果占得什麼卦，也可稱做「遇」到什麼卦；而變到什麼卦，就稱做「之」什麼卦，像「遇无妄之漸」。因為占到什麼卦是無法控制的，那就是遇，完全是隨機的。

〈序卦傳〉說夬卦：「夬者，決也。決必有所遇，故受之以姤。」舊體制一旦決裂，就會產生新的接觸。舊關係一旦決裂，人海茫茫中還會接觸新的人、遇上新的機緣，這就是姤卦。「姤，遇也」，你會遇到什麼？就看夬卦的衝擊力有多大！〈雜卦傳〉中，夬、姤二卦是屬於大過卦之後的八個卦，天翻地覆，秩序大亂。「大過，顛也」，在大過卦超負荷的非常時期，不期而遇、想像不到的失序狀況特別多；所以會有「姤，遇也」，而且是「柔遇剛也」，讓唯一的陰爻初六拿到主導全局的掌控權。千萬別小看姤卦初爻，初爻的柔是主動的，它要遇誰就遇誰，如果它是星星之火，就要找乾柴；只要材料不缺，星星之火就可以燎原。這就是「柔遇剛也」。

〈雜卦傳〉中，大過卦之後的姤卦，緊接著的並不是與之相綜的夬卦。〈雜卦傳〉最後八個卦可謂鬼神莫測、意義深刻。大過卦之後一切關係都亂掉了，很多想像不到的事情都會發生。首先就是「姤，遇也，柔遇剛也」，陰柔掌權，搞了個天下大亂。〈雜卦傳〉的最後一卦不是未濟卦，而是夬卦。從自然發展來說，萬物發展到最後一定是未濟卦，生老病死，成住壞空，哪一個不空？但〈雜卦傳〉注重的是人文思想，提倡人的奮鬥精神戰勝一切，所以最後一定不能以「未濟」為滿足，人的責任就是得「夬」；即在「未濟」之後還得有「夬，決也」的奮戰決心，也就是「剛決柔也」，把「柔遇剛」扭轉成「剛決柔」；陰陽對決，進行撥亂反正、正義與邪惡之戰，使「君子道長，小人道憂」。「君子道長，小人道憂」和「君子道長，小人道消」或者「小人道長，君子道消」還是不同，後兩者互有消長，要麼君子完蛋，要麼小人逃之夭夭。但是《易經》不主張趕盡殺絕，連解卦第五爻的君子都要「有孚于小人」，實在沒辦法才「公用射隼于高墉之上」。〈雜卦傳〉則說明，不到必要，總是有君子、小人的存在；只要他道憂、你道長，正面的持續成長，不見得一定要消滅反面。可見「道憂」和「道消」差一個字就截然不同。〈雜卦傳〉用夬卦做最後一卦，就是告訴我們，不要接受自然而然的未濟卦，不要執著於肉身，精神永存才是終極目標；一定要有奮鬥意志，努力尋求突破，不管是自然還是命運，儘量去除加諸在我們身上的枷鎖限制。那麼，這就合乎《易經》自強不息的精神了。不甘於宿命，就要想辦法剛決柔，不能像未濟卦一樣，兩手一攤的就認命了。

書契、文明發展之象

〈繫辭下傳〉第二章講述文明發展的十三個卦中，夬卦是其中之一，也是最後一個卦。夬卦前面是有棺槨之象的大過卦，是陰宅的死象；大過卦前面是大壯卦，有陽宅之象。陽宅之後是陰宅，陰宅之後照講一切都毀滅了，但是不然，因為精神可以永存，那就是夬卦的象。夬卦在文明發展中就是文明遺產：「上古結繩而治，後世聖人易之以書契，百官以治，萬民以察，蓋取諸夬。」「上古結繩而治」指的是結繩紀事，沒有文字之前就是這樣，卦爻也是這麼來的。「後世聖人易之以書契」，書契就是文字，剛開始是刻簡，後來改成毛筆書寫，現在則什麼書寫工具都有了。東漢許慎在其《說文解字》的序中說：

古者庖犧氏之王天下也，仰則觀象於天，俯則觀法於地，視鳥獸之文，與地之宜，近取諸身，遠取諸物，於是始作《易》八卦，以垂憲象。及神農氏，結繩為治而統其事。庶業其繁，飾偽萌生，黃帝之史倉頡，見鳥獸蹄迒之跡，知分理之可相別異也，初造書契。「百工以乂，萬品以察，蓋取諸夬」，「揚于王庭」。言文者宣教明化於王者朝廷，「君子所以施祿及下，居德則忌也」。倉頡之初作書，蓋依類象形，故謂之文。其後形聲相益，即謂之字。文者，物象之本；字者，言孳乳而浸多也。著於竹帛謂之書；書者，如也。以迄五帝三王之世，改易殊體。封於泰山者，七十有二代，靡有同焉。

這段話其實就搬用了〈繫辭傳〉部分文字，強調書契就是文字，文字就是文化傳承的主要載體。

「書契」取代繩子作為記載的工具，後代人就可以遵循前代經驗，「百官以治，萬民以察」。後代人那一套行之有效的作法，就是根據書契傳承的文化遺產去治理天下的；老百姓則根據先人累積的經驗（如曆法等）安排農事等生產活動。「蓋取諸夬」，不管是百官做國家大事的決策，還是一般百姓的日常生活，都從書契之中尋找經驗法則，這就是夬卦。〈雜卦傳〉和〈繫辭傳〉追求永續的象都是夬卦的象。所以夬卦在《易經》中就很特殊，算是不信邪的一個卦，想盡辦法剛決柔，打破一切、衝破一切，讓「君子道長」。這就是人文的奮戰精神。毅然赴死的譚嗣同，有一部不很成熟的思想著作《仁學》，裡面就提到年輕的生命熱情，對真理的追求要不斷尋求突破，突破一個個障礙和包袱，最後還要突破佛法的包袱；因為佛法雖然包羅萬象，但若放棄自主性，也可能變成學佛的呆子。所以他說人的精神一定要推陳出新、衝決網羅。這就是夬卦的決戰精神。

「不戰而屈人之兵」的全勝思維

夬卦的象是攤牌決戰，而且是以五比一的壓倒性優勢，穩操勝算；陰爻被逼到牆角，當然也會苟延殘喘。但它跟大壯卦（䷡）不一樣，大壯卦雖然還有兩個陰爻，但大壯卦四個陽爻的天時未至，還不能挺進兩個陰爻的地盤，甚至有輸掉的可能性；這時憑血氣方剛的衝動是沒有用的，還是得做好防禦準備。而夬卦只剩一個陰爻，連君位都變成陽爻了，勝利是早晚的事，只要注重處理成本就可以了，只要五個陽爻不犯錯，必勝的形勢已定。既然陰爻大勢已去，這時陽爻就要計算成本，而和平解決的成本是最低的。假定一個陰爻據隅頑抗，還能挺很久；如果五個陽一定要把這個陰滅掉，可能也要花不少成本。所以，夬卦有一個陰影，就是始終無法突破最上面的陰爻。為了找到突破口，五個陽爻就要集思廣益，做出決斷；最好和平解決，不要輕易動用暴力。能不能和平解決？這是夬卦領導人要考慮的問題。在必勝的形勢下，硬碰硬可能要付出慘重代價，說不定又埋下新的仇恨種子。在講師卦、比卦時，我就強調過這個觀點；現在夬卦還是一樣，不管我們掌握多少優勢，實力有多少差距，最好設法和平解決，因為成本最低，而且前面也經過損、益二卦的斟酌衡量，真正沒有後患。

夬卦用在兵法的這一招就叫「不戰而屈人之兵」。在我方實力大大超過對方，且在必勝的條件下，完全可以跟敵方曉以利害、尋求和解。「不戰而屈人之兵」就是全勝思維的兵法思想；既保全自己的實力，也保全敵人的實力。生命不容易，不要隨便摧毀，戒急用忍是第一要義，慢慢尋求最好的解決方式。為什麼要求和呢？夬卦外卦是兌（☱），正是談判的象，也是和顏悅色的象；內卦是乾（☰），實力飽滿、準備充足。之所以強調外面要笑著談判，道理就在這裡。像大陸對台政策的九字方針：一是「爭取談」，儘量爭取和談的機會，夬卦外卦兌就是如此；二是「準備打」，五陽對一陰，打是談的籌碼；三是「不怕拖」，時間會讓形勢消長，何必在這個時候犯歷史性的錯誤呢？這就是夬卦的「戒急用忍」。卦辭說「不利即戎」，絕對不適合立刻開戰，但長期「利有攸往」。這是優勢一方要有的認識。

夬卦卦辭

䷪ 夬。揚于王庭，孚號有厲。告自邑，不利即戎，利有攸往。

夬卦卦辭十九個字，雖然比不上復卦的二十一個字，但夬卦五陽一陰，好不容易累積了五個陽爻，「君子道長」，所以用了只比復卦少幾個字的卦辭，慎重叮嚀，以免稍有不慎就會像其錯卦剝卦（䷖）一樣，僅僅五個字就徹底瓦解——「不利有攸往」速度很快、破壞力驚人。而其後的復卦要花二十一個字才能恢復「利有攸往」。夬卦雖然是五比一之勢，但要把那唯一的陰爻解決掉，卻要花十九個字。而其後的姤卦（䷫）卦辭僅六個字：「女壯，勿用取女。」乾柴烈火，一燒就著，破壞容易建設難，這是天地間的基本法則。所以人生要成功多麼難！好不容易建立起來的基業，一下子就可以毀掉。屯卦為什麼要強調匪寇婚媾？就因為成事不足、敗事有餘的小人搞破壞。遯卦也說君子跟小人要不惡而嚴，寧願得罪一團君子，也不要得罪一個小人。這一點從夬卦、姤卦就可以看出，五個陽的君子之德不知要累積多久，最後還得慎重其事，到姤卦卻一下就垮掉了。

「揚于王庭，孚號有厲。告自邑，不利即戎，利有攸往」，「不利即戎」，即絕對不利於立刻發動戰爭，即使夬卦掌握絕對優勢，還是要審慎考慮用更好的方式解決，因為夬卦實力雄厚，有耐心，不怕拖，這樣才「利有攸往」。「揚于王庭」，「王庭」就是大庭廣眾之地，古代指朝廷議事之地，或國際之間指定場地舉行重要討論；既然大家都坐在會場了，所有相關問題的訊息都要表達出來，不能隱瞞。也就是說，大家一定要從各方面闡述看法、提出建議，最終要做出集體決斷。所以不能有秘密，一定要「揚」，根據各方分析，提供決策依據的資料，進行開誠佈公的討論。既然要做出重大決定，就要「孚號」，一定要真心誠意地號召眾人，讓這五個陽都知道如何決掉那唯一的陰；如果議而不決，就總是留著一個尾巴。所以千萬不要輕視那唯一的陰爻，因為「有厲」，五陽決一陰還是有風險，一旦得意忘形，就會造成尾大不掉的劣勢。這就是夬卦的思想，不怕一萬，只怕萬一，勢必要滴水不漏，想出最好的解決方案。

「告自邑」，就是在會議中告訴自己陣營中的人。「告自邑」的內容就是「不利即戎，利有攸往」——打不能解決問題。「告自邑」有點類似泰卦（䷊）上爻「城復于隍」時的「自邑告命」。「城復于隍，勿用師」，警告不要戰爭，但要把真實情形告訴國人，絕對不要隱瞞。不管是「城復于隍」——落敗的一方，還是夬卦掌握優勢的一方，都得「告自邑」。這就是開會的概念，利用政策宣導，集思廣益，而不是專斷獨裁。

夬卦〈彖傳〉

〈彖〉曰：夬，決也，剛決柔也。健而說，決而和。揚于王庭，柔乘五剛也。孚號有厲，其危乃光也。告自邑，不利即戎，所尚乃窮也。利有攸往，剛長乃終也。

接著看〈彖傳〉。「夬，決也，剛決柔也」，這和〈雜卦傳〉的寫法完全一樣，夬卦是陰陽大對決，是五個剛（陽爻）主動對決一柔（陰爻）。從卦體來看，是「健而說，決而和」，「說」即「悅」，夬卦外卦兌，兌即悅，和顏悅色；內卦乾，乾即健。「決而和」的「而」就是「能」，「決而和」是用和平的方式解決問題。

「揚于王庭，柔乘五剛也。」一個陰柔壓在五個陽剛上的問題尚未解決，就得集思廣益，在王庭上開誠佈公地把所有形勢分析清楚。「孚號有厲，其危乃光也。」為什麼要用誠信號召大家、提醒大家還有很多動盪風險？因為人越有危機意識，越會小心提防。「其危乃光」，「乃」字代表不容易，本來有危險，因為慎重防範，所以能安然化解危機。

「告自邑，不利即戎，所尚乃窮也。」「所尚」就是衷心嚮往的最高戰略目標。整個夬卦所尚的就是和平解決——「健而說，決而和」，如果「即戎」，就會「所尚乃窮」，不僅我們衷心嚮往的和平解決行不通，而且會植下新的仇恨，破壞大局。所以建議「不利即戎」，免得破壞最終的戰略目標。然後提醒還是要忍，因為「利有攸往，剛長乃終也」，再堅持下去，五陽夬變成六陽乾是遲早的事，只要「剛」再長起來，這個危局就結束了。可見，夬卦〈彖傳〉要成功，就要選擇成本最低的和平解決方式。

夬卦〈大象傳〉

〈大象〉曰：澤上于天，夬。君子以施祿及下，居德則忌。

「澤上于天，夬」，水位高得可怕，要是位能瞬間轉成動能，一沖下去，下面一定沖垮。如果水庫的水位那麼高，站在下游，你看了不提心吊膽嗎？

〈大象傳〉跟〈彖傳〉不同，〈大象傳〉都鼓勵人修德，夬卦的象當然也可以修德；從一陽復始（䷗）的「德之本」，慢慢克己復禮，一直復到五陽夬（䷪），修德逐漸圓滿。所以，夬卦所累積的資源，不管是錢、愛心，還是學問、事業等，當然要布施出去。就像上游庫存那麼多水，下游需要灌溉，上游當然要放水。〈大象傳〉就從這個角度提出：「君子以施祿及下，居德則忌。」正是對布施的勸誡。但凡一個決策者，掌握豐富的資源，一定要謹記貧富懸殊絕對不好，一定要富而好施，或是以善政富國利民。「施祿及下」，善款、善政一定要下達基層，要防止中間盤剝揩油。

一個好的政府決策，就像上游的水放下來，一定要讓中下游的農田真正得到灌溉。不要上面撥一百塊，經過層層盤剝，到下面才一塊。所以做任何好事都要追蹤，必須貫徹執行到最基層；因為基層最需要這些「祿」，上面要施，就要盯著最終的執行效果。如果施祿不能及於下，下面沒有實際受惠，那就糟糕了。

另外，施祿要及下，這是本來就應該做的事，就像佛菩薩先知覺後知、先覺覺後覺一樣，布施渡化眾生，千萬不要自以為有功德；而要功成不居，行善不欲人知。這就是謙卦的概念。有些人稍微做一點「施祿及下」的工作，就天天唱高調，這就是「居德」，犯了大忌，行善還破功。「居德則忌」的觀念跟「勞謙，君子有終」，「萬民服」一樣，「勞而不伐，有功而不德」。所以，君子施祿第一要保證「及下」，第二是「居德則忌」，這是夬卦〈大象傳〉所期望的修德。

夬卦的卦中卦

夬卦的卦中卦比較特別，有三個乾卦（☰），一個是五個爻的，即初、二、三、四、五爻構成的乾卦，還有兩個是四個爻的，初、二、三、四爻和二、三、四、五爻構成的乾卦。乾卦自強不息和勇猛精進的精神，正是夬卦剛決柔、「君子道長，小人道憂」所需要的。

還有什麼卦中卦呢？有兩個夬卦，即二、三、四、五、上爻和三、四、五、上爻構成的卦中卦。夬卦中還有夬卦，可見人生要做這種「決」的事情，常常不是一次就能搞定的，當然要戒急用忍，「不利即戎」，決而又決。

夬卦中含有兩個夬卦、三個乾卦，所以夬卦的三爻和五爻特別值得重視。「九三」、「九五」的爻辭都出現「夬夬」二字，正是決而又決的現象。五爻「莧陸夬夬」，三爻「君子夬夬」，說明剛決柔絕對不簡單，不是一次就能搞定。就像我們平常的討論會，有時會推翻原來的決議，再反覆討論，最後才形成決策。而人生要做決斷時也不容易，需要多次下決心。夬卦上面始終有個陰爻壓住五個陽爻，那個陰影要是琢磨不透，就很難擺脫；擺脫不了，就不能下決定，不能斬斷塵緣。斬斷該斬斷的，像訣別的「訣」，就合乎夬卦的意思。卦中卦有三個乾卦，可見決斷要有多大的勇氣、多強的意志！而且五陽夬最後的歸宿就是六陽乾，回歸自然天道，留下書契是上與天合，所以是〈雜卦傳〉最後一卦，回頭接〈雜卦傳〉第一卦乾卦。

由卦中卦可知，夬卦陽氣十足，很有能量。〈大象傳〉講「施祿及下」，決策之後一定要監督貫徹執行。從決策到實行，就是決行的過程。用交卦的概念來講，夬卦的交卦是履卦（䷉），正是強調執行的重要。夬卦是決策，履卦是執行，上下易位，就變成了決策與執行的關係。還有，夬卦的錯卦是剝卦，綜卦是姤卦，如果決策不當，就會產生意想不到的危機。夬卦後面是姤卦，更不能輕易採取決定性的行動，一定要設想周全，否則決策一下，可能就有想像不到的變化，牽累很多人受禍遭殃。

大家都知道，現代社會凡是公開開會，媒體可以採訪，所有的意見一般都會錄音、錄影存證，討論的檔案也另行保留。這是完全公開透明的作法。姤卦就不是如此，姤卦有秘密幽會、秘密會議的象。所以夬、姤二卦是一體的兩面。像很多國際談判，公開議定的條約是夬卦；同時也不排除有秘密會議所簽訂的密約，這就是姤卦。姤卦是有秘密的，如外遇就是秘密幽會；睽卦（䷥）第二爻「遇主于巷」也是如此。所以有「夬」一定有「姤」，它們是一體的兩面，不一定是全部東西都可以公開；為了解決實際問題，往往還有擺脫形式的實質討論。在春秋戰國時代，諸侯定期會盟，尊王攘夷，舉行正式會議，這是「夬」。「姤」就是不定期的、隨機的，臨時發生事情、臨時開會決定。如果「夬」是正式會議，「姤」就是彌補正式會議的不足，可能是臨時開緊急會議、取消既定決策。另外也可以這麼理解：夬卦是實力懸殊，以戰逼和，來勢洶洶；但同時也有姤卦的一面，雙方私下派密使接觸。外面是剛決柔，裡面是柔遇剛，這樣一來，「姤」的秘密談判很可能影響「夬」的行動。或者，外面是劍拔弩張的夬決，但時常還有許多間諜、密使在做「姤」的行動，滲透到敵方，刺探對方虛實。這就是夬、姤二卦相綜一體、交相為用。所以我們不要只看表面的冰山一角。〈繫辭傳〉告訴我們要「知幽明之故」，明的就是「夬」，比較少；幽暗的就是「姤」，那是冰山潛在水下的部分，往往高達十分之九以上。

夬卦六爻詳述

初爻：衝動是魔鬼

初九。壯于前趾，往不勝為咎。

〈小象〉曰：不勝而往，咎也。

夬卦第一爻很好懂：「壯于前趾，往不勝為咎。」「不勝」即敗，「往不勝為咎」，這是你自找麻煩，大家都要怪你。夬卦本來是必勝之局，因為某些人急躁，在夬卦第一爻就倉卒採取行動，輕敵必致大禍，結果轉勝為敗，破壞了必勝的大局。或者本來可能和平解決的局面，被自以為理直氣壯的「壯于前趾」，就像發情的公羊一樣往前衝，結果角被卡住、弄傷了。大壯卦第一爻「壯于趾」就跟這個爻很像。大壯卦只講「壯于趾」，五個腳趾頭一視同仁、都想動；而夬卦五個陽、五個腳趾頭都不一樣，最前面的腳趾頭帶頭衝殺，後面的趾頭看前趾往前衝，因為腳趾是連在一起的，只得跟著跑。這樣的情形就是「壯于前趾」。《易經》很多卦的第一爻都用腳趾頭來象徵立足之地的概念。像賁卦第一爻「賁其趾，舍車而徒」，好好走路，不要坐車子。噬嗑卦第一爻「屨校滅趾」，帶著枷鎖，看不見腳趾頭。大壯卦第一爻「壯于趾，征凶，有孚」，往前衝即凶，但也肯定年輕人的熱情又傻又可愛；只是「其孚窮也」，空有年輕人的衝動，不足以成事。而大壯卦第一爻幾乎在夬卦第一爻重現，只是區分前趾、後趾，有些特別衝動的，破壞了夬卦戒急用忍、「不利即戎」的大局；大概由於久處基層，沒有鳥瞰全局的認識，一看自己五個陽，人家一個陰，就嚷嚷請戰，不服高層約束，自己往前瞎衝。「壯于前趾」跟咸卦第一爻「咸其拇」也有一點類似，都是大拇趾帶頭。咸卦講感應，人的感應是很細膩的，五個腳趾頭的感應絕對不一樣。這種敏感度雖好，卻給人生帶來諸多痛苦，直到下經第十卦解卦（䷧）第四爻「解而拇，朋至斯孚」，才把這個包袱拋掉。解鈴仍須繫鈴人，從最敏感的大拇趾開始，到最後要做一個了斷，免得「負且乘，致寇至」。解卦第三爻就是感情包袱沉重，敏感就多愁，多愁就善感、就會濫情。解卦第四爻就是理性提升，第五爻就有了大愛，「君子有孚于小人」，沒有了分別心。

值得注意的是，「壯于前趾」的「前趾」，一般正常是指第二個腳趾。哪個腳趾頭最長，就在最前面，不一定是大拇趾，不然爻辭就應該是「壯於拇」。「壯于前趾」就不是論資排輩，誰說老大就一定繼承王位？你看金庸武俠小說不就把這個觀念講得很清楚，許多名門正派的大師，其眾多弟子中，大師兄有出息的很少，都是二師兄。像《倚天屠龍記》中的武當七子，武功最高的是老二俞蓮舟，老大宋遠橋雖然不相伯仲，但其子宋青書成為武當叛逆。《笑傲江湖》中，華山派弟子武功最高的不是大師兄勞德諾，而是二師兄令狐沖。

跑在最前面的不一定是老大，「壯于前趾」者總會往前衝，但「往不勝為咎」，會往前衝當然是認定必勝，結果很抱歉，把一局絕對好棋下壞了。輸了不是咎嗎？每個人都會怪他，純粹是自取其辱。〈小象傳〉說：「不勝而往，咎也。」人生不要打沒有把握的仗，在夬卦第一爻就往前衝，結果把大好局面給搞砸，「不勝」還往前衝，那不是咎嗎？初爻爻變為大過卦（䷛），把好好的夬卦變成必死的大過卦，那不是犯了重大的錯誤？本來夬卦五個陽連成一氣很結實，初爻也很穩固，結果初爻變成了陰爻，怎麼撐得起上面四個陽爻呢？

「壯于前趾，往不勝為咎。」夬卦初爻的結果絕對是如此，任何一卦的第一爻若是陽爻，大概都要「潛龍勿用」。要知道夬卦中有三個乾卦，不管是哪一個乾卦，第一爻都是「潛龍勿用」，夬卦的「初九」同時是兩個卦中卦乾卦的「初九」，怎麼可以輕舉妄動呢？「往不勝為咎」就很容易理解，衝動反而敗壞大局。

二爻：周密防備

䷪

九二。惕號，莫夜有戎，勿恤。

〈小象〉曰：有戎勿恤，得中道也。

然後是第二爻。第二爻畢竟是下卦的優秀分子，是民間的中流砥柱，屬於「見龍在田」的位置，是未來領袖，剛而能柔，陽而能陰，有實力，想往前衝，但是它能夠忍。第二爻經過歷練，位置也得到了提升。初爻無知膽大，衝動敗事，第二爻跟第五爻相應，在夬卦剛決柔的鬥爭中，「九二」保持了難得的冷靜。他看我方擁有壓倒性的優勢，若直接攤牌，剛決柔，必可以發動決戰；但最高決策者五爻遲遲不下決定，想來必有通盤考量。所以居於民間領袖地位的二爻就不像「初九」那麼無知而衝動；他懂得戒慎恐懼，又懂得周密防備，先不求勝。畢竟第二爻也不能出手，要戒急用忍，至少要開會討論、取得內部共識。「初九」可能根本也沒參加開會就擅自決定，結果犯了大錯。

「九二」懂事，「惕號」，戒慎恐懼，而且要發出聲音，對自己能夠影響的人，可以用號令來約束。「九二」「惕號」的目的就是要約束「初九」的盲動。夬卦為什麼會有這麼多「號」呢？因為外卦是兌，兌為口，長一張嘴巴，不就是為了「號」嗎？在夬卦的環境中，心中有想法、有危機感，就要趕快喊出來，對群眾產生感染力。「惕號」就是不敢輕敵，老子說「禍莫大於輕敵」，人生的禍患沒有比輕敵更嚴重了，「輕敵幾喪吾寶」，因為掉以輕心，幾乎喪失了最寶貴的東西。

在「惕」的心情下，做了「號」的動作。「號」什麼呢？「莫夜有戎」，「莫」即「暮」。在經文的時代根本就沒有「暮」字，那時候要表示「暮」的概念就用「莫」，就像「何天之衢」、「何校滅耳」、「何其咎」一樣，「何」跟「荷」在經文的時代都是「人可何」，直到傳文的時代才把它們分開。「莫」字是一個象形字，形容太陽落在河岸邊的草叢裡。所以「莫」字就有黃昏的意思，同時也有禁止的意思。假如你看到夕陽西下，天會越來越黑，河岸邊的草叢就不能去了。

「莫」就告訴你別去，否則有風險，草叢中可能有蛇、有野獸。有些人談戀愛喜歡躲在草叢裡，就可能會有人伺機搶劫。所以莫就有別去的意思。到後來使用這個字的場合太多，意義難分，就在「莫」下面再加一個太陽，這下荒唐了，變成兩個太陽（暮），這就是文字演變之無奈。

「莫夜有戎」，黃昏時期最危險，千萬別去，這就是「惕號」的心理狀態，告訴你黃昏之後黑夜到來，小心敵兵偷襲。你還沒決定攻敵，敵人先來偷襲，雖然不敢明著白天來，晚上偷襲就可能把你擊潰。古代戰爭有很多這樣的例子，像燕國樂毅把齊國打得幾乎滅亡，但六、七年打不下即墨城，最後讓田單反敗為勝，就是利用火牛陣夜間偷襲，這就是夬卦最上面一個陰爻的作法。如果真刀真槍跟你幹，他絕對打不過；但他一定會想盡辦法進行各種滲透、暗殺，用偷襲的方式扭轉戰局。所以「九二」要守住五個陽的大後方，就不能讓人家斷了後路，要守住糧草輜重。他雖然不在陰陽對決的最前線，但絕不能失去警惕，要「惕號」，警告他所控管的人，夜間不可放鬆戒備，免得陰溝裡翻船。有時候也不一定是晚上，而是大家休息的時候。像古代的冬天要窩冬，一般不會輕啟戰事；二戰時期的珍珠港事變中，日本人就趁禮拜天這一美國人最想像不到的時候發動奇襲，結果一擊就中。如果你「惕號，莫夜有戎」，對這種隱含的殺機小心謹慎，做好一切準備，那就「勿恤」，不用擔心得心頭滴血。

「勿恤」二字我們算是見多了。晉卦第五爻「失得勿恤，往有慶也」；泰卦第三爻盛極轉衰，「无平不陂，无往不復。艱貞无咎，勿恤其孚，于食有福。」「恤」就是擔憂。已經做好準備就不必擔憂。夬卦二爻就是穩紮穩打的概念，不必急於出動攻擊，先想辦法讓自己立於不敗之地。這樣一來，無論敵方偷襲或滲透分化，都不能得手，這樣你就可以穩操勝券了。這是兵法一致奉行的概念：「無恃其不來，恃吾有以待之；無恃其不攻，恃吾有所不可攻也。」出手的時間還沒到，就不要給弱小的敵人任何機會，能「莫夜有戎」，就「勿恤」，不用擔心敵人的偷襲。

〈小象傳〉說：「有戎勿恤，得中道也。」因為「九二」居下卦之中，剛而能柔，沉得住氣，所以不用擔心。這一比較，我們就發現「初九」比「九二」的見識差得太多，而「九二」爻變革卦（䷰），夬中有革象，二爻懂得調整改革，有正確的指導概念，不像初爻就會惹禍。

上爻：徒呼奈何

䷪

上六。无號，終有凶。

〈小象〉曰：无號之凶，終不可長也。

接下來，我們先看上爻。初爻假定不犯錯，二爻懂得鞏固自己，進可攻，退可守，便能立於不敗之地。兵法有云：「知己知彼，百戰不殆。」而不是說百戰百勝；這是說「九二」沒有任何瑕疵，不給敵方留下鑽空子的餘地，然後再慢慢找機會收拾對方。集體決策要集思廣益也是如此，第一爻別衝動，第二爻先鞏固自己，先把所有毛病檢修一次，再謀進取。有了萬無一失的決策，再經過三、四、五爻，最後一定是「利有攸往」，上面的陰爻必敗，剛決柔的局面一定可成。

上爻是夬卦最後一爻，被逼到牆角，不像大壯卦還有兩個陰爻可以周旋，雖然在上卦兌的開口處，即使感情充沛，卻空有一張口，「无號」，講什麼都沒用。因為下面五個陽爻關係緊密，沒有縫隙可鑽，不能挑撥離間。這樣一來，「上六」「終有凶」，最後必敗。這就是剛決柔的結局，只要陽爻不犯毛病，陰爻就一定撐不下去，最後就是有凶。〈小象傳〉說：「无號之凶，終不可長也。」對陽爻來講，這時就「利有攸往」，「剛長乃終」。上爻一變，形勢大一統，成為六個陽的乾卦（䷀）。就像太極圖中陽中有陰的那個點，最後找到妥善處理的方式，結束陰陽對峙的局面。以〈雜卦傳〉來講就是「君子道長，小人道憂」，剛決柔，最後恢復六陽乾，又開始新的輪迴。「乾剛坤柔」就是剛決柔的目的，最終都要彰顯天道。

以上三個爻是比較好懂的，下面三、四、五爻就要花一點時間了，這是剛決柔的過程，是穩妥決策、完成任務的過程，每個階段都得謹慎小心，才可以取得最後「健而說，決而和，其危乃光」的結果。

三爻：無名英雄

䷪

九三。壯于頄，有凶。君子夬夬，獨行遇雨，若濡有慍，无咎。

〈小象〉曰：君子夬夬，終无咎也。

夬卦第三爻爻辭超長。一般來說，《易》卦第三爻通常不會太短，除非特殊，像否卦只有「包羞」二字，泰卦第三爻就長達二十個字。因為三爻、四爻屬中爻人位，上壓下擠，要考慮各方面的關係，多凶多懼多是非。若爻辭簡短，怕意思講不清楚，故需要反覆叮囑。

夬卦第三爻爻辭十九個字，跟卦辭字數一樣，也是一波三折。夬卦「九三」過剛不中，本身陽氣很盛，不像「九二」那麼從容、審慎、周到。「九三」是拚命三郎，就想往前衝，況且下卦、內卦已達飽和，只能往外卦衝；偏偏「九三」地位特殊，它是全卦中唯一跟陽爻的共同敵人——「上六」有特殊關係的一個。「上六」跟「九三」相應與，私交甚篤，淵源很深，雖然現在分處不同的陣營，但私誼、情面都還在。在夬卦剛決柔時，這種千絲萬縷的私人關係，常常是可以救命的；萬一對方來套交情或拉關係，就會使得夬卦大局變得更複雜。本來是五比一的局面，「上六」一定會想辦法用種種攻勢，爭取「九三」同情；只要「九三」念及舊情、說一點好話，就可能瓦解五個陽爻的防線，或至少撕裂一道口子。

相對來講，「九三」跟「上六」這個殘敵窮寇有這層關係，是否有機會以其私人關係勸他投降和解呢？對夬卦領袖「九五」來講，要降低成本，用和平手段把最後的陰爻殘寇解決，「九三」確實是可用的。還有一點就是「九三」並非官身，可以扮演很好的和談密使，因為「九四」代表政府，不方便跟「上六」接觸；而且「九四」跟「上六」也沒有老關係，怎麼可能談得攏？那就只好找「九三」這樣的民間友人，用各種管道去跟「上六」談談，看他在什麼條件下肯放棄對峙。這樣一來，「上六」不止影響「九三」，還可以影響敵對陣營的陽爻首領「九五」。「上六」已經被逼到牆角，唯一的生存策略就是運用承乘應與的爻際關係，影響「九三」是一法，更直接的就是影響「九五」。領導人要是心軟下不了手，憐香惜玉，就會遲遲做不了決定。

我們再回到第三爻。首先看「壯于頄」，「頄」音「求」，也音「睽」，但大多念「求」音，指顴骨的位置。中國古代面相法說，女人顴骨高會剋夫，所以男人看到「頄」很高的女子最好避開為妙。前不久去世的演員伊莉莎白・泰勒，一生結過八次婚，從中醫的觀點來講，八次婚姻是不好的。我在蠱卦一章就講過，蠱卦是「風落山，女惑男」，是長女對少男的蠱惑。「蠱」字是一個器皿之中裝了三隻蟲。中醫有句話說「三精成一毒」，是說一個女人如果經歷三個男人就會中毒，毒還會傳染。不過沒說一個男人經歷三個女人會中毒，這似乎有點不公平。那麼，泰勒經歷八個男人（實際是七個，其中一個結了兩次婚），豈不是毒上加毒？這是中醫的觀點，一個容器裡不能裝太多蟲，太多蟲就是蠱，有毒！

「壯于頄」，就是面頰特別高。所以夬卦跟大壯卦絕對有關係，五陽夬比四陽大壯多了一個陽，裡面絕對有大壯的衝動。初爻「壯于前趾」，三爻「壯于頄」，結果統統是凶。「壯于頄」是將氣惱形諸於外，臉上都能看到血氣賁張的樣子。「九三」過剛不中，藏不住秘密，絕不能扮演密使角色。通常扮演「九三」這種執行秘密任務的人，不管是談判代表或間諜，一定要懂得韜光養晦、喜怒不形於色，不能讓人識破。「壯」是顯現在外，「壯于頄」就是喜怒必形於色，這樣哪能去跟「上六」接觸呢？

「有凶」，「壯于頄」當然有凶。那麼，為了順利完成任務，「九三」一定要忍，雖然很難，但不忍不行，畢竟只有「九三」能跟「上六」說得上話。既然「壯于頄」就「有凶」，那就要用無限的耐心毅力去跟「上六」接觸，才能降低損失。

「君子夬夬」是說並非談一次就能妥當，剛決柔需要決而又決，談過無數次，才能跟「上六」協調出雙方都滿意的平衡點，圓滿完成任務。「獨行」是指最好一個人行動，以免引人注目，必要時兩個人也還行，人多了就不妙。獨行需忍辱負重，用比較方便的身份掩護和談。關於「獨行」，可以視為一個人，但還是「慎獨」之「獨」的意義更深。獨行時，需要獨立的主張跟想法，帶著自己單方面的方案去談，希望能夠「遇雨」——對方接受和解。睽卦上爻家人反目成仇，最後疑神疑鬼，看到泥巴豬，拿起弓箭想射，可是又放下弓箭，最後「往遇雨則吉」。雨代表陰陽和合，是和解的象。解卦的和解就是〈彖傳〉所說的「天地解而雷雨作，雷雨作而百果草木皆甲坼」，下雨都是和解的意思。夬卦「九三」「獨行」的目的就是希望能夠「遇雨」，但是可遇而不可求，還要看「上六」怎麼想。

那麼，「遇」的概念不就是夬卦的另外一面姤卦嗎？看著是夬卦枱面上的接觸，實際是暗中進行的姤卦勾當。夬中有姤，這是一定的，所以「九三」這個角色重要得很，可是人家不知道有他這個角色，所以他可以躲過監督、曝光。越少人知道，獨行談判就越有利。「獨」就是「九五」交付「九三」帶著陽這一邊的方案，去試探陰的那一邊能否接受。雖然前行試探的成分居多，但還是要帶一個方案去，說不定可以順利遇雨，有和解的機會。一旦「上六」認為大勢所趨，不想再撐下去，不就談成了嗎？

經過「夬夬」的不斷試探、討論，以及雙方的妥協，就有「獨行、遇雨」的象。若真下雨了，就會被打濕，這就是「若濡」。就像談判回來，多少會暴露一點蛛絲馬跡，所以「九三」就會面臨秘密行動之後的很多質疑。當然，老闆「九五」是知道的，但不能承認；包括「九四」、「九二」、「初九」在內，可能都會問：「你幹什麼去了？是不是通敵？」這就是「獨行遇雨」之後可能會「若濡」。「若」字很妙，充滿不確定的因素，大家都質疑，要他提出合理解釋，但他雖然心知肚明，心裡也憋得難過，但不能講，這就叫「有慍」。「慍」是不能發作的。所以要扮演這種角色時一定要先想好，「若濡有慍」時，即使心裡難過，絕對要否認到底，打死不說。別人沒有鐵的證據，最後你還是无咎。如果「壯于頄」，一被激怒什麼都供了，或者「若濡有慍」，心裡不爽又破功，這就不行。所以忍耐最重要。

〈小象傳〉說：「君子夬夬，終无咎也。」身負重任，先要經過自我情緒的考驗，還有被同志懷疑的考驗，爻變就是兌卦（䷹）。兌卦是對口談判、兩情相悅的象。夬卦中，委託進行兌卦的對口談判，最好大家都談得很高興。如果占到夬卦第三爻動，就可以檢驗自己在談判時是否不生氣不動怒、不顯山不露水，最後可能就有「亨利貞」的兌卦好結果。這就是無名英雄。若是「壯于頄」，那就絕對不行，即使有凶、「有慍」也要忍住，誰叫你被選定扮演這個角色。要知道，人生有很多事情是打死不能認的。尤其夬卦是剛決柔，又有姤卦的象，柔遇剛，正是男人出去偷腥幽會的象。可以認嗎？不能認！第一絕對不要表露在外；第二，即使「若濡」，人家看你怪怪的，也不能供認，「有慍」都得忍。從這個角度講，夬卦第三爻馬上豁然開朗。如果一開始就招認，不就是「壯于頄，有凶」？這個爻的爻變是兌卦，正是兩情相悅。凡存在過的、發生過的一定留下痕跡，濕了就是痕跡，但要經得起懷疑，最後才能過關。

大人物的私情

那麼，「上六」跟「九五」是什麼關係呢？陰乘陽、柔乘剛，甚至還有不可告人的曖昧關係。上卦是兌，正是兩情相悅的象。我曾強調多次，凡是上卦為兌卦，都代表大人物的私情。領導也是人，也有人情的喜怒哀樂愛惡欲，也會寂寞、期待有可以傾訴衷情的對象，但他那個位置不能隨意表達感情。因此，「九五」跟「上六」曖昧不明的關係在兌卦中是重點中的重點。「九五」跟「上六」是情欲蒙蔽理智的象，所以，以兌卦本卦來講，「九五」絕對會受「上六」的影響。在正常的領導體制中，「上六」其實並沒有地位，是君王、老闆身後的人，可是它卻是「九五」傾訴感情的對象；可能是傾國傾城的后妃，可能是太監，就像慈禧太后離不開李蓮英；也可能是退居幕後、可以影響老大的大老。因為人情複雜，這種關係非要研究不可，這就是大人物的私情、公眾人物的私領域。尤其越高階的領袖越寂寞，所以會有一個體制外的「上六」在後面影響他，正常體制中的人對他反而沒什麼影響。這個體制外的影響通常不會太好，而且會傷害領導的威信。這種幕後操縱的例子太多，在夬卦中就是如此。在我們講過的卦中，如大過卦（䷛）、咸卦（䷞），還有後面還沒講到的萃卦（䷬）、困卦（䷮）、兌卦（䷹），上卦都是兌，它們的「九五」跟「上六」之間都有那種微妙的關係。只有隨卦（䷐）、革卦（䷰）例外，上卦雖然也是澤，但第五爻跟第六爻的關係很正面。

「九五」作為孤家寡人，只有跟「上六」在一起，他才覺得沒有任何束縛，可以自然而然地吐露感情。「上六」可以操縱領袖人物的影響力，那他就是地下皇帝。中國古代王朝就經常出現後宮專寵、宦官專權、外戚干政的例子，這就是人情惹的禍。所以，明太祖朱元璋就明確規定，後宮、外戚、親王不得干政。清朝為吸取明朝宦官亂國的教訓，對太監的管理極其嚴格，順治時曾在交泰宮、內務府、慎刑司立「鐵牌」，明示太監不能干政、出京。

我們看，大過卦第五爻和第六爻是不是跳河殉情的象？第五爻是枯楊開花，「老婦得其士夫，无咎无譽」，大家還不敢講話，因為是大人物；第六爻就是雌雄大盜「過涉滅頂」，但是「无咎」。咸卦的第五爻、第六爻也是如此，第五爻很克制，「咸其脢，志末也」，一定得保持距離，而第六爻「咸其輔頰舌」，能說會道，巧笑倩兮。夬卦的「九五」跟「上六」也是這個關係，「上六」會影響「九五」，讓他下不了手，以私害公；或是跟「九三」聯手，為「上六」爭取苟延殘喘的時間，甚至讓「剛決柔」無限期擱置。這樣一來，「上六」可以運用「九五」跟「九三」的私人關係，在「剛決柔」之中維持苟安的局面；那麼「九三」和「九五」也可以反過來利用跟「上六」的關係勸降「上六」。這就是雙方利用，爭取各自最大的利益。還有，萃卦五爻跟上爻也屬於一哭二鬧三上吊的關係。萃卦上爻哭泣的象，會影響第五爻的領導威信，那是必然的。後面的困卦、兌卦也是如此，這裡就不一一闡述。

那麼，唯二的例外就是隨卦和革卦。隨卦第五爻：「孚于嘉，吉」，一點都不受影響。第六爻則是生死相隨：「拘係之，乃從維之，王用亨于西山」，它們的關係是很正面的。此外，革卦第五爻「大人虎變，未占有孚」，第六爻就是「君子豹變」。這八個卦裡面只有這兩個卦可以倖免，明明有很大的誘惑、有很大的負面滋長空間，為什麼這兩卦可以超脫，另外六個卦就躲不了呢？因為隨卦跟革卦都是全德的卦，「元亨利貞」俱全，德高，小瑕疵都可以過得去。

夬卦的「九三」、「九四」、「九五」關係分析

枱面下接觸，枱面上叫囂，「初九」就是如此；不明就裡，喊殺喊衝，當然「往不勝為咎」，一定惹禍。二爻好歹看出了一點門道，就懂得「莫夜有戎」，守好自己這一塊不出問題，上面的人愛怎麼玩是他家的事。

那麼「九五」跟「九三」就是唱雙簧的了。「九五」不方便自己出馬，暗中派「九三」去處理「上六」；於是「九五」表面講一套，「九三」暗地裡做一套，雙方有默契就好。最後和平解

決了，但內中很多細節也就成為秘聞。在這種情況下，有一個很尷尬的角色就出現了，那就是「九四」。「九四」是體制中的中央政府，照講要跟敵國、外人談判，應該派「九四」，搞外交、搞國安、國防的，各個部門各有專責，這是「九四」的正職。可是在夬卦中，對外事務需秘密處理，「九四」只能處理枱面上的事；跟「上六」之間的秘密外交，只有民間的「九三」比較合適，可能透過商業或學術交流的身份傳話或探底，為將來的和談鋪路。這樣一來，「九四」就被瞞過去了。該他管的任務不交給他，所以「九四」的處境就很尷尬，覺得被排除在核心決策圈以外。「九四」陽居陰位，雖然處境尷尬，但是非忍耐不可，因為很多事情的解決方式只能走非正式的途徑，否則他一出面就難有迴旋空間。

可見，在一個重大決策中，「九三」和「九五」才是實際參與「剛決柔」、「和而決，決而和」的要角，因此這兩個爻的爻辭裡面就有「夬夬」。第四爻沒有「夬夬」，就顯得怪怪的，一臉黑，蒙在鼓裡，很多事情都不知道。

四爻：政治犧牲品

九四。臀无膚，其行次且。牽羊悔亡，聞言不信。

〈小象〉曰：其行次且，位不當也；聞言不信，聰不明也。

第四爻有職權卻不能做體制內的事，第三爻沒有職權卻負責進行體制外的接觸，夬卦這個結構真是妙哉！

「九四」剛居柔位，這個爻的爻辭其實就是姤卦的「九三」。兩個爻的爻辭非常像，但對策不一樣。「九四」「臀无膚」，「膚」又出現了，這裡當然不是噬嗑卦第二爻「噬膚滅鼻」的「膚」那個肉片，而是皮膚。臀部連皮膚這層淺淺的保護層都沒有，那一定坐立難安。「其行次且」，「次且」音為「ㄗㄐㄩ」，意即遲疑不前，行動有困難，有一點像屯卦的「屯如邅如」，進退兩難，猶豫不決。用「身體易」的觀點來講，就是臀部有毛病，像長痔瘡一樣，站也不是，坐也不是，這就是「九四」的窘狀，尷尬之極。怎麼辦呢？〈小象傳〉說：「其行次且，位不當也。」「九四」陽居陰位，所以陷入窘困，等到面臨「初九」代表的社會大眾質疑時，完全無話可講。這要怪老闆不與你商量，但老闆有老闆的考量；若要怪「九三」搶了風頭也不行。所以他夾在三爻、五爻之間，難過死了。這就是「臀无膚，其行次且」的窘境。怎麼辦呢？只能體察大局，配合剛決柔的形勢，回歸陽爻的團隊，跟大家繼續手牽手合作，這就是「牽羊悔亡」。「羊」就是陽剛的「陽」，五個陽爻是唯一的團隊，「九四」只能配合整體，「牽羊」才能「悔亡」。但即使忍下這股鳥氣，還是很不舒服，因為「聞言不信」，公信力受損，再講話也沒人相信。〈小象傳〉說：「聞言不信，聰不明也。」因為被蒙在鼓裡，啥也不知道。這就是「九四」的尷尬。牽羊才能悔亡，而且代價是「聞言不信」，講話沒有人再相信了。

另外，從「情色易」的觀點來看三爻和四爻。三爻是幽會，幽會後即使瞞過了，到第四爻還是有可能「聞言不信」，講話沒人相信。這個爻看起來真是累贅，因為五爻和三爻就可以搞定「上六」，要「九四」幹什麼呢？其實「九四」可以吸引敵人的注意力，掩護「九三」去談判，雖然是犧牲品，但絕對有必要，所以爻變是需卦（䷄），有政治需要，就像稻草人一樣。「九四」要明白自己就是這樣一個為了政治需要而被犧牲的角色，而且只能配合，沒有其他選擇。

還有，這個爻也可以稱為「同志之愛」，過去叫做「斷袖之癖」。同性戀是自古就有的現象，尤其現代社會越來越普遍而且公開化。「臀无膚，其行次且」，就是「九四」對「同志之愛」的親密關係。而且這個爻一看就知道還是男「同志」（《易經》就是重男輕女，連談「同志」都不談「女同志」）「臀无膚」講的是缺乏保護層，要小心衛生。「其行次且」，「且」是陽根，「次」就是暫時安身之處，即男「同志」之間表達愛的方式。那麼「牽羊悔亡」就是「出櫃」，陽跟陽牽在一起，感情好就是手牽手。沒「出櫃」以前，人家都「聞言不信」。可見，《易經》對同性戀並沒有正面或負面意見，只說是自然需求，這也是一種愛，但不為社會所容，更不能創造新生命；這種剛決柔的生態，純粹是在夾縫中求生存。

五爻：當斷即斷

九五。莧陸夬夬，中行无咎。

〈小象〉曰：中行无咎，中未光也。

前面講過，「九五」作為夬卦的君位，跟「上六」之間有千絲萬縷的關係。而夬卦的大環境是剛決柔，集體目標是要解決「上六」的，這樣一來，「九五」的內心不就要面對天人交戰的衝突嗎？像安史之亂的時候，唐玄宗的部屬以兵變相逼，唐玄宗無奈，只得同意吊死楊貴妃。這種公與私、友與敵的陰乘陽、柔乘剛的關係，其實也很可憐。

「莧陸夬夬」，正要下定決心徹底解決跟「上六」的關係時，突然跑出「莧陸」來。「莧陸」是一種植物。「中行无咎」，是指既然身為夬卦領導人，不能以私害公，該斬斷的就得斬斷，「健而說，決而和」；可是又不能無情無義，輕易犧牲「上六」，必定要合乎中道才能无咎。但這個過程，不知要派「九三」跟「上六」談多久才能圓滿解決，中間又有很多過程不能曝光。就如〈小象傳〉所說的：「中行无咎，中未光也。」所以夬卦有很多秘密，永遠不能公之於世，否則就可能動搖國本。

「中行」才能无咎，但是「中未光」。第五爻是中行，第三爻是獨行，這兩個「行」有什麼差別？復卦就有「獨行」跟「中行」的觀念。復卦「六四」「中行獨復」，「中」跟「獨」的關係，得看《中庸》，我們現在用比較容易理解的邏輯角度來闡述。三爻帶著陽這一方的方案去跟「上六」談判，這是「獨行」；如果「上六」不接受這個方案，也會提出陰爻的「獨行」。雙方的價碼一看相差太遠，於是「九三」就得回來請示「九五」，「君子夬夬」幾次，最後談判就變成「中行」了，兩獨成一中，孤陰不生，獨陽不長，陰陽和就是「中」；照顧兩方的利益，找到大家都可以接受的談判平衡點，然後訂合約，這就叫「中行」。

「夬夬獨行」之後變成「中行」，中間不知折騰多少回合，最後還是陰陽和，中行也。換句話說，從獨行到中行，從個人修行來講，想剛決柔，戰勝欲望、追求真理，也得先慎獨再行中。所以《中庸》先講「慎獨」，再講「致中和」。「天命之謂性，率性之謂道，修道之謂教，道不可須臾離，可離非道也，故君子必慎其獨。」《中庸》這一段談慎獨的文字很有參考意義。每個人先把自己的「獨」照顧好，個人的「獨」好了，別人也有獨立人格，接下來，「中和」就很重要，亦即：

「喜怒哀樂之未發，謂之中；發而皆中節，謂之和。中也者，天下之大本也；和也者，天下之達道也。致中和，天地位焉，萬物育焉。」每個人都有獨的一面，大家可以和平共存就是「中」，夬卦剛決柔本來是對立的，最後「決而和」，由三爻的「獨行」達到五爻的「中行」，雙方和談成功，但是那個過程是「中未光也」。

莧陸是什麼？有的解釋說是馬齒莧。馬齒莧生長在陰濕之地，出身低賤，但它的趨光性很強，有點像向日葵。莧陸在臺灣常當做豬飼料，俗稱「豬母草」，滿地都是。農家養豬多餵一點豬母草，小豬就長得很快。在姤卦初爻，饑渴的瘦豬是吃豬飼料養大的，養到最後，心中的情欲之火控制不住，最後燒起來就沒有任何人能堵住它。所以那種大人物的「小三」，常常像莧陸草一樣出身貧賤，可是它嚮往大人物的陽光；只是它的生命短暫，絕不超過半天，而且見光死，一旦曝光，這段關係就結束了。這種豬母草就帶有多重的象徵意涵，既是夬卦「上六」跟「九五」的不正常關係，也是姤卦「初六」跟「九二」的關係。夬卦「九五」要去餵「上六」莧陸時要小心，姤卦「初六」也會影響「九二」的危機控管，這是一體的兩面。既然有莧陸的問題，作為夬卦第五爻，還是及早切斷為妙，但要動用到「九三」，要「中行无咎」，最後還要看對方能不能接受？另外，陰曆三月是豬母草的生長季節，剛好是夬卦的月份，而長勢最茂盛的是在姤卦的陰曆五月；三月到五月，正是春情最易發動的時節。可見《易經》寫作之高明，真的是「近取諸身，遠取諸物」，把自然生態都琢磨透了，拿來比喻人情的錯綜複雜也絲絲入扣。

占卦實例1：老人的魅力？

我們曾就男女老少的生命魅力進行占問。老人經驗豐富，見多識廣，他的生命魅力是什麼呢？他的魅力表現絕不輸給青春年少，有書契之象，答案是「遇夬之升」，夬卦動初爻、四爻、五爻這三個爻。也就是說，老人好比一部活字典，是生活經驗的寶庫，老人在做人生重大決定時，他了解世事多艱，會戒急用忍，「不利即戎，利有攸往」；而他做出決定之後，事情通常都能辦妥。他怎麼做的決定呢？一是絕對不會「壯于前趾」，不會在第一爻的第一時間亂動；二是第四爻的綜合考量；最後是第五爻下決定，「中行无咎」。三爻齊變就是升卦（䷭）。

處事慎重，有百分之百的把握才出手；做事有章法，而且是合乎中道的方法，結果創造了「升」的績效，這就是老人的魅力。

占卦實例2：威而剛有效否

一九九七年間，我的學生邱雲斌問「威而剛」治療陽痿有效否？得出夬卦四、五爻動，「九五」值宜變成大壯卦，齊變則為泰卦。夬為剛決柔，「九五」位於陰陽交際最前線，服藥後變大壯即陽壯，似發情的公羊往前衝刺，配合「九四」齊變為泰，陰陽和合，天地交泰。顯然有效，但也別忘了夬卦卦辭的囑咐：「不利即戎，利有攸往。」服藥後得靜待一段時間，才能行事，還得戒急用忍。

危機防治——姤卦第四十四（䷫）

五陽下一陰生

姤卦是京房八宮卦第二卦，代表機緣、邂逅、不期而遇，隨著人生機緣自然開展。所謂「千里因緣一線牽」即是如此。「因」不是婚姻的「姻」，而是因果的「因」，屬於冤家路窄型。這就是姤卦，以五陽下一陰生的微妙結構，試圖捕捉人間的這些現象。人海茫茫，十年修得同船渡，百年修得共枕眠，幾十億人，怎麼你們就碰到了呢？碰到就算吵嘴，也都是緣分。

乾卦最下面的陽爻一旦產生質變，就會引起騷動，由六陽乾（䷀）變成五陽下一陰生的天風姤（䷫），從此就是多事之秋。下卦巽（☴）為風，風生緣起，無形無象，變化非常快，方向隨時可能轉變，同時又深入內心底層，產生微妙的變化；而且星星之火可以燎原，擴散力極強。可見，姤卦的意象很深刻、很豐富，也十分微妙，值得深入推敲。代表內心深處、組織最基層與事態發端的那個爻，本來是「潛龍勿用」的爻，但此時最要緊的就是知機應變。這個精神貫穿整部《易經》，而且「機」很可能是危機，因為初爻由正轉負、由陽轉陰，雖然它暫時沒有坐大，然而徵兆已顯，就像「履霜堅冰至」一樣，這一陰生，可能會產生顛覆性的效應。尤其事情才剛開始，還藏在地底下，誰都沒看到，可是山雨欲來風滿樓。就像乾柴遇到烈火，只要有火種，就可能蔓燒一大片。

姤卦的「遇」是不期而遇、無法預料，瞬間爆發。這就要在第一時間做好危機管理，以免繼續擴大，不可收拾。我們常說預防勝於治療，那是豫卦的事；姤卦的危機防治已經落入後手，正在挨打，必須承擔一定的損失。所以，寧願事前多花幾分工夫，總比事發之後收拾殘局好得多。

如果凡事都有先知先覺的智慧，居安思危，危機防治的成本就會大幅降低。等到事情發生才處理，那是解卦（䷧）。如果危機延續到姤卦，由不期而遇的一點變化，可能帶來全盤大變動；夬卦的水庫一朝潰決，中下游就可能產生像姤卦一樣無法預料的變化，說不定整個河川的下游生態全部都得改變。所以夬卦象徵的重大集體決策，可能造成姤卦難以預期的微妙變化，而且這個變化深入滲透，甚至影響很多人內心最深刻的想法。

「大衍之術」占法，用五十根蓍草，「其用四十有九」，隨意兩分的隨機性就是「姤」。會占出什麼卦，不到十八次變化之後是不可能知道的。你只能真心誠意地對有關問題進行推衍。十八次之後，任何人為干擾都無法影響結局，這個過程就是自然的流露，遇到什麼卦就是什麼卦。所以，占到的卦就叫「遇」什麼卦；而爻變帶來其他形式的變化，就叫「之」。如果乾卦第一爻動變成姤卦，就叫「遇乾之姤」。在占卦前你想遇到什麼卦，可遇不可求。姤卦這種「遇」的機緣是難以預測的，因為不可求，所以特別難。有時什麼樣的可能都想到了，卻偏偏在你做夢也想不到的地方爆發，從而導致你前功盡棄。

關於占卦的機率問題，也是姤卦之遇，用爻變、卦變來講，就是四千零九十六分之一的機率。

「遇」什麼「之」什麼，人生很多事就是如此。你遇到什麼事、什麼人，你的生涯規劃就得隨時調整，但無論怎麼規劃，往往趕不上事情的變化。可見，姤卦特別值得重視，其重要性僅次於姤卦的錯卦——復卦（䷗），又稱「小父母卦」。乾、坤是父母卦，乾、坤互動產生天地萬物，是一切的源頭。乾、坤之外，復卦的核心創造力，是萬物生生不息的力量源頭；一陽復始，萬象更新。然後就是姤卦了。作為復卦觸類旁通的錯卦，姤卦也主宰整個宇宙天地人鬼神在時空中一切可能的基因。當然，復卦象徵生機乍現，而姤卦代表現狀隱含顛覆、崩潰的可能，就看能不能做好危機處置，把危機變成轉機，這就需要很高的智慧。轉機剛好就是復卦的概念。所以，我們由錯卦的概念可知，姤卦雖然是典型的危機概念，但危機有可能是轉機，風險同時代表新的機會。能不能把姤卦變成復卦，就要有六爻全變的本領。

從字形上看，「姤」字是女人做主、陰爻做主，五陽下一陰生的陰爻影響力太大了；而且它藏在地底下、藏在內心深處，但它卻主導整個姤卦往後的變化，所以千萬不能小看姤卦。尤其復卦和姤卦就是《易經》太極圖裡的魚眼睛，陰中有陽，陽中有陰，這些最微妙的變化往往從點開始就有轉折，剝極而復，夬極轉姤；陰極轉陽，陽極轉陰，一個點就可以決勝負，之後延展到全線、全面，乃至全體。如果姤卦的時候沒有處理好，那就意味著馬上要遯了，隨時得拿起行李準備走人。

以卦中卦來講，復卦跟姤卦藏在好多卦中，「潛龍勿用」包含復卦的概念，「履霜堅冰至」就是姤卦的概念，人生很多成敗格局基本上就決定了，只是不容易掌握，粗心大意的人甚至視而不見。姤卦〈大象傳〉的行為主體就是「后」，亦即地方諸侯，有時也代表陰性的力量。像武則天、慈禧，她們以特殊才幹，在男權社會闖出一片天，卻成為歷史上的異數。

姤卦可遇、復卦可求

有人說復卦是小父卦，姤卦是小母卦，其實以前沒有這種講法，而是直接把復卦視為小父母卦。復卦一陽復始、陽入陰中的力量生生不息。姤卦則事關宇宙的形成，由爻變的觀念來講會比較具體。乾卦初爻「潛龍勿用」爻變是姤卦，可見宇宙的生成完全是機緣，沒有任何計畫，也沒有造物主。把姤卦、復卦的模式套用在人生際遇上，也絲毫不爽。

在《易經》很多卦、爻中，姤卦、復卦都有極大的影響力。像有些卦、爻中，就用「復」的概念提出反復其道的勸誡；有的要往內反省，掌握核心創造力；有的要在體悟真理之後發現自己的言行失誤而改過自新……。另外，所有在卦爻中的「遇」都是姤卦的觀念。

姤卦的「遇」可遇不可求，有天命的因素，也有人的因緣；因緣不具備，怎麼求也求不到。那什麼是可求的呢？復卦就可求，如培養自己的核心創造力、力圖恢復本性；修得越深刻，對復的掌握就越深刻。也就是說，本心可求、本性可修，儒釋道都如此認為；而且復是內求，反求諸己。蹇卦講「反身修德」，「不遠復」，明顯是人可以辨得到的。可是，姤卦純粹是機緣，可遇不可求。

修為可求，機緣可遇。這就是復卦和姤卦的本質區別。復卦是如如不動，想求就要反省諸己、提高修為；姤卦是求而不得，不想求的卻天天往頭上砸。所以求是自求，遇是外遇，外求的東西無法控制，只能內求自己日新其德。人生很多痛苦就如姤卦，越求越得不到，既然求不得，還不如從復卦下工夫。這是我們唯一能掌握的，自強不息，自昭明德，不假外求，這才是修身之道。

姤卦完全就像俗語所說的：「有意栽花花不開，無心插柳柳成蔭。」姤卦的微妙就在操之不在我，唯一能做的就是面對因緣。雖然姤卦落實到爻的操作時，還是有些可以求的東西，但就如孫中山講的「人生不如意事十之八九」，歸根究柢是因為貪念太多、起心動念的臆想太多，當然不如意事十之八九。

復卦與姤卦相錯，我們要做的就是盡人事聽天命，儘量把復卦的要求做好，至於有沒有像姤卦那樣的因緣則不強求。孟子說：「學問之道無他，求其放心而已矣。」「放心」就是迷失的心。復卦要把迷失的心拉回來，姤卦就要你別癡心妄想，否則一輩子有嘗不盡的「求不得苦」。

危機防治誰解決？

二〇〇八年九月十五日紐約金融風暴爆發之後，英國經濟重挫，局面比美國還慘。當時的英國女王伊莉莎白雖為皇室，不應過問政事，但在風暴發生後，她在皇宮裡設宴招待諾貝爾獎級的牛津、劍橋、倫敦政經學院的專家時，提了一個好問題，她說，你們都是國之精英，甚至是世界一流的權威，怎麼沒有一個人預測到金融風暴？這就是這位老女王的可愛之處，敢講真話，而且提出很實際的問題。因為風暴之後，很多國家連起碼的危機防治都來不及做，影響之大讓人措手不及。二〇一一年日本核災也是如此。

如此看來，這些專家的學問到底是象牙塔的學問，還是方法上有什麼問題？既然該預測的沒有預測到，也無能解決問題，那麼這些學問能得到那麼大的光環嗎？所以，西方文明其實不如想像中那麼偉大，也不能算是人類文明的主流。那次風暴，我們在幾年前就算出來了，但我們人微言輕，無法造成影響。當然，這樣的例子太多了，像柏林圍牆倒塌、九一一恐怖攻擊，都沒有人能先看出徵兆；日本三一一大地震更是無人可以事先預測。

那麼，這些事到底有沒有改善空間？要知道，這不是宗教，宗教可以談來世，這些關乎今生今世迫切需要解決的國計民生問題，世界一流專家不能預測、也束手無策，難怪伊莉莎白一問，無人可以回應。這些諾貝爾獎專家的專長就是解決問題、治國平天下，可如今，他們竟然連我們這些賣燒餅油條的都不如，這不是太奇怪了嗎？

當然，我們也不是發牢騷，而是平心靜氣地把問題提出來，誰能解決問題，誰就有真本事，不要搞空談。面對危機、進行危機防治，就得實事求是。記得曾有一位學企管的女教授對西方企業管理學ＭＢＡ就有疑問：在華人世界的企業經營中，ＭＢＡ到底有多少實用價值？華人在西方管理學發展之前早就有生意活動，他們那套方法可能不叫企管，但並不代表沒有用處。既然引進西方理論，還是要考慮它具有多少實用性？對於培養民族創造力有多少啟發意義？或者，這些理論其實早已在中國的商業行為中運用自如？甚至華人世界的遊戲規則根本不一樣，如果直接把西方模式套過來，豈不是成為企業發展的緊箍咒？這位女教授認為，既然英國女王都質疑那些頂尖專家的作用，我們更不要盲目地全盤吸收。試看華人世界的成功企業家，哪一個是因為精熟西方企管理論才賺大錢的？至於他們後來去鍍金弄學位的，有聽到他們說是因為精熟西方理論而脫胎換骨、賺大錢的嗎？沒有。

再者，我們好像不曾聽過哪一個企管大師能成功地經營一家企業，他雖然是企管領域的專家，但哪個老闆會放心把公司交給他經營？這都是很實際的問題。所以，我也在思考這個問題：為什麼西方標榜的專家和頂尖理論，在實際解決人類文明發展的大問題上，好像力量不夠，或者預測不準？即便有一兩次成功，也是瞎貓遇上死耗子。原因是什麼？我曾就此占問過，結果是益卦（䷩）初爻、上爻動，而且關鍵就在上爻。不能讓專業學問有效地服務世人，原因就在學問的有效性不夠，無法做出精準預測，並且在問題發生之後防範不周，導致危機擴大，最後束手無策。益卦上爻「莫益之」，不但不能利益眾生，而且「或擊之」，任由不可測的天災人禍襲擊人類。這些偉大的學術不能解決問題，其實就是「立心勿恒，凶」，「偏辭也」。有很多理論、預測是偏頗、不正的，而且是片面的。偏就不正、不全，不但不能益，反而如益卦上爻所示，根據這些學問在益卦下一卦夬卦做決策時，根本無法有效降低災難蔓延。那麼，初爻「利用為大作，元吉，无咎」，就代表芸芸眾生。上爻不能像第五爻無私無我，「有孚惠心」，反而自私自利。像西方列強很多研究機構就以國家或私人利益為優先，企圖控制整個世界，於是拚命印鈔票，造成糧價、油價、金價飆漲，以鄰為壑，這樣的作法絕對不是「有孚惠心」，當然會招致「莫益之，或擊之」的結果。

姤卦的卦中卦

姤卦的卦中卦很單純，其實只有兩個卦，因為跟夬卦完全類似，只是倒過來而已。我們說夬中有夬，夬卦中有兩個夬卦、三個乾卦。姤卦也一樣，姤卦中有兩個姤卦、三個乾卦。

姤中有姤告訴我們人生際遇微妙之至，一個牽引一個，是一連串的因緣帶動。人生想要「姤」不容易，可是不發生則已，一發生就是連鎖反應，意外一個接一個；就像我走在北京王府井大街上，都會碰到來自臺灣的學生；有時從街頭走到街尾，就有可能觸發改變人生幾件大事的機關。

姤中有姤是奇遇，引爆一個關鍵性的姤，有可能連續引發下面的姤；星星之火可以燎原，一個危機沒有處理好，就會引發連續的危機，所以要特別注意。決策之難，包括危機防治之難，道理就在這裡。姤卦不只有外面的姤，還有內部的兩個姤。這兩個姤卦是什麼呢？一個是初爻到四爻，一個是初爻到五爻。這個結構真是太微妙了！絕不能小看姤卦最底下那唯一的陰爻，一旦爆發基層鬆動的危機，情形很難想像。就像夬卦上爻的「无號，終有凶」，它也是夬卦之中三個夬卦唯一的陰爻，哭得連聲音都沙啞了。可見，夬卦和姤卦這種關鍵爻的變化，都是充滿能量的；同時更不要忽略它的卦中卦都有三個乾卦，要產生爆炸性、顛覆性的效果是極有可能的。姤卦是滅了之後新生，對正常體制一定會產生顛覆性的衝撞，若能在大破壞的關頭把危機變轉機，很快又站起來，這樣的破壞反而是有益的；正所謂舊的不去，新的不來，淘汰過時的、不利的東西，正好可以重組有利的因素。

所以，姤卦本身就是生生滅滅、滅後還可能生，我們要學的就是這個智慧。姤卦的這種滅有時是好事，一下子把舊包袱和多年沉疴摧毀，重新出發，用新思維建設新格局。西方經濟學家熊彼得提出「破壞性重建」的觀點，大破大立，正是姤卦的思維。像革故鼎新也是如此，若沒有革卦（䷰）的破壞，何來鼎卦（䷱）的重建？同理，不經剝極而復，哪來的新生？從卦中卦的角度來看，姤卦尤其是如此。

姤卦卦辭

䷫

姤。女壯，勿用取女。

姤卦卦辭只有六個字，跟夬卦洋洋灑灑十九個字正好相反。夬卦要累積五個陽，形成剛決柔的壓倒性懸殊格局，相當不容易；所以不能專斷獨裁，要集思廣益，吸收各方意見，然後還要戒急用忍，決定不疑。這就是「揚于王庭，孚號有厲。告自邑，不利即戎，利有攸往」，如此才能累積夬卦五陽對決一陰，把陰逼到牆角的實力。建設不容易，可是姤卦一個陰動了，就可能全部倒塌，而且快得不得了，這就是危機的破壞性之快。姤卦只要六個字，就能使整個局面不可收拾：「女壯，勿用取女。」

這和上經剝極而復的兩個卦有點類似。剝卦理論上是姤卦的危機擴大到不可收拾，五陰剝一陽，其卦辭僅僅用五個字──「不利有攸往」，就直接判了死刑。剝後重建是復卦，復卦卦辭二十一個字，它的重建和夬卦不同。夬卦的重建已經到五陽的程度，還要謹慎開會討論，不然必贏的局面可能變成必輸的下場。復卦才剛開始重建，尤其艱難，所以用二十一個字反覆叮嚀，就是要把剝卦的「不利有攸往」翻轉成「利有攸往」，其所進行的絕地大反攻不知要花多長時間：「亨。出入无疾，朋來无咎。反復其道，七日來復。利有攸往。」重建難上加難，破壞卻快得很。一個人要有所成就，不知要犯多少錯、經歷多少坎坷，最後才勉強維持住一個局部成就；而要中傷、破壞他的成果，有時只需一個謠言就可以把他擊垮。可見人生真的不容易。夬卦和復卦那麼長的卦辭，才能做好陽爻累積實力的建設，而姤卦跟剝卦僅五、六個字的卦辭就告訴我們，人要倒下，速度之快，危機立刻變成現實。所以《易經》強調爭分奪秒，要敏感感應變化之機，並在第一時間妥善處理，不然後果不堪收拾，這就是典型的「機」的概念。

接下來回到姤卦卦辭。「女壯」，指的是唯一的陰爻，陰爻謂女，就像「風落山、女惑男」（蠱卦䷑）這種不正常的接觸。姤卦是一個柔顛覆五個剛，故曰「女壯」。從卦象來看，「初六」這個陰爻在地下，但千萬別因為它那麼小、不成氣候就掉以輕心，要知道，它是見風就長，快得不得了。所以絕不能小看這唯一的陰爻，也就是說，任何一種負面徵兆都要戒慎恐懼，因為它遲早會「壯」，要趁它坐大變壯之前趕快處理。

對策就是「勿用取女」，在它還沒壯大之前，切斷它的聯繫，不要給它提供資源，否則就是養老鼠咬布袋。像慈禧太后就是如此。這些歷史上的女主其實都是帝王授予權力，而其中都有一個「姤」的關係，慈禧為咸豐精心設計一個不期而遇的機會，從此一路爬藤上去，影響近代中國長達五十年，操縱好幾個皇帝。她的發跡就是姤卦的路子，陰爻本身沒有資源，陽爻有；陽爻受到陰爻誘惑，有了姤的機會，於是一路取得權力，就像寄生蟲一樣，從陽爻汲取資源，慢慢壯大。

「勿用取女」跟咸卦正常少男少女的「取女吉」有別。什麼東西「勿用」呢？「勿用取女」。「取」就是接受。咸卦「取女吉」是正常、自然的感情，感情成熟就把她娶過來。可是，姤卦不是正常體制，娶過來可能有顛覆性的後遺症和破壞力，所以最好在第一時間切斷聯繫和供給，讓對方無法壯大。就像夬卦用五陽那麼強烈的陽光照著莧陸，莧陸生於陰濕的地方卻嚮往光明，希望跟名流建立關係，但一曝光就死。與其這樣，還不如一開始就「勿用取女」。

也就是說，人在受到外界誘惑和情欲衝動時，總會有些奇怪的臆想；如果在蠢蠢欲動時馬上克制，不讓它擴大，這就是「勿用取女」。「勿用取女」在上經情欲蒙蔽理智的蒙卦（䷃）第三爻也是如此。「六三」不中不正，「見金夫，不有躬」，一旦失控，理智屈從於情欲。所以蒙卦第三爻首先告訴我們「勿用取女」。如果「取女」，就馬上「見金夫，不有躬」。而且蒙卦第三爻爻變是蠱卦，結果就是敗壞。

「女壯，勿用取女」，這六個字已經道盡一切。從卦辭的角度來看，就是要戒慎恐懼，而且要盡快處置。就像大壩決堤，剛開始可能只是一個洞，如果不趕快補起來，水滿到一個臨界點就會潰堤。我們可以把姤卦看成是五層樓，一旦地基鬆動，上面五層樓的建築不就馬上塌了？過去每一次改朝換代，常因為老百姓被逼得無路可走，民心思變，等到成為姤卦的格局，即使上面有五個陽也沒用。

「女壯」就是「陰壯」，我們可以把它跟大壯卦的「陽壯」做比較；代表陰性的破壞力量很壯。我們可以把它看成是難以對付的敵人，不能掉以輕心；雖然它現在還不夠壯，但絕不可輕敵。老子也講得很清楚：「禍莫大於輕敵，輕敵幾喪吾寶。」因為陰性能量變化很大，占卦出現「六」的機率，是「九」的三分之一；陰爻是不輕易動的，一旦動起來，它的能量至少是陽爻的三倍，而且動盪不止。所以，陰要壯，只要一個陰就夠了；在關鍵地位的初爻一動，它的實力就會快速累積，成為「陰壯」，有先見之明的人就會明白這一點。可是，陽要壯，卻要累積四個陽才稱得上「陽壯」，並通過鑑定，成為大壯。也就是說，建設四個陽爻所花的心力，才勉強撈到「陽壯」的證書；而要搞破壞，只要一個陰的地下工作滲透顛覆，就可以搞定一切。

由此可見，《易經》對陰柔的爻有極高戒心，當然也可以說是最大的「讚美」。好可怕的女人！一個抵三個，但偏偏男人不能沒有女人，所以這個世界到底是誰在主宰？你看，幾千年前先賢就提醒要小心防範女人，「女壯，勿用取女」六個字，道盡一切。

姤卦〈彖傳〉

〈彖〉曰：姤，遇也，柔遇剛也。勿用取女，不可與長也。天地相遇，品物咸章也。剛遇中正，天下大行也。姤之時義大矣哉！

姤卦〈彖傳〉很了不起，它完全拋棄成見，不會固執認定姤卦是十惡不赦的壞事，而把她一竿子打死；它甚至歌頌姤卦，提醒人生要好好運用難得的機緣，在破壞中建設，把危機變轉機。因為人生的因緣常有非常之意義，雖然一時之間被煩惱、痛苦所蒙蔽，體會不到真義，但時間拉長了，便能了解它其實蘊藏著開展新格局的機會。姤卦的〈彖傳〉就有如此全面的觀點，甚至把地球上所有的生命演化和宇宙生成都歸功於「姤」的因緣。這就好比賁卦（䷕）〈彖傳〉，把賁卦提升到人文化成的境界，而不僅僅是虛偽的文飾包裝。將來的歸妹卦（䷵）也是如此。〈彖傳〉的寫法，絕對受到孔子的影響，想法開明，把很多事都參透了，才有這種胸襟、視野。就像作者說歸妹卦是天經地義的事，「歸妹」的衝動人人生而有之，何必說謊遮掩呢？善用這個力量，反而可以旋乾轉坤、化腐朽為神奇。睽卦（䷥）也是如此，「睽之時義大矣哉」，作者認為「睽」的用處太大了，不僅男女睽，而且天地睽。這些都是〈彖傳〉了不起的地方，如果沒有這些提醒，人生就會很狹隘，背很多包袱、習慣做偽君子。作者用健康的態度看待宇宙之間生生化化、陰陽互動的原理，沒有分別心，這就是〈彖傳〉了不起的地方。我特別點出這四個卦，並不代表只有這四個卦的〈彖傳〉是革經文的命、補充卦辭的不足。其實，幾乎六十四卦的〈彖傳〉都是「不可為典要，唯變所適」，皆有創新的觀點，不做經文的奴隸。所以，任何一卦都不能用固定的有色眼光定位吉、凶，要有突破的膽量。

我們看姤卦的〈彖傳〉。「姤，遇也，柔遇剛也」，「姤」就是「遇」，這和〈雜卦傳〉、〈序卦傳〉的說法是一致的，所有的「遇」都是姤的概念。所以我們對姤卦一定要有全方位的深入了解，不然人生萬一有不可測的「遇」，就會處理不好。「柔遇剛也」指的是陰柔的爻主導一切，在微妙的「遇」之前，主詞是「柔」，表示這個局是「陰」主控一切，而不是高高在上、只能被動防範的五個陽。所以姤卦的主爻、卦主就是初爻的「柔遇剛」。何況初爻也是兩個卦中卦所形成的姤卦初爻。不像夬卦的「剛決柔」，因為五個剛掌握了決柔的優勢，所以夬卦是五個陽決定陰爻的命運。可是姤卦二爻到上爻的五陽再強悍，只要初爻根基一動，就兵敗如山倒，也就是說，上面五個陽爻的前途完全取決於「初六」的民心向背，這就是「柔遇剛」：柔主控一切，可以遇五個剛，還可以各個擊破。各個擊破就是利用承乘應與的關係，一個是擋在前面的「九二」，陰承陽、柔承剛，關係不錯，可以誘惑「九二」，說不定能讓它投身過來，然後突破它的防線。姤卦「初六」如果不能突破「九二」防線，就無法往上發展，所以它當然要設法「遇」。搞革命的就希望「姤」，維持既有秩序的，就希望是「夬」。

「勿用取女，不可與長也」，「長」就是生長，「元者，善之長也」，不斷地成長。就因為「長」，一個陰就會壯大到無法控制。它是怎麼成長起來的呢？因為你沒有跟它劃清界線，它藉著陰陽互動，將你的資源變成它的養料；最後乞丐趕廟公，誰也管制不住。卦辭的觀點「勿用取女」，從陽爻來講並沒有錯；可是要理解姤卦，不能只有這個思考方向，還要「不可與長」。如果陽爻提供資源給陰爻，跟它一起成長，到最後就無法制住它，反被它取而代之。這種主客易位的例子很多。像中東地區很多跟美國勢不兩立的勢力，原先都是接受美國供養的。養老虎也是如此。小時候你們還可以一起玩，等老虎長大，只要有一餐沒餵好牠，牠就可能一口把你咬死，因為你已經制不住牠了。這正是司馬遷在《史記・項羽本紀》中所說的養虎遺患。一個火花就可能引發大爆炸，所以「不可與長」。

〈彖傳〉到這裡已經把卦辭「女壯，勿用取女」解釋完畢，講得合情合理，但真正了不起的是後面贊易的部分，要開始做翻案文章了。這就是傳的見識。易學發展到〈彖傳〉而集大成，用宏觀、多維觀點看待每一個情境，而姤卦的情境是：「天地相遇，品物咸章也。」講得這麼高！「剛遇中正，天下大行也」，也是正面的歌頌。「姤之時義大矣哉」，因為太複雜了，乾脆來一個結論，說明時機特別重要，可為善可為惡、可成可敗、可生可滅；機緣來的時候、危機爆發的時候，如何恰當處理的智慧太重要了。如果它是一個好機會，而你無法敏感察覺、有效掌握，一旦失之交臂，這輩子就沒有第二次機會了。因為在「姤之時」，你的「義」不對。如果它是危機，你卻麻木不仁，沒有解讀出「履霜堅冰至」的警告，結果解決問題的方案不對，不但沒有防堵危機，反而讓它坐大，就只好準備崩潰吧！這就是「姤之時義大矣哉」，反應時間很短，但人生勝負決戰點就在這裡。金融風暴最大的爆發點就是二〇〇八年九月十五日，事前慮事不明、事後防範不周，就造成連鎖的骨牌效應。「姤之時義大矣哉」，這句話就包括了一切成敗之機。《易經》常提醒要當機立斷、見機而作，其實都不是廢話，但偏偏很多人就是不信邪，錯過了機會，就永遠沒有第二次。

「天地相遇，品物咸章」，為什麼會突然提到那麼高的規格？姤卦居然也講「品物」，拉到像乾、坤二卦那樣的規格，可見過去把復、姤二卦當成乾、坤二卦之後的小父母卦，是有一定的道理的。乾卦〈彖傳〉說「雲行雨施，品物流形」，坤卦〈彖傳〉說「含弘光大，品物咸亨」；姤卦居然在「天地相遇」那一剎那，也帶來不同物種欣欣向榮的「品物咸章」。

「姤之時義大矣哉」，這樣的觀念其實已經深入人心了。時運很重要，時來運轉，時去運就沒了，任何人一生中多多少少有一段風光時期；走運時怎麼做都對，好像「自天佑之」，可是時間不會太長，這時候要是沒能好好掌握，就會失之交臂、一去不復返。唐代詩人羅隱有詩云：「時來天地皆同力，運去英雄不自由。」這正是「天地相遇，品物咸章」，時運一到，天地都站在你這邊，力量當然大得不得了；但是，「運去英雄不自由」，時運一去，任何事都由不得你。換句話說，時勢造英雄，時去了變狗熊；運去了，英雄也不自由。英雄造時勢的例子很少，絕大部分是時勢造英雄，所以大環境特別重要。這詩句可謂千古同聲一歎！但運也是隨時轉變的，太陽不可一家紅，哪有一天到晚都照你家呢？

「剛遇中正，天下大行也」，這句話說的是姤卦第五爻。「九五」剛遇中正，不管是時運或危機到來，姤卦君位領導人是麻痹不仁，還是反應靈敏、出手快速？剛的「九五」「遇中正」，就是遇到千載難逢的時機，若善加利用，就有可能「天下大行」，所向披靡，全天下都會隨之轉變。所以領導人要特別重視這個機會，因為這正是成功立業的好時機，即使危機重重，也有無限的可能。作為姤卦君位、陽爻的領導人，要怎麼回應、運用？運用得恰到好處就不得了，掉以輕心就會一塌糊塗。「九五」的佈局就是「天地相遇」，下卦巽為風，是天命的象徵，又跟運勢有關。像巽卦〈大象傳〉就叫「隨風，巽。君子以申命行事」。做事如果能順著天命趨勢，「隨風，巽」，乘風使帆，「天地相遇」，天時地利人和，那就是「品物咸章」；大環境的「天地相遇」將使萬事萬物從最粗糙到最精緻的、最低級到最高級的，統統都像開了花一樣，將內涵光輝全部彰顯出來。

另外，「天地相遇」也可以說是隕石撞地球，帶來外太空的生命。生命的種子掉到大海，就變成屯卦（䷂），生命就是這樣來的，「剛自外來而為主於內」。根據最新的科學理論印證，地球上生命的來源據說緣自外太空，外太空的生命種子則藉由隕石撞擊所帶來。隕石就是「天地相遇」。從外太空飛來隕石，一個毀滅性的災難反而帶來無窮生機，啟動了生物的演化。等到形成生態，隕石又來了，把地球上的霸主——恐龍等摧毀，這個生物就被淘汰了，新的生物便開始萌芽；金融風暴一來，很多百年老店一倒，反而催生了新興產業，「品物咸章」，又是一片欣欣向榮。就在「天地相遇」的剎那間，毀滅與新生同時存在。無法適應環境的生命，已經成為生命的障礙，自然會被消滅，讓適應力更強、更有智慧的生命嶄露頭角。這種滅滅生生，就是「品物咸章」。如果沒有經過重大撞擊的考驗，就無法激發一個生命體、一個組織、一個國家的應變能力；而且，若是經過撞擊而變得更強大，肯定也可以順便毀掉一些舊包袱。

姤卦〈大象傳〉

〈大象〉曰：天下有風，姤。后以施命誥四方。

「天下有風，姤。」風吹草動都在天底下。因為巽卦無形無象、很低調，反而要特別注意。《尚書》有云「四方風動」，表示每個行動都可能帶來深遠的影響。對於「天下有風」的危機，「后以施命誥四方」。「后」就是諸侯、一方之霸。天下大事都與生死存亡有關，任何隱微的徵兆都可能顛覆整個機體，不可輕忽；因此一旦四方風動時，為政者就要緊盯住它，注意民意動向。因為到處隱藏著危機，因此領導人一看苗頭不對，便「后以施命」，來不及稟報中央，就要自己馬上處理。姤卦這種注重黃金時間的危機處理，一定要講「后」，因為這是第一線、第一時間的負責人。以全世界來講，草菅人命的常是全世界的「后」，就像發生三一一地震後不能當機處理的日本政府，才會使得全世界都蒙受核災擴散的威脅。

後援力量若來不及，自己就要挺身作主。益卦第三爻就是這個概念，「益之用凶事」，「有孚中行，告公用圭」；遇到凶事時，不能等請示，當下就得做決定，用自己固有的資源做好危機處理。所以地方上的「后」特別重要，「后以施命」就是當下承擔作主，完事之後再盡到告知義務，因為地方上的危機很可能「不富以其鄰」。像金融風暴在一個地方爆發，可能隔幾天就蔓延到全世界；這邊海嘯，那邊馬上發佈海嘯警報。所以一個地區性的「后」、諸侯，第一要馬上下令，當下妥善處理；第二要通知天下四方提防，同時爭取後援。

可見，姤卦一旦「天下有風」，行為主體是「后」，「施命」是有效的處理命令。「誥四方」的「誥」是正式公文，讓四方警戒，看他們能不能派出國際救援。因為大家休戚與共，我這邊是災區，你們可能就是下一個災區。從古至今，資訊的速度都比實際行動要快，所以要搶時間。〈大象傳〉特別強調地區性的領導是決定危機管理的成敗關鍵，也決定區域問題會不會演變成全世界的問題。這一點很重要。

姤卦六爻詳述

初爻：懸崖勒馬

䷫

初六。繫于金柅，貞吉。有攸往，見凶。羸豕孚蹢躅。

〈小象〉曰：繫于金柅，柔道牽也。

姤卦「初六」是最重要的動盪因緣，爻辭也最長，影響深遠，爆發能量十足，絕對不可小視。爻辭所描述的，就是如何應對姤卦「初六」的動。

首先是「繫于金柅」，金代表堅剛，就像《金剛經》能把人生的迷惑和業障統統摧毀；若能修到金剛的程度，就擁有不壞之身，心智堅定、不受誘惑。「金柅」是指「九二」，把「初六」陰柔勢力對整個組織命脈的衝擊都繫在金柅上。如果繫好了，就可以「貞吉」，守住大局，避免「初六」坐大，讓危機得到有效管控。面對「初六」爆發的危機，同處下卦的「九二」首當其衝，而且他就在民間基層，必須第一時間就做出有效處置，不能請示上級。所以「九二」就是扮演制止「初六」帶頭衝下山崖的「金柅」。「金柅」就是以前馬車失控時使用的剎車器，一旦拉下金柅，製造摩擦，就可以產生一種阻尼效應（指任何振動系統在振動中，由於外界作用或系統本身引起振動幅度逐漸下降的特性，以及此一特性的量化表徵）。「九二」必須堅定不移，絕不能讓「初六」的「欲望街車」飆下懸崖，導致車毀人亡，否則「九二」就要淪陷了。「九二」爻變是天山遯（䷠）。

所以「九二」這道防線太重要了，要是沒守住，大家都得作鳥獸散。「九二」能擋住「初六」，就「貞吉」，災難不再擴大。不然就會讓「初六」這個破壞效應往前發展，而使「初六」「有攸往，見凶」。若「初六」勢如破竹，災難往外擴散，沒有控制在小範圍內，就會顯現「城復于隍」的凶象。「見凶」是說徵兆明顯，因為金柅失去效用，誰都能看到後果絕對是凶。也就是說，如果任由「初六」瘋狂發展，人就可能被欲望埋葬，凶象馬上出現。所以要懸崖勒馬，用金柅來剎車。

為什麼「繫于金柅」呢？〈小象傳〉說「柔道牽也」。「初六」就是「柔道」，具有破壞性、顛覆性。「九二」跟「初六」是陰承陽、柔承剛的關係，若要有效控管，就得犧牲自己，被「初六」的絲纏住，擋在前面，讓它過不去，但可保住後面四個陽爻的安危。這就是「九二」的貢獻——「柔道牽也」。

「牽」說明人生必有牽絆。因為人生總有罣礙，有罣礙就有恐怖、有顛倒夢想。夬卦「九四」「牽羊悔亡，聞言不信」是什麼滋味，可想而知。姤卦「九二」因有任務，不牽不行，正是「我不入地獄，誰入地獄」。要牽制「初六」，就一定要跟它產生緊密聯繫，不能避得遠遠的。

爻辭最後的「羸豕孚蹢躅」這五個字就寫得相當高明。因為蠢蠢欲動的欲望，沒有斬草除根，就有可能復發。「羸豕」指饑渴的瘦豬，胖豬表示欲望已經飽足；不滿現狀的饑民才會造反，高收入的既得利益者，神經病才去搞革命。姤卦初爻一動，光是派大批金柅去鎮壓，如果那頭豬饑渴瘦弱的狀況沒有改善，問題就不會徹底解決。中國歷史上很多朝代走到末期不就是如此嗎？之所以是「羸豕」，就因為沒解決它的饑渴問題。人的情欲饑渴也是一樣，長期欲求不足，就會想入非非。如果不能從基本面解決，讓它至少變成健康、正常的豬，反而變成了瘦豬，就會成為禍害。要知道，「孚」是與生俱來的生物情懷，你就是設一個藩籬很高的豬圈，把瘦豬圈在裡頭，它雖然沒法突破，逼急了還是會拚命；搞不好前仆後繼，一頭接一頭地撞下去，最後就會突破藩籬。這就是「蹢躅」——浮躁不安導致的後遺症；因為外面不解決問題，裡面就會一直找突破口。「蹢躅」的狀態非常像「其行次且」的「次且」，因為欲求不足而坐立難安。這就告訴我們初爻的力量之可怕，一時限制住，不代表永遠不會突破。因為它是「羸豕」。我們都知道，陰爻既象徵魚，也象徵豬，不要小看這個力量。人的修行也是如此，如何面對自己內心深層蠢蠢欲動的情欲，這就是「姤」；即使天天修行，還是「羸豕孚蹢躅」，隨時可能破戒。否則就不會有《西遊記》中的唐三藏了。要知道一個高僧還經常聽豬八戒的話，可見深層的欲望還沒修乾淨，隨時可能復發。姤卦跟復卦的不同就在此，復卦只一個陽就可以全面恢復光明，姤卦只一個陰就足以讓全局坐立難安——蹢躅。關鍵就是「羸豕」。

「羸」這個字在大壯卦第三爻、第四爻出現過，第三爻講的就是發情的公羊不甘被竹籬笆擋住，竭力往外衝，結果「羸其角」。「羸」就是長期資源不足，變得很瘦弱。人一瘦弱，欲求不滿足，就可能做亡命之舉。所以瘦豬最可怕，因為瘦豬沒吃飽，一定不滿現狀；一旦瘦豬增多，形成「瘦豬軍團」就非常可怕。以前講王道社會就是「內無怨女，外無曠夫」。曠男怨女是社會動亂之源，所以出家修行可以，但人數不能太多，最好「男有分，女有歸」。此外，井卦的「羸其瓶」是講用一個瓶子取水，到最後卻打破了，功虧一簣，這也是資源不足所產生的問題。

姤卦初爻的「羸豕」，其實正是夬卦第五爻「莧陸夬夬」的飼料不能滿足饑渴的現狀。把夬卦倒過來，夬卦「九五」跟「上六」陰乘陽、柔乘剛，這個不正常的關係就是姤卦「初六」跟「九二」的關係。「九二」最大的任務就是能不能有效滿足「羸豕」，不然「羸豕」絕對是禍害。莧陸草就是在夬卦、姤卦代表的陰曆三月到五月盛開，向陽花跟著太陽轉，但本身出身微賤，見光就死，生命很短暫。

二爻：肥水不落外人田

九二。包有魚，无咎，不利賓。

〈小象〉曰：包有魚，義不及賓也。

我們看姤卦第二爻：「包有魚，无咎，不利賓。」「包」一般指陽包陰，有實力的包沒實力的，像包蒙、包荒等。姤卦「初六」一旦萌生危機就很難斷根，能包就不錯了，那麼誰能包它呢？「九二」。所以「九二」就叫「包有魚」，「初六」就叫「繫于金柅」。對「九二」來講，「魚」就是「初六」。所以「初六」既是那隻饑渴的瘦豬，又是滑溜溜的魚，像太極圖裡的兩條魚，變化無常，不容易逮到。這就是陰性事物的特性。像剝卦已經陰得很嚴重了，第五爻「貫魚，以宮人寵」，還看能不能旋乾轉坤而「无不利」。魚跟豬都是陰爻的象徵，老子說：「治大國，若烹小鮮。」小鮮就是小魚。「鮮」字陰陽具備，魚陰羊陽。「包有魚」，就是撒網捕魚。「初六」象徵歡蹦亂跳的魚，「九二」若能有效防範，沒有漏網之魚，就能全在掌控中；就像把瘦豬圈住，讓他無法暴動突圍、危害外界。這是防範周嚴，再不就是安撫他們的情緒，讓這些魚、豬的抗議銷聲匿跡，這就是「包有魚」，危機處理成功。

危機發生，「包有魚」控制得當，沒有一條魚跳脫，所以无咎。「不利賓」，肥水不落外人田。賓是客，「九二」在危機防治第一線，就要全盤主導，不能等外人幫忙。就危機防治來講，遠水救不了近火，也解不了近渴。「賓」指「九四」中央執政階層，「九二」是地方防衛機構，「九二」能「包有魚，无咎」，「九四」來了也沒用。

〈小象傳〉說：「包有魚，義不及賓也。」「義」乃「姤之時義」，「包有魚」是快速有效地解決，所以輪不到「賓」來處理。「賓」的實力雖比「九二」強，但在時效上，「義不及賓也」，「九二」有絕對的主場優勢。如果說肥水不落外人田，在「天地相遇，品物咸章」是突然湧現的商機，那條魚可能是成功的機會，「九二」一定要壟斷獨佔，不管有多少魚全都包了，絕不能給客人吃。客人是「九四」，「九二」跟「九四」爭，「九二」如果「包」到了魚，「九四」就「包无魚」。這說明機會具有獨佔性，近水樓台先得月，千里迢迢趕去的沒機會。二與四同功而異位，有合作的層面，也有互相競爭的層面。總而言之，真正的角色是「九二」，「九四」一點機會也沒有。所以這就有排除第三者的味道——「不利賓」。我們在損卦（䷨）也講過，「姤」是一種不正常的關係，還是一種情，「三人行，則損一人；一人行，則得其友」。商場競爭，怎麼會把機會讓給別人呢？「賓」也有「客氣」的意思，要逮住機會就不能客氣，何況是在姤卦的危急存亡之秋。

四爻：遠離民意

九四。包无魚，起凶。

〈小象〉曰：无魚之凶，遠民也。

「九四」「包无魚」，落空了，「起凶」，越來越糟。沒包到手，機會沒了，或者危機擴大到無法處理。「九二」在「初六」爆發的第一時間做好危機管理，所以「包有魚，无咎」；「九四」是過了兩個爻才來處理，危機已經不可控制，「包无魚」，當然「起凶」。「九二」第一時間穩住局面，反而贏得民心，四爻動作太慢，又有很多官僚的身段，難免「包无魚」，讓百姓失望，一定「起凶」。

你看，〈小象傳〉的解釋多清楚：「无魚之凶，遠民也。」「包无魚」是遠離民意，完全不了解百姓在想什麼，盡做百姓討厭的事情，這就麻煩了。「九四」爻變為巽卦（䷸），是發號施令的象，但「九四」的發號施令無法解決實際問題，得不到人民支持，民心向背大勢已去，一定越來越衰。

三爻：夾心餅乾

九三。臀无膚，其行次且。厲，无大咎。

〈小象〉曰：其行次且，行未牽也。

接著是「九三」這個夾心餅乾了。姤卦「九三」比較好理解，因為夬卦「九四」倒過來，就變成姤卦「九三」。「九三」的性向有問題，屬於同志之愛，「臀无膚」，重要部位連薄薄的保護層都沒有，一捅就破。「其行次且」，「次」就是暫時擱著，「且」就是陽根，「其行次且」，再配上「臀无膚」，這個意象很清楚了。夬卦第四爻就等著「出櫃」，「牽羊悔亡，聞言不信」，可是夬卦「九四」爻變還是需卦（䷄），天生萬物並無罪，男女需求是自然隱私，可是在高層的夬卦決策階層若有這個問題，就比較麻煩。

姤卦三爻就是夬卦的「九四」，「臀无膚，其行次且」，它是比較特殊的性向，夾在四爻跟二爻中間。四爻跟二爻都是針對「初六」，性向是正常的，只是有的「包有魚」，抱得美人歸，有的「包无魚」，失戀、失婚，但至少它們都還是陰陽互動。可是「九三」不是，它是陽居陽位，跟夬卦「九四」陽居陰位不一樣，所以特別難過；不過，雖「厲」，「无大咎」。所以夬卦「九四」跟姤卦「九三」有同有異。姤卦「九三」不說无咎，而是說无大咎，也就是說無傷大雅。何況它又不像夬卦「九四」是屬於決策高層。

〈小象傳〉說：「其行次且，行未牽也。」「九二」跟「九四」都在爭取「初六」，「九三」夾在兩大之間難為小，絕對包不到「初六」這條魚。如果「臀无膚，其行次且」，根本就和「初六」無緣。夾在這邊，身份未明，既不是「包有魚」，又不是「包无魚」，進退兩難，尷尬得很。但也有好處，「行未牽也」。「九二」如果包到了「初六」這條魚，就有了包袱牽掛。有家眷的就是「柔道牽也」，沒家眷的光棍一個，就是「行未牽也」。所以「九三」得不到「初六」也不見得是壞事，至少不受牽制、沒有得失的計較。不像「九二」得，「九四」失，有輸贏、有冀望、有爭奪，有求就有「求不得苦」；有家眷者，家者，枷也，就帶上了枷鎖，有後顧之憂，不能「不家食吉」。「九四」是失敗者，當然更凶。人生的吉凶禍福不就是從「有」或「沒有」來的嗎？有也煩惱，沒有也煩惱。「九三」爻變是天人交戰的訟卦（䷅），面臨很多不友善的言詞。

上爻：絕無機會

䷫ 上九。姤其角，吝，无咎。

〈小象〉曰：姤其角，上窮吝也。

我們先看「上九」。「九五」是姤卦最難的一爻，也是「剛遇中正，天下大行」、「天地相遇，品物咸章」之體現，有大局觀、有全局監控的能力，懂得如何佈局等待千載難逢的機會，從容地將危機變成轉機。這個智慧最值得學習，且留待最後闡述。

姤卦「上九」什麼也得不到。姤卦如果是人生難遇的機緣、奇遇，二爻有，四爻沒有；三爻「行未牽」，「初六」是機緣本身。「上九」離「初六」所象徵的機緣太遙遠，既非承乘，也非應與，就連「九三」靠這麼近都沒份，「上九」憑什麼要有份？但是，從政治生態來講，一個卦六個爻，「初六」是基層民眾，「上九」是退休大老；「初六」是姤卦電光石火釀成的危機，讓「九二」、「九三」、「九四」、「九五」忙成一團，「上九」插不進手，所以完全沒有緣分，地球爆炸了都不會是它的。這就是「姤其角」，鑽到牛角尖，沒有多少發展機會——「吝」。吝也可能是文過飾非，找理由下台階。明明沒有發展空間，最後還遮遮掩掩，這正是「文口」之象——

吝。最後「无咎」，「吝」後面接「无咎」，有點罕見；「凶」後面接「无咎」的只有大過卦最後一爻：「過涉滅頂，凶，无咎。」「吉」後面接「无咎」的很多。姤卦「上九」在這一場逐鹿中，絕對是一無所得，沒有條件，遠之又遠，連第四爻都「遠民」了，「上九」更不用說，只能「姤其角」，沒有突破的空間；就像晉卦上爻「晉其角」一樣，太陽往上升，升到上爻就要進入明夷卦，日出轉日落，「初登于天」接著「後入于地」，進入黑暗，不可能再晉了，此時最好回頭整頓自己——「維用伐邑」。

「姤其角」說明即使湊上一腳，也絕對沒機會；可是，現實社會中總有這種湊熱鬧的角色。像美國基本上是兩黨政治，但每次選舉，總會跑出一個第三黨。那個湊熱鬧的小黨就是「姤其角，吝，无咎」，无咎也算滿意吧？畢竟曾做過總統候選人了嘛！

〈小象傳〉說：「姤其角，上窮吝也。」退休大老已成亢龍之勢，就是「上窮吝也」。注意「文口」之象，不以為非，總有漂亮的說辭，這也是人情可憫的地方。這個爻爻變正是非常現象的大過卦（䷛），姤卦已經不是正常體制的接觸，上爻更具足這個特性。姤卦中有大過卦的象，上爻可謂是完全被邊緣化了。姤卦是五個陽在一陰生之後所呈現的眾生相，每個人都希望爭取到最大利益，都希望趨吉避凶，「上九」的結果一定是如此。

講第五爻之前，先講一個姤卦動三爻跟上爻的占例。姤卦「九三」跟「上九」動，再沒有這麼好斷的卦了！三爻「臀无膚，其行次且，厲，无大咎」，上爻「姤其角，吝，无咎」，是不是絕對沒機會？若是危機，表示根本沒法好好處理；若是機會，表示絕對沒有你的機會。所以姤卦三爻跟上爻齊變就是澤水困（䷮），「遇姤之困」，就是困於機遇，或說懷才不遇，就是沒機會。

五爻：層層保護

九五。以杞包瓜，含章，有隕自天。

〈小象〉曰：九五含章，中正也；有隕自天，志不舍命也。

最後看第五爻：「以杞包瓜，含章，有隕自天。」爻辭寫得真好，寥寥十個字自有無窮的意義。「九五」位居中正，爻變為鼎卦（䷱），掌權後革故鼎新，即「剛遇中正」如何「天下大行」，「天地相遇」如何「品物咸章」。上卦是天，「九五」是天之中最具代表的位置；「初六」在下卦是最值得重視的位置。天地要如何相遇？如果「上九」跟「初六」永遠遇不到，而「九五」跟「初六」遇到了，就是「品物咸章」。「九五」作為全卦的領導人，掌握到民心向背、民間疾苦，絕對不會像四爻一樣失職——「遠民也」；但是從爻際關係來講，這兩個爻既非承乘，也非應與，無法直接接觸，要怎樣才能「天地相遇」？那就要通過「九二」這個介面來間接接觸。因為「九二」能夠有效地「包有魚」，可以掌握民意的脈搏、安撫群眾；同時「九二」跟「九五」相應，「九五」是君王，「九二」是地方長官；如果「九二」「包有魚」，還得歸功於「九五」，因為是「九五」派遣「九二」到地方穩住了「初六」。「九四」是中央大員，理論上他也要靠著應與關係緩和「初六」對體制造成的衝擊，可是「九四」「包无魚」，近在君側反而起不了作用。「九四」跟「九二」都是「九五」撒出去的網，雖然一個「包有魚」，一個「包无魚」，但「九五」佈下的天羅地網，只要有一塊地方能發生姤，其他地方落空也沒關係，魚還是在整個網羅中。

「九二」「包有魚」，就是「九五」用人的績效。領導人雖然一開始不確定哪一個「九二」會包到魚，但他的決策密不透風、滴水不漏，總會有人「包有魚」，這樣，「九五」就成功了。對「九五」來講，他不直接處理「初六」，只盯住「初六」，藉承乘應與的「九四」、「九二」做全盤佈局，到最後還是贏了。這就叫「以杞包瓜，含章」，「含章」也是坤卦第三爻的概念。坤卦第三爻的「含章可貞。或從王事，无成有終」就是坤卦〈彖傳〉的「含弘光大，品物咸亨」；而姤卦「九五」的「含章」，就是姤卦〈彖傳〉的「天地相遇，品物咸章」。

「含章」意指含蓄、表現低調，只有這樣的人耐得住寂寞，會耐心等魚上鉤，最終才能任大事、真正有大成就。隱忍含蓄而心中透亮，做事有章法，暗中做好嚴密的部署。這種韜光養晦的智慧，最後就如坤卦第三爻所說的「无成有終」，絕不在自己沒有任何貢獻的時候搶出頭，而且最後的成功還歸功於長官、領導，這種人絕對有終。坤卦第三爻「无成」才「有終」，如果總想著成功必在我，絕對沒有好下場。「含章」這種美德，爻變為謙卦（䷎），「謙亨，君子有終」，功成不居，必得善終。那麼，姤卦「九五」想要有好結果，領導人低調的同時，針對可能的機會點、危機點，做好部署、防範，任何時候都會有最快的訊息傳達到中央，讓「九五」當機立斷，這樣，只要一出問題，就可以馬上解決。

「含章」的目的就是等待「有隕自天」，準備的時間長，工夫紮實，至於隕石何時會從天而降，帶來重大衝擊、產生新事物，那是一剎那的事。這就說明，準備工作費時很久，真正的實戰卻一下子就決勝負。所以，「九五」只有先做好充分部署，機會總是留給做好準備的人；做好準備的人，就容易逮到「有隕自天」的機會一舉成功。機會很難創造，只有事先充分佈局，機會一出現，成功就在我手。俗話說「時勢造英雄」，英雄很難造時勢，有準備的人，時至而不失之。

任何行業、任何領域，都要有姤卦「九五」高瞻遠矚、全面佈局的智慧。當然，「九五」還要判斷哪個區塊最有可能是隕石掉下來的地方，就在那裡做好準備；此外最重要的一點就是，你的部署要保密，因為你的對手可能也在部署。

以杞包瓜

嚴密的結構佈局就是「以杞包瓜」，這是《易經》更深奧的植物學；透徹的自然觀察，比「莧陸夬夬」的意義還深，只是過去很多解釋都錯了。「杞」跟「瓜」其實是一個植物的共生結構。兩種不同的植物生長在一起，互相利用，就是「以杞包瓜」。共生的關係越早，越能應付危機或突然出現的機會；團結就是力量，這是一般人都明白的道理。

過去有人把「杞」當做是高大的喬木，這個解釋純粹是關在書房的想像，沒做過田野調查。杞的種類很多，但都是低矮的灌木，跟人差不多高。「以杞包瓜」的生態主要分佈在華北，江南也略有一些。二〇〇二年我在山東曲阜孔府就親眼見過，但現在已經砍掉了，本想補一些照片給大家看「以杞包瓜」是怎麼回事，但現在連標本都沒有了。那時孔府進門右邊的庭院就有「以杞包瓜」的活標本。樹長得像傘一樣，枝條跟藤蔓糾結好幾層，形成複雜的結構，瓜就長在裡面，被藤蔓枝葉綁住。估計瓜種子是被鳥或風吹到杞樹苗上，隨著杞樹生長，瓜也慢慢長大結果。大自然真是太奧妙了，枝葉參差的杞樹，對瓜形成層層保護，加上藤蔓纏繞，完全就像「繫于金柅」，也像菟絲花繞松樹。瓜熟之後，不管是人是鳥，想摘想啄都插不進手，看得見卻吃不著，就算突破第一層，還有第二層；「羸豕孚蹢躅」，怎麼也吃不到。這種奇妙的生態，代表佈局要早，在種子的時候就要先找到安全堡壘，然後互利共生糾纏在一起。對杞樹而言，這瓜就是它獨佔的專利。記得當時我試著伸手摘瓜，結果連手都伸不進去。這就是姤卦「九五」「含章」的部署，瓜代表機會，也就是「初六」。所以「初六」既是「包有魚」的魚，又是「羸豕孚蹢躅」饑渴的瘦豬，又是「以杞包瓜」裡甜美誘人但容易潰爛的瓜。在縱橫交織的嚴密部署之下，不管「包有魚」或「包无魚」，「九五」都是全盤主控。「以杞包瓜」就是對「包有魚」、「包无魚」的控制，一旦佈局好了，他就可以高枕無憂、金屋藏嬌。姤卦不是外遇的象嗎？別人就算猜到或看到了，也抓不到。然後「有隕自天」，等到可以揭秘時，這瓜就可以吃了。「九五」等的就是機會成熟的剎那。

〈小象傳〉說：「九五含章，中正也；有隕自天，志不舍命也。」舍就是捨棄，命就是天命、大形勢。人主觀立定的志向，一定要判斷精準、研究透徹，如果你要這個瓜，但現在還不能吃，而在等待瓜長大的過程中，一定會有很多競爭者；如何防護周到、等待機會自然成熟，讓機會最終一定是你的，那麼，造勢的工夫就有非常高深的智慧了。開花的時候是「有隕自天」，破瓜的時候也是「有隕自天」，前面「包瓜」的階段，就要做好佈局。這就是「志不舍命」。立志不能偏離天命、時機，所有的損、益一定要在泰極否來中進行。志比天高，違反、偏離天命都不行。根據天命可能的範圍去規劃設計，才能功不唐捐。

人志與天命之間的對話無比重要，整部《易經》其實就是人志與天命的對話。人志不能偏離天命，不然勞而無功；但天命不會明確告訴你在哪個點、哪個區塊、哪個平台，人必須以長期耕耘進行「以杞包瓜」的結構式佈局，等到瓜成熟了，機會一定是你的。期間還要「含章」——保持低調、埋頭耕耘。這就是人志與天命的正確關係。若沒有天命的形勢，偏離自然法則，再怎麼努力也白費。所以，志要不捨離天命，「有隕自天」就是你等待多年的機會來了。姤卦「九五」爻變為鼎卦，鼎是掌權，一旦機會成熟，就可調和鼎鼐。所以，前面的佈局準備周到，只要機會來了，一定是我所擁有，因為我已做好充分準備。這就是姤卦的「九五」。

「以杞包瓜」的事例——金屋藏嬌

「以杞包瓜」是《易經》創作者從豐富的植物生態學習的智慧，用來比喻深謀遠慮、長期佈局，說明機會是留給充分準備的人。

當然，除了國家大事、企業經營外，姤卦就是男女之間的不倫之戀。「以杞包瓜」也包含金屋藏嬌的意象。金屋是沒有任何新聞記者可以突破的，即使突破這一層，那一層又堵住了。金屋藏嬌典故出自漢武帝，皇后阿嬌是他一起長大的表妹。《漢武故事》記載：

> 膠東王數歲，公主抱置膝上，問曰：「兒欲得婦否？」長主指左右長御百餘人，皆云「不用」。指其女曰：「阿嬌好否？」笑對曰：「好，若得阿嬌作婦，當做金屋貯之。」長主大悅。乃苦要上，遂成婚焉。

《漢武故事》以此史實為基礎，講述一個青梅竹馬的美好童話：館陶長公主抱著小劉彘（即漢武帝劉徹）問：「彘兒長大了要討媳婦嗎？」小劉彘說：「要啊！」長公主指著左右侍女百餘人問劉徹想要哪個？小劉龑都說不要。最後長公主指著自己的女兒陳阿嬌問：「那阿嬌好不好呢？」小劉龑就笑著回答說：「好啊！如果能娶阿嬌做妻子，我就造一個金屋子給她住。」長公主非常高興，於是數次請求景帝，終於定下這門親事。

金屋藏嬌的典故流傳下來，但陳阿嬌做了皇后之後，因久無子嗣，漢武帝另寵新人，陳皇后便日漸冷落了。這個故事只讓人們看到金屋藏嬌、情意綿綿那一段，但後來「金屋」變成「冰箱」。可見，男人的話不可信。卓文君和司馬相如不也是如此嗎？卓文君為了司馬相如這個窮書生私奔，為他去開小店，但司馬相如功成名就時，卓文君就開始守活寡。於是卓文君寫了一篇〈白頭吟〉，讓司馬相如想起當年的恩愛。但我想，這感動大概也就維持一、兩個月而已。

這下我們明白了，原來「以杞包瓜」還有這個意思。

占卦實例1：九二一大地震的徵兆

一九九九年初，我算臺灣全年的運勢，為姤卦「九四」爻動，爻辭稱：「包无魚，起凶。」〈小象傳〉解釋：「遠民也。」似乎指臺灣當年會爆發重大危機，而中央執政者的處理失當，援救過遲而引來凶患。爻變為巽卦，在卦氣圖中相當於陰曆八月之際。結果發生九二一大地震，正是陰曆八月，讓人想起臨、觀二卦所提到的「至于八月有凶」。當年執政的國民黨危機處理失宜，喪失民心，半年後的跨世紀大選落敗，失去江山。地震一般難以有效預測，而易占卻不意之間辦到了！

其實危機處理不當，痛失大位的還有宋楚瑜的中興票券案，第一時間沒講真話，越來越陷被動，連、宋兩敗俱傷，陳水扁漁翁得利，造成了第一次的政黨輪替。

占卦實例2：謝長廷註定敗選

二〇〇八年「三二二」臺灣大選，民進黨候選人謝長廷承陳水扁弊政之累，選得很吃力。選前數日，我問其勝算？為姤卦四、上爻動，齊變有井卦之象。姤卦「九四」爻辭：「包无魚，起凶。」〈小象傳〉批：「遠民也。」「上九」爻辭稱：「姤其角，吝。」〈小象傳〉批：「上窮吝也。」這太明確了！肯定敗選，一點機會都沒有，後來果然大敗。

占卦實例3：二〇一二臺灣經濟困頓不堪

二〇一二年初，我問臺灣全年的經濟情勢，為姤卦三、上爻動，齊變有困卦之象。姤卦「九三」爻辭：「臀无膚，其行次且．厲。」「上九」爻辭：「姤其角，吝。」內外困頓，難覓出路，可說完全料中。

出類拔萃——萃卦第四十五（䷬）

精英薈萃，花團錦簇之象

第四十五、四十六卦是萃卦、升卦（䷭）。萃字上為「艸」，是植物的象，也是花團錦簇、熱鬧非凡的象；而且不是一般花草，是出類拔萃的精英。精英的「英」也是指植物的精華。落英繽紛，指的就是花。

萃卦的植物意象和前面學過的幾個卦不一樣。像屯卦（䷂）的「屯」是小草破土而出的象，所以冬春之際生機萌發時，就是屯卦的月份。然後是蒙卦（䷃），由「屯」而「蒙」，幼苗慢慢長大，「蒙」是草亂長，不像屯卦兩片清新的小葉子剛冒出來。賁卦（䷕）則是花開得很燦爛、嬌豔欲滴。開花後結果，就是剝卦（䷖）上爻的「碩果不食」。結果之後，生長階段面臨結束，接下來就是復卦（䷗）的種子等待一元復始、代代相傳。如此才能終而復始，生生不息。

此外還有解卦（䷧）的「百果草木皆甲坼」，一場大雨後，種子外殼裂開，露出裡面的核心種子。解卦前面的蹇卦（䷦）最後一爻，就有剝極而復的意象；假象剝除了，核心真理才顯露出來。

「往蹇來碩」的「碩」，就是剝卦上爻「碩果不食」的碩；「來」就是復卦「七日來復」的「來」，也是解卦「其來復吉」的「來」。把這些意象統和起來，所以蹇卦要講「反身修德」，把外面的假象剝除，五蘊皆空，才能度一切苦厄。萃卦則是花之精英，又漂亮又帶有華貴之氣，跟前面那些卦的象徵意象不大一樣。

女性與老人的魅力

《易經》對於草木鳥獸的描寫，就像《詩經》裡先民對自然生態、動植物生態與人情變化，都下了很深的觀察工夫。夬、姤二卦對植物生態就有深刻的觀察。夬卦（䷪）第五爻「莧陸夬夬」，莧陸跟姤卦（䷫）的「羸豕孚蹢躅」相關；夬卦五爻、上爻倒過來就是姤卦初爻、二爻。莧陸是在夬卦跟姤卦的節氣——陰曆三月跟五月之間開的花，這是《易經》非常了不起的地方，從自然法則歸納出來的智慧，傳達小宇宙、大宇宙的訊息。像姤卦的「以杞包瓜」，就藉由杞跟瓜互利共生的複雜結構，說明不管有多少美好的東西，都要含苞等待恰當的時機；只要「有隕自天」，就盡情綻放。姤卦第五爻爻變為鼎卦（䷱），革故鼎新，產生新的命運。

我們曾經就不同年齡、性別所呈現的特色、魅力，進行一系列的占問，看看《易經》的審美觀如何？女人的魅力為何？就是姤卦第五爻的「以杞包瓜，含章」，含蓄內斂；「有隕自天」，時間到了就綻放，瓜熟蒂落、水到渠成；爻變成嶄新的火風鼎。女性的魅力在姤卦卦辭跟〈彖傳〉也都有體現——「天地相遇，品物咸章」，「剛遇中正，天下大行」，「姤之時義大矣哉」；「女壯，勿用取女」，「柔遇剛、不可與長」。看到這樣的卦象有什麼感想？很顯然，女人的魅力表現在不可預期、不按常理出牌，前面有「含章」的階段，但是到了該開放時自會開放，很有趣。

關於老人的魅力為何，結果是夬卦初爻、四爻、五爻動。夬卦初、四、五爻「貞悔相爭」，齊變為升卦（䷭）。老人的魅力確實不同！夬卦是累積豐富的經驗，老人可以用豐富的經驗幫助年輕人做決策；而且外卦是兌，和顏悅色、從容審慎，懂得戒急用忍，不像年輕人那樣衝動，也願意聽取各方意見，一旦做了決定，就一定要成功，因為夬卦包含必勝的意思在內。爻變為升卦，當然有正面的結果，這是因為夬的決定正確。三個動爻中，夬卦初爻「壯于前趾，往不勝為咎」是年輕人容易犯的毛病；老年人比較冷靜，時機未到，絕不衝動。第四爻「臀无膚，其行次且。牽羊悔亡，聞言不信」也是如此。最重要的是第五爻，第五爻「莧陸夬夬」，決而又決，考慮再考慮，就是等待出手的最佳時機，妥善處理跟「上六」的關係，做出恰當決定，最後獲得最好的結果。所以初、四、五爻這三個爻表現在老人的生命特色上就是如此。俗話說「家有一老，如有一寶」，寶就在這裡。夬卦有書契之象，生活經驗就是書契，有絕對把握才出手，這就是老的好處。

姤卦不可預期，就如女人一樣很難揣摩；夬卦很嚴謹，冷靜決策，就像老人做事很穩當一樣。《易經》這樣看老人和女人，很有意思！

上海作為國際金融中心的卦象

再有一個跟姤卦有關的例子。很多人認為，假以時日，形勢消長，中國金融業前程可期，未來中國將有一個城市會成為國際金融中心；而最被看好的兩個城市，一個是有相當基礎的香港，還一個就是上海。這個議題是我二〇一〇年在常州講學時遇到的。上海潛力無窮，香港有現成的基礎，到底哪一個勝算大些呢？常州靠近上海，學生們當然先問上海，結果就是姤卦動三個爻，二爻、三爻、五爻「貞悔相爭」。姤卦代表機會，上海確實有機會。第五爻動，就是「以杞包瓜」，從種子就開始佈局，「含章，有隕自天」，「姤之時義大矣哉」，時機一到，就發展成紅紅火火的鼎卦，這是姤卦第五爻。還有第二爻的「包有魚」，這個機會就非常大了。「无咎，不利賓」，「義不及賓也」，可見機會還是壟斷的，對香港不利。加上第三爻，確實很有希望。最重要的是，「九二」跟「九五」相應，也就是中央跟地方相應，二、三、五爻齊變是火地晉（䷢），旭日東升，「自昭明德」。晉卦卦辭為「康侯用錫馬蕃庶，晝日三接」，上海為康侯，中央給它很多資源和優惠，「遇姤之晉」，潛力無窮。

《易經》中談到「遇」的卦和爻

「姤」是不期而遇，有「遇」的概念。《易經》談到「遇」的還有哪些卦、哪些爻呢？

最多的當然是睽卦（䷥），睽卦最重要的就是「遇」。二爻「遇主于巷」，上爻「往遇雨則吉」，四爻「遇元夫」，還有三爻〈小象傳〉的「遇剛也」，都包含天風姤的概念，透露出睽卦中豐富的人際關係——睽中有遇、睽中有復、睽中有見。與姤卦相綜的夬卦中也有「遇」，第三爻「獨行遇雨」。夬中有遇，就是有姤象，「獨行遇雨」就有非常時期的特殊接觸——私下談判。姤卦中也有夬象，就是「有隕自天」，電光石火般的機會突然從高處而來，「天地相遇」讓整個生態都改變了。

睽卦的「遇主于巷」，就是撇開外界監控或形式束縛，兩個重要的人私下晤談，有時反而可以解決一些實際的問題。這就是姤卦的私下接觸。要知道在任何組織中，按照公開、體制內的途徑解決問題，有時會有所不足，那就需要體制外的管道，也就是夬、姤二卦合起來，看能否把事情解決得最圓滿。尤其是睽卦第二爻爻變是噬嗑卦（䷔），在「噬嗑」的情況下，更要避人耳目，藉私底下的接觸，說不定更有利於合睽。《易經》真是看透眾生相，把古今中外放諸四海而皆準的人情、人性特色，完全教給了我們。像「遇主于巷」這種不拘形式的密談，在現代社會到處都是。以世界史來講，有很多歷史大事的解決就是「遇主于巷」，是在小巷子裡、甚至廁所中談定的。像二戰時期，盟軍反攻西西里的計畫，就是幾個將軍剛好都在上廁所，大家放開了束縛，就特別有創意，你一言、我一語，作戰計畫就敲定了。這就是遇的巧用。

除了睽卦，同人卦（䷌）也有遇。同人卦的卦中卦（二、三、四、五爻和二、三、四、五、上爻）就是姤卦，而且有兩個。第五爻「大師克相遇」，是不是理所當然？「同人」之中有兩個「姤」，這是什麼意思？人海茫茫，你要「同人于野」，不分男女老少，不分各國人等，你會有很多遇的機會，所以要儘量地「出門同人」，如果把自己鎖在裡頭，誰也遇不到。既然有可能遇到各種各樣的人，那麼就大膽地開拓人脈，開展人生機遇。俗話說「冤家路窄」，那麼多人，怎麼你們偏偏就碰到了呢？同人卦裡同樣有很多機緣。第五爻既是同人卦中的姤卦第五爻，也是第六爻。如果是第六爻，就會失之交臂，如果是第五爻，那就太好了，「天地相遇，品物咸章」，氣象一新。

換句話說，同人第五爻「先號咷而後笑，大師克相遇」包含兩種可能性，一是姤卦第五爻，結果絕對好；一是沒有可能性的姤卦第六爻，但第五爻可能強過第六爻。這樣了解之後，如果人生想要有新的機遇，就要勇敢走向群眾，多多接觸，機會才會降臨。

聚散無常

萃卦是精英相聚的概念，精英則因為出類拔萃。出類拔萃典出《孟子》，孟子說：「聖人之於民，亦類也。出於其類，拔乎其萃。自生民以來，未有盛於孔子也。」孔子是聖之時者，故能出類拔萃。

姤卦是人海茫茫中不期而遇的機緣，因為有緣，就會聚在一起；精英與精英也會同類相聚。萃卦就是「聚」，但人生有聚就有散，聚散無常，相聚之後有朝一日一定會散，聚極轉散，就是萃卦第六爻的概念。萃卦第六爻是典型的「天下沒有不散的宴席」。生命也一樣，「精氣為物」，那是聚在一起；有朝一日「遊魂為變」，肉體就散了。聚散是必然的，所以有生離死別、生老病死。萃卦也是了解人情非常重要的卦，喜怒哀懼愛惡欲都在其中。萃卦和咸卦（䷞）、恒卦（䷟）、兌卦（䷹）就是《易經》有名的四大情卦。

萃卦之聚，相聚時歡樂，離散時悲傷難免，這是人情的鐵律、宇宙的法則。有聚有散，關鍵在如何看人生的聚散。像《水滸傳》中梁山泊一百零八條好漢來自四面八方，大家都有相似的遭遇，有被官府迫害，有為生活所迫，皆是不得已而被逼上梁山，最後落草為寇，大家在一起大碗喝酒、大塊吃肉，這就是典型的萃聚。聚義廳就是義氣相投，聚在一起。這些人本來散居四方，可是他們有緣一起上梁山，這是「姤」；聚在一起變成新的精英團隊，這叫「萃」，然後隊伍日漸發展壯大，對當時的宋朝政府造成很大的威脅，這就是「升」。但是，梁山好漢一旦被朝廷招安，再被派去打其他的農民起義軍，最後一個一個被消耗掉，這就是散；死的死，傷的傷，出家的出家，梁山也變成廢墟，這就是萃卦最後一爻的人生況味，人情在那個時候如果不夠堅強、達觀，那一關就會很難過。

萃卦表現人情的六個爻都很有意思，各種情緒的表達應有盡有，心裡又充滿了期待。連〈彖傳〉都說「天地萬物之情」是「觀其所聚」。人聚在一起時最容易表現人情，尤其他們之間要發展非常密切的關係，這個關係能不能持久？要多久的磨合期？都很重要。像《水滸傳》裡個個都是一方之霸，他們為什麼還能排座次，而且相處無間，形成穩固的團隊？精英萃聚，一般都是誰也不服誰，一定有一段磨合期，因為他們沒有團隊配合的經驗。如果相處沒問題，通常就會造成「升」的成績，團隊競爭力非常強。

〈序卦傳〉說：「姤者，遇也。物相遇而後聚，故受之以萃。萃者，聚也。聚而上者謂之升，故受之以升。升而不已必困，故受之以困。」這就是姤、萃、升的卦序發展，我在前面已經具體分析了。在人生過程中，遇到重要的人，人生方向很可能就整個改觀了。相遇是姤卦的機緣，有緣相萃聚，就有機會讓整體向上提升。

精英相聚、人文薈萃，往往會形成很強的往上成長的氣勢。萃卦是從每個不同來源萃取精華，聚集在一起，再經過一段時間的磨合，然後形成新團隊。這樣一個新團隊當然很有競爭力，所以造成升卦的高度成長。可是，升卦之後是困卦（䷮）——「升而不已必困」，姤卦提供機緣，然後是萃卦的聚集，造成升卦的成果，但所有的成長都有極限。以開發資源為例，能源危機就是很好的例子。像石油就是萃取而來的，把早就埋在地層中的有機能源萃取提煉出來應用於工業，造就了近代文明飛躍式的成長。照講，這是無可厚非的，但它也把儲存億萬年的能量，消耗在高度的經濟成長中。像石油經過上百年開採，已經開發殆盡，總有一天會枯竭；而且石油對大氣造成的污染是很難料理的。如果不能開發比核能和石油更安全、乾淨的能源，那麼文明該如何往下發展呢？所以這種成長極限，便導致人與自然之間的極度失衡，人類社會勢必招致很大的困境，這就是「升而不已必困」。科技文明的成長對人類而言，是吉是凶、是禍是福，《易經》早就從夬、姤、萃、升、困的卦序中，把答案告訴我們。如果陷入困卦的處境，石油供應不上，核能不敢開發，又沒有新能源及時開發出來，三、五十年之後，人類應該怎麼辦？回到過去是不可能的，困卦之後是井卦（䷯），所以要開發潛在資源，而且那種資源是清新、沒有問題的。一旦開發出來，整個世界就變了，那就是革命的革卦（䷰）；革故鼎新，又是一個新世界。如果便宜、無污染的新能源被開發出來，而且取之不盡、用之不竭，那麼人類社會就可以幾千年、甚至更長時間都不必再擔心能源問題。

《易經》的卦序就是把種種可能的變化都告訴我們。換句話說，升卦雖然看起來不錯，其實裡面還是隱藏著危機，因為升卦有泡沫化的跡象。二〇〇八年的金融風暴不就是由姤而萃、由升而困嗎？泡沫一旦破碎，升卦的榮景就會變成困卦的困局。

人生的第二春

上面是從能源危機、生態污染的大角度來看幾個卦的卦序發展。我們再從小一點的範圍，譬如人情，來分析這幾個卦。夬卦長期累積的負面情緒，一旦攤牌、決裂，再長久的夫妻也會分手、離婚；接下來就是姤卦。「姤」是新的際遇，但姤卦的不期而遇始終是體制外的、枱面下的，隨機且不穩定。如果夫妻兩個在夬卦分手，他們又會因為「姤」而遇到新的對象，如果考慮建立感情的第二春，就會重組家庭，那就是萃卦，聚在一起，朝夕相處。這就是「夬」之後產生新的接觸，「姤」了之後又覺得非正式的相處不妥，於是又想重組家庭，再造婚姻。原先的兩個傷心人，就像《水滸傳》中的各路英雄一樣，在原來的地方跟舊關係決裂，不容於官府、不容於家鄉，萬般無奈被迫上梁山，卻遇到很多新朋友。道理其實是一樣的。

人生的第二春——再婚，就是萃卦的概念。萃卦的條件就非常嚴苛，因為大家都經歷過第一次婚姻的痛苦；從咸、恒二卦開始如膠似漆、天長地久的生活，沒想到還是出現夬、姤二卦的舊怨新歡。所以萃卦會格外審慎，卦辭的但書也是高規格的，比第一次婚姻從咸卦的少男少女到恒卦的老夫老妻，心思複雜多了；沒那麼純粹，也沒有那麼理想化。咸卦是「亨，利貞，取女吉」，簡單直接，但萃卦的卦辭超長，比婚後生活的恒卦卦辭還長，因為傷心人別有懷抱，一朝被蛇咬，十年怕井繩，這就是萃卦的前提；任何不能滿足要求的，寧缺勿濫。有了前車之鑑，再嫁再娶的條件就多了，不僅要情投意合，還會考慮麵包、飯票，以及長久相處的家庭生活問題。所以萃卦的情不像咸卦那麼純情，更不像兌卦是無條件的愛，必須靈與肉，精神、物質缺一不可。這就是萃卦的特色。對照卦序那段過往經歷，就應該懂得萃卦為什麼這麼複雜，不到檔次寧可不要「萃」。如果第二春順利發展，兩個人的人生就將展開一段新的高峰，創造出比過去更美的生活。難怪曾有學生占問《易經》最美的卦是什麼？答案就是不變的萃卦。先前有人以為是色相充滿的賁卦，結果卻是精英相聚、出類拔萃的萃卦最具美感。

大起大落

自萃卦開始，隨後的升卦（䷭）、困卦（䷮）、井卦（䷯）、革卦（䷰）、鼎卦（䷱），連著六個卦都有一個共同性，那就是大起大落，變化非常快，有時甚至會超出負荷。超負荷就是大過卦（䷛）的象。所以這六個卦裡面都有大過卦的「非常」之境，不好受。萃卦的大過卦在三、四、五、上爻構成的卦中卦，而且是在萃卦高層。萃卦的上卦本來就是精英中的精英，再加上「六三」是地方上的精英，也就是說，要想成為精英，不知要經過多少次淘汰，這恰恰會造成許多精英階層的身心超負荷。像那些所謂的明星學校，經常有學生跳樓；職場新貴過勞死的也不少。他們擔負太多來自父母、師長或社會的期許，壓力超負荷，所以維持平衡變得非常重要。

升卦是高度成長，但這種高成長的動力卻後勁不足；最初從零開始時可能有幾倍的增長率，但隨著需求飽和，還要維持這麼高的成長速度就不大可能了，因為成長的動力引擎漸漸慢了下來。像過去臺灣也曾有過兩位數的經濟增長率；日本、歐美各國也是如此，但如今每年能維持百分之一、百分之二的增長率就不錯了，有時還會負增長。這就是由萃而升，升到一定程度就到達極限，馬上就陷入困境。此時，如果還是因循守舊，難免重蹈覆轍，必須尋求新的技術、新的觀念，唯有突破，才有可能革故鼎新；一旦惰性日增，高成長所帶來的隱憂就會爆發。

升卦中有大過卦的象，物極必反，道理很簡單。要知道，高成長不是正常現象，而是非常現象；所以「升」中必有「大過」之象。當今世界經濟過熱的現象造成很多後遺症，衝太快了，這樣的升就未必是福，可能是禍。升卦中的大過卦之象是從一開始就出現的，初爻到四爻構成的卦中卦就是大過卦。也就是說，我們人生從幼時的考試、升學開始，再到成家立業，都擔負著相當大的壓力。升卦從初爻開始爬升，其過程之辛苦可想而知。其後的困、井、革、鼎四個卦都一樣，在具體的卦中再詳細闡述，這裡就略微說一下。像困卦三爻到上爻構成的就是大過卦。而困卦這種一籌莫展、山窮水盡的人生局面也不是常態，很多人在困境中不堪負荷，但也有人能超越困境、成就非凡。井卦初爻到四爻也是大過之象，要開發新資源並不簡單，還不能半途而廢、功虧一簣，轉型和研發的過程都是「大過」的考驗。革、鼎二卦更是如此，革卦二爻到上爻是大過卦。革卦是「元亨利貞」的卦，需要革故鼎新，當然有非常的大破壞，然後創造新局面，所以革命也是非常之舉。鼎卦代表政權，鼎盛的局面中自然暗含「大過」之象，所以初爻到五爻就有一個大過卦。

可見，從萃卦開始，我們就進入連續六個暗含「大過」基因的卦；大起大落、大死大生，淘汰率相當高，能過關是很不容易的事。

培植精英

當今資訊科技需要隨時更新，這種高精尖的科學技術行業，是知識密集型的產業，同時也是資本密集型的產業，和傳統拚人力的勞動密集型不同。資訊科技之後，就是生物科技或遺傳工程，那就更不在話下了。

萃卦的錯卦為大畜卦（䷙）。萃卦能造成升卦的成長，升卦的錯卦是无妄卦（䷘），與大畜卦相綜，萃卦和升卦也是相綜。我們剛才講這些高精尖的產業，不管資訊科技還是生物科技，都需要很高層次的知識和智慧，是跟心有關的。大畜、无妄二卦就跟心有關，无妄卦前面的復卦（䷗）是見天地之心，是一元復始的核心競爭力，也是講心。上經自第二十四卦復卦開始告別靠肌肉等軀殼蠻力，變成靠心智的創造力。然而復卦之後的无妄卦，就告誡我們起心動念不能有妄。要知道心力不可思議，如果用心有偏，隨之而來的无妄之疾、无妄之災就很可怕。而且心病無藥可醫「无妄之疾，勿藥有喜」。復卦之後，一直到坎卦、離卦的文明建設，都只有心才辦得到，光是物的層次是辦不到的。若從腦容量來講，其他動物也不像人類可以學那麼多東西，所以不是腦容量的問題，而是心的緣故。大畜卦〈大象傳〉就說「多識于前言往行，以畜其德」，什麼東西都可以往裡面裝，沒有庫存的極限，這就叫「大畜」。大畜卦就好比現代的晶片，小小一片，不知道可以裝多少訊息。佛經講須彌山可以裝在一個芥子之中，就是如此。跟大畜相錯的萃卦，也是充滿心智的精神力量，而且是提煉再提煉的精粹。

由大畜而萃、无妄而升，讓我們對知識密集且資金密集的現代高精尖產業有了了解，尤其剛才講的生物科技，涉及到遺傳基因，那又跟復卦有關。那麼勞力密集的產業就是坎卦（䷜）。八卦中的坎卦（☵）又稱勞卦，辛苦勞累半天，還是在饑餓、貧窮的邊緣。

另外，萃卦也跟教育有關，但有別於一般的普及教育或特殊教育，而是屬於精英教育。由幼苗開始的是普及教育，現在的義務教育就是如此；一枝草一點露，一視同仁，再窮的孩子都可以免費上學，這是屯卦、蒙卦。但之後到高等教育，就不是所有人都上得去，那就是萃卦，是刻意培植的精英教育。大陸對小孩的教育從小就很重視，若有特別突出的小孩，就稱為「某某苗子」，要加以刻意培養，假以時日就是「尖子」。「尖子」就是萃卦，量小質精。兵法講「兵無選鋒則北」，如果軍隊裡沒有精銳，一定打敗仗。戰爭不能以量取勝，如果沒有特種部隊、特殊兵種，就很難在複雜的戰爭環境中取勝。像間諜也是「萃」，一個間諜需要嚴格的專業訓練，一旦投入工作，就會給組織、國家帶來大量利益。但這樣的間諜並非人人可為，必須百中挑一、萬中挑一，甚至更難。這就是萃卦的特殊考量。

萃卦的卦中卦

關於萃卦的卦中卦，上文已經講過萃卦中有大過卦的象，然後初、二、三、四爻則構成剝卦（䷖）。剝卦「不利有攸往」，很痛苦、有風險，因為淘汰率太高。萃卦就像剝卦的刀鋒一樣，一旦萃得不好，反而帶來很多痛苦，聚的時候可能很歡樂，散的時候就痛苦不堪。這就是萃卦中的人情之剝。就像《紅樓夢》的大觀園，既有熱鬧歡聚的時候，也有魂斷離散之時。曾有同學問：情是何物？答案就是不變的剝卦，不怕死的就來！真可謂「直教人生死相許」。「萃」中有「剝」就是初、二、三、四爻形成的象，累積一生的努力，可能一下就被剝光了。

還有二、三、四、五爻構成的漸卦（䷴）。漸卦是雁行團隊，萃卦是精英團隊，都是循序漸進。「萃」中有「漸」象，說明不管你是誰，如果離開過去的團隊，組成新團隊，就要尊重新的團隊，講究團隊精神，遵循新的規則，也需要循序漸進、慢慢磨合。不然再好的精英團隊也無法萃聚戰鬥力，追求萃後的升。如果是人生的第二春，第一次婚姻帶給你很大的痛苦，第二次婚姻就更要小心翼翼，不然還是可能出問題。

上述是四個爻的卦中卦，還有五個爻的。首先是初、二、三、四、五爻構成的觀卦（䷓）。萃聚在一起的個個是好漢，產生的效用真是蔚為大觀。其次就是二、三、四、五、上爻構成的咸卦（䷞）。「萃」中有「咸」，說明人聚在一起時更可以看透人情。如果不是聚在一起的精英團隊，大家個性中的弱點就不會顯露，彼此的關係也不會進入更深的層次；人際關係因為摩擦而生出的種種恩怨、愛恨也不會浮現出來。萃卦六個爻人人都帶著感情，喜怒哀懼愛惡欲的人情困擾無一能免，彼此失和或派系林立，都是萃卦最傷腦筋的。所以，「和為貴」就是萃卦的要義，因為裡面含有人皆有情的咸卦。即便是再婚的第二春，同樣也有感情的困擾，甚至像少男少女一樣熱情，一定要注意控制。

天下沒有不散的筵席

天下沒有不散的筵席，這一點在萃卦上爻的爻變中是可以明顯看到的。萃卦聚極轉散的上爻爻變是否卦（䷋）；否卦「否之匪人」，可能人天永隔，從此互不通氣。從人氣火熱的萃卦，歡樂無限的局面一旦變成否卦，有時就是生離死別、各散東西。所以這個爻真的是痛苦不堪、一把鼻涕一把淚，非常悲情。但悲情不能挽回事實，由「萃」變「否」，如燈熄火滅，整個動力都沒有了，天地不通氣。這就是萃極（聚極）轉散的象，從「人」變「非人」，人天永隔。

弘一大師李叔同在出家前曾寫過一首〈送別〉的詩，頗合聚極轉散的象：

長亭外，古道邊，芳草碧連天。晚風拂柳笛聲殘，夕陽山外山。天之涯，地之角，知交半零落。一觚濁酒盡餘歡，今宵別夢寒。

韶光逝，留無計，今日卻分袂。驪歌一曲送別離，相顧卻依依。聚雖好，離雖悲，世事堪玩味。來日後會相予期，去去莫遲疑。

這首詩最後就提到「聚雖好，離雖悲」，人生有聚必有散，再久的關係也會分離，父母、親子、夫婦總有分離的一天。即使是同林之鳥，大限來時還是各自飛，這是殘酷的現實，人情在這裡還是很難取捨。很多宗教就想讓人超脫這些悲苦，這些悲苦堪稱「大過」，是很難負荷的。

不過，弘一大師的詩是有意境的，「聚雖好，離雖悲」，我們都要好好品嘗、玩味這人生的基本況味，何必陷在其中愁苦不堪？人生本來有樂就有悲、有生就有死，這是再自然不過的，何不從此超脫？「世事堪玩味」，李叔同玩味的結果就是後半生跟前半生完全不一樣，他選了最嚴格的律宗出家；一旦決定出家，原先的老婆想見最後一面都不能。遲早要分離，決絕時又何必遲疑、猶豫呢？

萃卦與比卦的差異分析

我們曾經就二十一世紀《易經》的發展占問過，結果是不變的萃卦。也就是說，在這個世紀，

《易經》有很好的發展機遇。《易經》作為中國文化最精粹的部分，堪稱經中之王，啟動後世諸子百家的百花齊放。

萃卦有精英薈萃的概念，跟比卦（䷇）相比又有不同。萃卦（䷬）中的兩個陽爻是實力中心，不像比卦是一言堂。比卦唯一的陽爻又是居於君位，擺明了是比卦中的老大。萃卦的兩個實力中心是「九五」和「九四」，形成分庭抗禮的局面，另外四個陰爻跟「九五」、「九四」之間根據各自的承乘應與關係來往交通。上爻是退休大老，「九五」是君位，「九四」是高幹統治集團，屬於精英領導；下卦是坤，屬於廣土眾民。這個組合就如孫中山先生所說的「咨爾多士，為民前鋒」。精英領導群眾的象，就是萃；群眾運動也是萃。帶著某種訴求的運動，一定有「帶頭大哥」和「二哥」，這裡頭也可以看出很多人情世故。「九五」、「九四」之間可能鬥得很厲害，也可能真是精誠合作，這就是萃卦的關鍵；不像比卦只有一個實力中心，相對而言較單純。萃卦的一山有兩虎，就可能組成不同的派系。

那麼，萃卦跟比卦相比，到底哪一種格局更好、更合理？假如《易經》在二十一世紀是「萃」，代表百花齊放，不會獨尊一家；可能有「九五」這個優秀的核心，可能也有很多的「九四」。萃卦六爻全變的錯卦是大畜卦（䷙）。萃卦跟大畜卦的共通性就是從各方面萃取資源，然後集合成新的有機體。這就是集大成或一以貫之，因為它不只是一個來源，而是由好多來源萃聚而成。像《水滸傳》梁山泊那麼多英雄，到最後「九五」還是只有一個，最早是托塔天王晁蓋，後來是及時雨宋江；其他的就是一堆「九四」，彼此再各自建立「五」跟「四」的關係，達到一種平衡。這是萃卦跟比卦相較，明顯佔優勢的地方。二十一世紀《易經》的發展是不變的萃卦，也代表讀《易經》不能只限定某一時代、某一個人的作品。每一個人的講法各不相同，這才是各路英豪萃聚，而使《易經》大放光彩。比卦是一家獨大，只有一個標準答案；但學問是活的，《易經》集中華文化之大成，本身就不是一家可以撐起來的，需要吸收各方面的精華，這才是萃。

萃聚而升不來也

〈雜卦傳〉說：「萃聚而升不來也。」〈易傳〉解釋萃卦都是一個「聚」字，核心的精英分子，帶領願意跟隨的群眾，像滾雪球一樣越滾越大。精英分子如何號召群眾呢？從萃卦的卦象就可以看得出來。下卦是坤，是群眾；上卦是兌，兌卦口才很好，說出的話有感染力，可以讓人心悅誠服、忘勞忘死，甘願犧牲奮鬥、生死相隨。

所以，萃卦就是以兌卦的兩情相悅，吸引坤卦廣大的群眾追隨，並產生難以估算的發酵效應。所以，想要做萃的人，一般都要有兌卦的本事，能說會道，長於雄辯，還不能長得太差，「外貌協會」也很重要，至少要讓人賞心悅目。自古以來，面對群眾運動時所有的理論都不適用，老百姓要聽最樸素的道理，而不是高深的理論，用平常的話語動之以情，就像豫卦（䷏）一樣。掌握人情，才能產生萃聚的效應。

那麼，「升不來」是什麼意思？「來」是指爻的運動往內、往下。復卦七日來復的關鍵就是回過頭來深探內心、掌握核心競爭力，這就是「來」的方向；往內反身修德，重視生命內在的主宰。「往」就是往外追求功名利祿、榮華富貴。升卦是拚命往外追求高成長，不像復卦那樣重視「來」

的向內反省和探討，所以，升卦常會泡沫化。升卦和復卦最明顯的差異就在這裡。

升卦最大的隱憂就在初爻。升卦初爻是建立在負債累累的基礎上，跟泡沫一樣是虛的。「升不來」就已經提醒我們，雖然眼前不斷成長，但要注意它的基礎是鬆動、空虛的。泰卦跟升卦的差別就在初爻。泰卦初爻是陽爻，有厚實的基礎資源，當然國泰民安。升卦初爻看似風光，風雲際會，其實是跟銀行貸款或借外債呈現出來的繁榮假象，而且還拚命追求增長率，忽略資金成本的隱憂。所以人在升的時候，要提防隨時可能泡沫化。金融風暴未爆發前明顯就有升卦的象，幾百兆美金的交易其實都是數字遊戲，世界上根本就沒有那麼多錢，初爻本來就是虛的。

從卦象上看，升卦的第二爻到上爻跟泰卦完全一樣，唯一的不同就是初爻。這就產生了極大的區別。泰卦初爻為陽，基礎雄厚，國泰民安是很有希望的；升卦初爻為陰，本身就是虛的，在這個基礎上建立的更是空中樓閣、海市蜃樓，當不得真。升卦本來是一個成功的模型，時機一到，資源不夠就得募集資金、人才，組成團隊發展事業。從姤卦的機遇、萃卦的資源聚集，確實有「升」的可能；然而，借來的資金是有成本的，有利息負擔。如果在「升」的時候一路往上飆，可能不覺得嚴重，利息也付得起，直到「升而不已必困」的時候，已經沒有獲利，初爻還是虛的，整個事業發展還是建構在債務的基礎上，那就危險了。這就是升卦跟泰卦不同的地方。

升卦的弱點就是這樣，一般人以為升卦是青雲直上，卻忘了初爻為虛，所以警告你「升不來也」，提醒你要設法填補初爻的空虛。很多人埋頭拚發展，忘了自己的實力是建立在陰爻的基礎上，一旦出事，也沒有盈餘填實初爻，公司馬上面臨破產、倒閉。這就是升卦「升不來」最重要的意思。

所以，升卦的智慧就是教我們一邊借力使力發展，一邊降低對外來資源的依賴性。我在講蠱卦一章時就提到有名的三世說：據亂世、升平世、太平世。「據亂世」是蠱卦，「升平世」就是升卦，「太平世」就是泰卦。「升平世」和「太平世」的差別就在民間基層，還沒有完全還政於民。從蠱卦的亂世到升卦的升平和泰卦的太平，就是各變一爻所產生的變化。蠱卦（䷑）上爻爻變就是升卦，「據亂世」要變成「太平世」，中間一定有個過渡，不可能從蠱卦直接到泰卦，要循序漸進，一個一個階段來。由蠱卦變升卦，是在亂世撥亂反正、幹父之蠱，才有了「升平世」。蠱卦上爻「不事王侯，高尚其事」就由封閉而開放、由威權而自由，那就是「升平世」的升卦。可是「升平世」還沒到「太平世」，要從升卦變成泰卦，必須初爻所代表的基層民眾擁有真正的實力，藏富於民，還要有參政權，這才是真正的「太平盛世」。由此可見，「升平世」的民間還不夠殷實，人人富裕的社會理想，必須到「太平世」才算真正落實。

關於「升不來」，很多《易經》注本完全沒講清楚到底是什麼意思，胡扯一通而已。要知道〈雜卦傳〉可說就是《易經》的結論，把所有理想統統融會其中，一定要研究透徹。〈雜卦傳〉提出「萃聚」的概念，因為萃的要求是高規格的，物質、精神都要配合，軟實力、硬實力缺一不可，如此才有出類拔萃的頂尖表現。

另外，我們要注意，在〈雜卦傳〉中：「大畜，時也；无妄災也。萃聚而升不來也。」這四個卦相綜、相錯，連成一氣，就有相反相成、觸類旁通的意思。萃卦的錯卦是大畜卦，從各方面將資源集中在一起；升卦的錯卦是无妄卦，要消除妄想妄念，防止泡沫現象。這四個卦在〈雜卦傳〉中聯為一體，有其特殊的意義，值得細細研究。

萃卦「亨利貞」，欠「元」

萃卦也是一個有「亨利貞」而欠「元」的卦。因為萃卦是一個談人情、感情的卦，情的境界可以很高，但畢竟沒有「元」；就像蒙卦一樣，感情蒙蔽理智，核心創造力不能彰顯。咸卦、恒卦、兌卦同樣是「亨利貞」，沒有「元」。在上經中類似這樣的卦還很多，離卦、同人卦都是。萃卦跟情有關，一堆精英聚在一起，能不能相處無間，產生一個足以服眾的領袖——「元」，正是問題所在。所以在萃卦六個爻中，要特別注意「九五」跟「九四」的矛盾。「九五」不一定能服眾，但他能做精英團隊的領導人，領導這麼多豺狼虎豹般的一流高手，其實是派系妥協的結果。精英團隊的精英來自不同的山頭、派系，這些人誰也不服誰，最後產生的領袖通常不是超一流的精英之最，而是大家勉強可以接受的二、三流「滷肉腳」，所以萃卦沒有「元」也是情有可原。在派系林立的萃卦環境中只能如此，不能奢望像比卦的「九五」那樣一呼百諾。

萃卦「亨利貞」沒有「元」，到了升卦時，「元」終於出現了。萃的時候「元」是誰還在各方角力、合縱連橫；到了升卦，為了成長，就得「元亨」。這一點跟同人、大有二卦有點類似。同人卦沒有「元」，「同人于野，亨，利涉大川，利君子貞」，因為同人還是刀光劍影，最後得有「大師克相遇」的人靠實力取勝，之後就是大有卦。大有卦「元亨」，「元」就出來了。這就是卦辭的脈絡分析。在學習《易經》的同時，一定要思考這個問題，不然學到的《易經》永遠是膚淺、平面的，無法深入義理內涵。

不過，萃卦的「亨利貞」跟一般的「亨利貞」又不一樣，它有兩個「亨」，這就是萃卦的特色。我們接著看卦辭。

萃卦卦辭

䷬

萃。亨。王假有廟，利見大人，亨，利貞。用大牲，吉，利有攸往。

萃卦卦辭首先是「亨」，而且萃卦有兩個「亨」，這是其他卦所沒有的。所以萃要求的就是亨通。「亨者，嘉之會也」，大家聚在一起交流很舒服，各自之間的障礙也不存在。「王假有廟」，「假」音「格」。「利見大人，亨」，第二個「亨」出來了，層次不完全一樣。被亨通籠罩的萃卦，是很舒服的。「用大牲，吉」，「大牲」就是用牛做犧牲。古代祭祀用牛最貴，屬於最高檔的祭祀。也就是說萃卦不能省錢，高科技產業更是要燒錢，因為它不只是「王假有廟」的精神理念（知識密集），還要有很多錢財運轉（資金密集）。物質因素就是「用大牲」，代表物質條件非常豐厚。要爭取精英加盟，就不能用一般規格，但前面一定要有「王假有廟」；就像「第二春」，再嫁的人要求的就不只是感情的「王假有廟」，而要看你有沒有存款、有沒有大牲？有物質保證，才「利有攸往」。當然精神在先，但光有愛情，沒有麵包也不行，這就是萃卦卦辭大致的意思。

萃卦亨通，因為精英、機緣、人文薈萃而造就了亨通。但精英聚在一起，還是需要一個領導人，那就是「王假有廟」。「王」即領導人，他本身要有聚眾的理念、中心的信仰，用以聚集群眾，使之追隨。這就有點像廟會。在鄉野社區，聚會場所通常都在宗廟附近，再不然就是祠堂。宗廟或祠堂就代表信仰、理念，大家聚在一起就為了某一個理念，然後成為同志；同志萃聚的精神力量就是「有廟」。觀卦卦辭中「有孚顒若，盥而不薦」，說的就是祭祀時端莊肅穆，有人主持祭祀，一大堆人聚集起來觀禮。萃卦也是如此。在宗廟祭祀活動中，大家集中心智、凝聚情懷，用共同理念指引前行。組織、團體、黨派都有創業理念，像共產黨的共產主義、國民黨的三民主義，都以共同信仰聚集眾人，願意為黨的事業拋頭顱、灑熱血。「王假有廟」就是核心理念，如果沒有核心理念，就不可能有萃的凝聚力。

有了廟，就有一個領導人，就像宗廟代表王權。「假」字我們強調很多次了，這是一個假借字，意義深刻，是一種感格上蒼的動人力量。領導人要能使團體的核心信仰構成吸引力，這是「王假有廟」的力量。我們看到廟宇中的神像雖然都是泥塑木胎，但因為它是神的化身，自然有感人的力量，使人們頂禮膜拜。這就是「假」的作用。除了「假」，還要「至」。通常領導人要親自參與，既有動人的理念，又有確實的執行力。「王假有廟」真把《大學》「致知在格物」的意思說透了。精神與物質、理念跟實踐充分結合，就是「格（假）」。這是萃的核心，很重要。

卦辭接下來就是「利見大人」，再次強調君位的重要。萃聚在一起的好漢，來自五湖四海，每個人都有了不起的來頭，但現在因為共同的命運拴在一起，這樣的團隊不是個人出風頭的時候，總要有一個出眾的領導人。德望聚眾就是「大人」。萃卦利於見到大人，「萃」就有機會、有規矩了，產生制度化，成為真正的精英組織，其結果當然就亨通，這是第二個亨。萃本身就亨通，加上有信仰、有理念，又有領導人，萃的力量進一步強化，所以又有第二個層次的亨通。換句話說，如果光是這些人萃，沒有出現服眾的大人，大家鬥來鬥去，山頭林立，再怎樣的精英也是一盤散沙，就不會有第二個「利見大人」的「亨」了。

「利貞」，有了「亨」就要信受奉行，「貞者，事之幹也」，固守正道才能產生利益。人要對自己的理想、理念負責，服從團隊紀律，執行領導決策，不能個人化。這些東西都具備了，就要有相關的祭祀活動，祭祀需要犧牲享受，還要用最高規格的供品。領導人要執牛耳，「用大牲」，就得用最大的牛。春秋時期諸侯會盟也是萃，大家聚在一起討論國際紛爭，需要大國帶頭，其實就是前面的夬、姤二卦。「夬」是定期會議，「姤」是臨時會議，然後就是「萃」，產生會盟的領導人。這時「用大牲，吉」，絕對不能小氣，要花大錢，「用大牲」配「王假有廟」，這樣一來神滿意，人也滿意，風雲際會中達成某些共同信守的承諾，然後大家分頭去幹。「利有攸往」，利於根據既定主張往前奮鬥。這是萃卦的全部意思。

萃卦不像損卦，損卦（䷨）因為資源不足，需要控制成本、緊抓效益，所以「二簋可用享」。「享」也是祭祀時的犧牲享受，損卦只有二簋就可以拿來祭祀，不在乎祭品的規格，而在乎祭祀時「懲忿窒欲」的清淨心。所以，在損卦時就不要打腫臉充胖子，二簋就可以用享。但在萃卦的時候，聚集各方資源，物力豐厚，該花的錢就要捨得花，要用最高規格——「用大牲」，這和損卦是不一樣的。萃卦絕不能小氣。有人說，曾國藩代表的曾氏兄弟殺人如麻、愛才如命，但也揮金如土。萃卦就是要揮金如土，不然湘軍何從組建？一般規格的待遇吸引不到好人才，就是這個意思。

萃卦〈彖傳〉

〈彖〉曰：萃，聚也。順以說，剛中而應，故聚也。王假有廟，致孝享也。利見大人亨，聚以正也。用大牲吉，利有攸往，順天命也。觀其所聚，而天地萬物之情可見矣！

「萃，聚也」，所有〈易傳〉講萃卦都是一個字，就是「聚」。聚散無常的聚，同時也是聚集資源、聚集人才的聚，把各方面的資源聚到一起，累積「升」的機緣。「順以說」，「說」即「悅」；「順」指下卦坤，「悅」指上卦兌。「順以悅」說明萃卦是喜樂的事。「剛中而應，故聚也」，「剛中」指君位「九五」，既是王，也是大人的位置。「九五」中正，陽剛居上卦之中，「而應」指居於下卦坤核心位置的「六二」。「六二」、「九五」中正相應與，這兩者是萃卦滾雪球般聚集資源的核心，聯繫非常緊密。「故聚也」，其他的爻都是因為他們的聯繫而依附、吸收過來。

「王假有廟，致孝享也。」這是解釋卦辭。「致」字左邊是「至」，右邊的偏旁就像一道坡，促使左邊的字根加把勁，全心全意、毫不保留地把「至」推到最高點。就像「致良知」一樣，人人都有良心，當良心偶爾出現時，修的人就要抓住機會，將它推擴到極點。「致孝享也」，「享」就是祭祀，全心全意投入祭祀。「孝」字上面是「老」字頭，下面是子女的子。下一代奉養上一代就是孝。出現「孝」字，這也是萃卦很特殊的一點，而這麼平常又重要的字在《易經》裡面，也就出現這麼一次。「致孝享也」，萃卦非常重視與祖先的聯繫，宗廟祭祀都是後代祭祀前一代；講究血緣或道統一脈相傳的關係，把孝發揮到極致就是萃。熱情奮發的豫卦（䷏），也跟祖先崇拜有關：

「先王以作樂崇德，殷薦之上帝，以配祖考。」撥亂反正的蠱卦（䷑），初爻也談到「幹父之蠱，有子，考无咎」。可見，「致孝享」是很重要的觀念。人要飲水思源，不管是血緣、法緣還是道緣，不管有多大的創造力，都有一個繼承的來源。人來自天地、父母、祖宗，也來自民族文化，這就是「王假有廟」。所以信仰、信念很重要。

「利見大人，亨」，隨著出現有影響力的領導中心，大家就有了凝聚力，然後形成一個堅強的團隊。領導人帶領大家實踐共同的信仰，當然亨通。「聚以正也」，萃是以正道相聚，如果剛開始聚的時候是道義之交，到後來變成利益之交，那麼凝聚力就很難長久。「聚以正」就是解釋卦辭「亨利貞」。

「用大牲吉，利有攸往，順天命也」，這些人聚在一起，當然有共同的使命感，利用團體的力量開創奮鬥。這樣的形勢因為順天命，所以發展順利，要大牲有大牲，要人才、理念、技術、資金等都有。形勢一片大好，就不要辜負天命，趕緊好好幹。

「觀其所聚，而天地萬物之情可見矣」，聚到最後，所有的人情都徹底表現出來了。咸卦是「觀其所感，而天地萬物之情可見矣」；恒卦是「觀其所恒，而天地萬物之情可見矣」；萃卦則是「觀其所聚，而天地萬物之情可見矣」，這都是最精彩的贊易部分。「觀其所聚」，觀卦（䷓）的「觀」出現在很多卦中。人生天地間，第一個就是要觀，觀佛家所謂的六根——眼、耳、鼻、舌、身、意；接觸佛家所謂的六塵——色、聲、香、味、觸、法。觀之後還要想，觀世音、觀自在、觀我生都是觀察；自然觀察、人性觀察、人情觀察都在其中。「觀其所聚」就是人情觀察，因為萃卦不是一盤散沙，聚在一起的人都有共同信仰，又是各行各業的精英，但人總是「方以類聚，物以群分」，任何團體都有小派別，這是萃卦要竭力克服的問題。在萃卦的時候決不允許小圈圈、小派系、山頭林立，如果誰也不服誰，就無法萃聚核心創造力。孔夫子過世後沒有接班人，門下弟子山頭林立，最後儒家分成八派，這都是人情所致。萃卦就有人情的問題，天地萬物之情當然包括人情，因此我們也要觀察他們聚在一起如何相處？有沒有鬥爭？有沒有嫉妒？什麼都得觀察，否則就很難看出人情的真相。所以，咸、恒、萃三卦最容易觀天地萬物之情，包括人情在內。

人情之難，以萃卦為甚。人是群居動物，不可能離群索居、單打獨鬥；但是要萃，過團體、組織生活，每一個人都是刺蝟，一群刺蝟想靠在一起取暖，結果是你刺我、我刺你，這就是萃卦的矛盾之處。有才華的人一般都很難相處，文人相輕，誰也不服誰。要知道萃卦的領導人只有一個「九五」，派系山頭「九四」到處都是。萃卦二爻、三爻、四爻互卦為艮（☶），「九四」居山頂，這就擺明了山頭林立，特別難搞。「觀其所聚，而天地萬物之情可見矣」，什麼毛病都掩飾不了，完全表露出來。

萃卦六爻的共性

萃卦六個爻除了充分表現人情，還有一個就是，萃卦每個爻辭都強調同一個觀念——无咎，這也是六十四卦中唯一的一個。《易經》的終極目標就是追求无咎，比吉凶還受重視。所以人要萃，不管哪一個爻，是基層還是高層，最重要的是追求无咎。為什麼呢？第一，不要互相責怪，否則馬上就影響感情、互相傷害；第二，人聚在一起難免犯錯、起衝突，一樣米養百種人，只有互相容忍，「无咎者，善補過也」，為了共同的信仰奮鬥，就不能排除異己。而萃卦每一個爻都強調无咎，就是考慮人情最容易有咎，所以它要我們念茲在茲，在任何狀況下的萃，心中永遠要想著无咎；正如〈繫辭傳〉所說：「懼以終始，其要无咎，此之謂《易》之道也。」

六爻皆言无咎，這就是萃卦的特性。就像六個爻皆不言凶、厲、悔的謙卦一樣，六爻非吉則利。謙卦的特色在幾千年的易學傳統中是研究重點，但萃卦的特色卻鮮有人提，這是很可惜的。

萃卦〈大象傳〉

〈大象〉曰：澤上于地，萃。君子以除戎器，戒不虞。

「澤上于地，萃」，這是萃卦的卦象。「澤上于地」指水面比地面略高，這個象比較適合荷蘭這個國家。荷蘭是典型的低地國，國土有一半以上低於或與海平面等高，所以要修建海堤來保護。照講兌卦應該是在坤之下的，但因為「澤上于地」，水位較高，所以一定要修堤防，以免釀成災害。像過去黃河經常氾濫成災，而且泥沙淤積嚴重，日積月累，河道高出陸地，唯一的應對辦法就是加高河堤。中國歷朝歷代為了治理黃河不知花費多少人力物力，也沒能根治。不少傳聞說，黃河邊上的開封城下面還有好幾個開封城，等到哪天把它開「封」了，才知道究竟有幾層。換句話說，萃卦潛伏很大的殺傷力，所以卦中卦有大過卦，又有剝卦的象，道理就在這裡。因為「澤上于地」，即使築堤防也不一定保險，要是水位暴漲，還是會淹過來；而且築堤也非長久之計，因為地不會往上長，河道卻會往上高。

「澤上于地」使大河邊的人家常有威脅感，因此他們就要聚集群眾修築堤防，捍衛生命財產安全，這就是「君子以除戎器，戒不虞」。正常的河水量可能不會氾濫，但雨量暴增時，潰堤的可能性就會大增。然而，用圍堵的方式治水患，往往越堵越高，根本之道應該照恒卦第一爻講的「浚恒」，隔一段時間就疏通河道。「除戎器，戒不虞」是築堤工程的象，由精英分子、地方官員率領民眾用各式各樣的工具築堤，以免發生意外。「不虞」就是事先沒有防範到的，像姤卦的不期而遇、无妄卦的无妄之災，都是事先難以想像的。人生有很多意外，為了防止意外，所以要買保險。現在面對「澤上于地」就必須修築堤防，防範得宜就是水利，否則是水患。所以，該做的準備工作，包括治理方案和工具，一樣都疏忽不得。

「除戎器」的「除」有兩個意思，第一個是整治妥善，讓它保持最佳狀態，隨時可用。這就是除舊佈新的意思。「黎明即起，灑掃庭除」，這是中國家庭生活歷來最注重的一點，每天早上把宅院整理得乾乾淨淨。作戰時的武器要隨時都能拿到就用，就要隨時保養得光潔如新。「除夕」的「除」也是如此，新年即將到來，當然要大掃除，讓身心保持一新。萃卦〈大象傳〉是用群眾的力量，保持戰備的戒備之象，所以大家都得「除」。

「戎器」即兵器，帶有殺機、兵機、戰機的意思。萃卦的防範工作大約就是戰鬥，是人跟天爭、人跟人爭，所以戎器始終要保持最理想的狀態。當過兵的都知道，武器裝備平時保養很重要，要是槍枝臨時卡彈打不出去，敵人的子彈就長驅直入了。所以就要「除」，擦槍、擦炮都是「除」，隨時準備好，才有萃的強大力量。莊子講的庖丁解牛也是如此。那個廚師殺牛十九年而刀不捲鋒，跟剛從磨刀石中出來的刀完全一樣，除了他的刀法特別，也因為他把刀保養得好。孔子說：「工欲善其事，必先利其器。」要做好一件事，所有的工具都要「除」，隨時保持最佳狀態，一上手就可事半功倍。「養兵千日，用兵一時」、「除戎器，戒不虞」，道理是一樣的。

另外，萃卦也是群眾運動的象。任何一個政府都怕國家秩序受到威脅，都會設立鎮暴警察；在特殊狀況下，不很進化的國家才會動用軍隊，這也是文明國家跟不文明國家的分野。警察也有武器，群眾聚集遊行本是合法的，如果遇到激進分子情緒過當造成騷亂，也需要戎器對付，刀出鞘、槍上膛，以示威懾。要知道，萃卦在短時間內能將大量的東西聚在一起，並推高它的位置，也是因為夬卦的上游大壩放水，造成中下游姤卦的生態從基層開始產生劇烈變化，造成水位上升，聚集在一個地方；這時，就需要人力、物力的完整配備，以防範意外。

假定萃卦是群眾運動的象，「除戎器」不是要對人民開槍，而是為了「戒不虞」，因為怕群眾運動出現意外。如果這個「除」是把兵器保養得很好，那就說不通了，也太危險了；正因為兵器保養得很好，真槍實彈的警察萬一開槍，群眾運動馬上就變成暴動。所以有時「戎器」保養到最好的狀態，反而是製造「不虞」的根由。這就是「除」的第二個意思，也就是解除、放下武器。因為在萃卦的時候大家情緒高昂，一個是想鬧的群眾，一個是維持秩序的警察，稍微一個火星就會引發「不虞」。所以面對群眾運動一定要用安撫的和平手段，用圍堵的辦法、沒有傷害性的工具；真刀、真槍全部解除，這樣才能拆除暴動的引線，以免「不虞」。

為什麼萃卦的「除」是不帶兵器，才能「戒不虞」？因為「澤上于地」雖然危險，「澤上于天」更危險。夬卦「澤上于天」的危機都可以和平解決，「不利即戎，利有攸往」；「澤上于地」的水位還沒有「澤上于天」高，怎麼能刀槍上陣呢？而且，和平手段才比較合乎《易經》一貫的主張，暴力和冤冤相報的思維不能真正解決問題。賓拉登可以無限複製，人身上的癌細胞用化療、放療的手段永遠殺不完，因為癌細胞是生命保持演化的重要部分，只能跟它和平共存、維持平衡。壓制一是要高成本，「用大牲吉」；二是無法徹底解決問題，只能增加仇恨；而且「道高一尺，魔高一丈」，築堤只能治標，不能治本。軍備競爭也是這樣，美國、前蘇聯兩大國軍備競爭，花了多少冤枉錢去發展核武，最後一起銷毀，那個錢拿來做慈善多好！所以，「澤上于地」也好，「澤上于天」也好，「除戎器」的思維很重要。

萃卦六爻詳述

「九四」、「九五」承乘應與的爻際關係分析

在進入具體的萃卦六爻之前，我們先分析它的爻際關係。爻際關係雖然簡單明瞭，但是很重要，尤其是「九五」跟「九四」都有聚集群眾的影響力和吸引力。從乾卦開始，我就說過，「九五」和「九四」兩個爻是既合作又存在著敏感的危險關係。第四爻功高震主，第五爻對付第四爻的手段常常是「狡兔死，走狗烹」。在萃卦中，「九四」和「九五」之間要處理的，還是離不開第二把手跟第一把手相處的問題。透過爻際承乘應與的關係，這兩個爻都有深厚的群眾基礎。第四爻有初爻和三爻，第五爻有二爻；「九四」跟「九五」分庭抗禮，就會造成緊張的關係。它們要和平共存、謀取共同利益，就要互相忍讓，清楚劃分權利義務，絕不能唯我獨尊，否則就不能發揮萃的功能。

從血統上來講，萃卦也屬於不同民族、不同基因，通過婚姻而產生的下一代，也就是混血兒。倘若萃的功能發揮得好，混血兒既聰明又漂亮，否則就糟糕了。

所以，處理好萃卦六個爻的關係相當重要，最重要的是作為萃卦高層的「九四」和「九五」，總得有一個老大；誰是大檔頭、誰是二檔頭，誰坐第一把交椅、誰坐第二把交椅，都要搞清楚。同時「九四」雖然稱臣，但實力不可小覷。所以雙方既要保持恐怖的平衡，還要維持友好合作的關係。這兩大集團萃聚出來的組織，能不能互惠互利，就很重要。比卦就沒有這個問題，但比卦的麻煩是獨裁壟斷；萃卦雖然複雜，但萃卦的好處是有多個中心互相制衡的權力格局，這樣的機制往往更合理。

二戰後的國際形勢，尤其在前蘇聯解散後，美國獨大，那就是比卦的格局。因為傲慢、霸道，他在國際間就可以予取予求。萃卦是典型的一超多強格局；「一超」就是「九五」，「多強」就是「九四」。「九四」不止一個，大家聯手，「九五」就不敢亂來，所謂的單邊主義就行不通。這樣說來，萃卦可以用很多的「九四」去制衡「九五」，從這個角度來講，萃卦的國際格局可以兼顧各方利益，比起比卦要合理得多了。但萃卦的形勢比起比卦又更加複雜，也需要更多智慧。目前的國際格局就比較像萃卦，現在的聯合國會議，不是哪個國家說了算的，有很多頗具凝聚力的小團體，他們彼此串連，又組成一個較大的團體，就能維繫國際間和平共存的法則。中國歷史上，漢代的「罷黜百家，獨尊儒術」就是比卦的表現；而春秋戰國時期的百家爭鳴、百花齊放，「同歸而殊途，一致而百慮」，就是萃卦的精彩紛呈。

接下來再看萃卦六個爻之間的爻際關係。「九五」陽爻居君位，下有「六二」中正相應與。

如果「九五」是一個人，再怎麼了不起也要有自己的嫡系部隊、鐵桿支持者，這個強大的死忠支持力量，就是下卦坤的核心、民間意見領袖「六二」。朝野關係緊密，就構成萃卦很難動搖的「九五」、「六二」這一組關係。

「九四」民意支持的籌碼、實力，從量來講，比支持「九五」的多。「六三」和「初六」都是「九四」的粉絲；「六三」跟「九四」陰承陽、柔承剛，是貼身的隨從子弟兵；「初六」跟「九四」相應與，被「九四」強烈吸引，是力挺「九四」的廣大基層群眾。用爻來講，「九四」集團的數量佔多數，但「九五」高居金字塔頂端，所以不只有量的問題，還有質的問題。「九五」跟「六二」的質比較強，因為它們是中正相應與，分別佔據朝野上卦、下卦的核心地位；「六三」則不中不正、陰居陽位，「初六」也是陰居陽位，所代表的廣大群眾又是盲目的，這兩個爻的素質加起來顯然不如「六二」。故「九五」、「六二」是主流派，必居優勢；但「六三」、「初六」支持「九四」的這一派，其數量佔優勢，雖非主流，但不可忽視。社會的主流跟非主流，往往是分庭抗禮的象；有人佔量的優勢，有人佔質的優勢，這就形成恐怖的平衡。「九四」想和「九五」和平共存，分得一杯羹，就必須剛而能柔、體察大局。這兩個派系，一邊是正，而且中正；另一邊連領導人在內統統不當位，這就妙了。

那麼，還有一個「上六」呢？它是退休大老，姥姥不疼、舅舅不愛，爻變是否卦（䷋）；一天到晚以淚洗面，被徹底邊緣化，所以它寂寞難耐，生出很多悲情。「九五」不喜歡「上六」，因為陰乘陽、柔乘剛，這關係惡劣透了。「上六」只有去煩「九五」，「九五」如果沒有「上六」掣肘，它才不會主動重視「上六」；「九四」更不可能理「上六」。萃卦的格局真是妙，下面五個爻你來我往，爭權奪利，握手言歡，搞得很熱鬧；唯獨上爻這個白頭宮女，只能枯坐深宮，追憶已成過往的天寶遺事。

這就是人間的「萃」，把不同時位的特色都講出來了。從地位講，過氣的就是過氣了，但偏偏過氣的「上六」居於上卦兌的開口處，多情多怨、口無遮攔，這就很麻煩。所幸「上六」對大局沒有任何影響。第十六卦豫卦（䷏）的上爻也是如此戀棧不捨，不肯退出舞台。要知道曲終人散時，歹戲拖棚必定惹人嫌。因此要以上爻為戒，做一個可愛的退休老人，別動不動就「想當年」！

萃卦的眾生相全部在六個爻中表現出來了，如同一場熱鬧歡騰的聚會，大家都在盡情歌舞言笑，唯獨「上六」——「眾裡尋他千百度，那人卻在燈火闌珊處」，它在黑乎乎的角落裡哭呢！

五爻：提高威望

九五。萃有位，无咎。匪孚，元永貞，悔亡。

〈小象〉曰：萃有位，志未光也。

我們現在進入具體的六個爻，先講雙雄——「九五」跟「九四」。先看「九五」。

「萃有位」，意指在整個萃卦中佔據大位，擁有重要資源。就像現代的任何一個公司，千萬不要小看董事長，有時公司合法的對外代表只是傀儡。在萃卦中佔有「九五」這個位置，「无咎」。「无咎」有很豐富的意思，第一是有這個位置就足以保平安，「有位」就佔優勢，當然无咎；第二是「有位」之後要力求无咎，因為「九五」還有一個致命的弱點——「匪孚」。「匪」即非，「非孚」即不孚眾望，威望不夠。也就是說，作為精英團隊的領導人，本身可能不很出色，只是各派系為了維持平衡，選出大家勉強可以接受的人。「匪孚」則說明，「九五」若完全靠個人威望，絕不足以擔當這個位置，既然好不容易有了這個位子，就要力求无咎，儘量少犯錯。

可見，「萃有位，无咎」，但「匪孚」。「有位」只是形勢上的優勢，「匪孚」則是實質上的弱點，信望愛都不夠；所以「初六」跟「六三」眼中根本就沒有「九五」，他們只相信他們那個派系的領導人「九四」。這在很多組織都是如此。像古代許多帶兵的將領，他下面的士兵雖然都擁戴支持他，卻不支持沒有直接關係的高層領導人。皇帝來到軍營也得下馬，軍中只聽將令，不聽君令。有嫡系部隊、子弟兵的「九四」魅力無窮，但他並不站在最高位；沒有群眾親和力的「九五」反而做了領袖。「孚」就是長官照顧部屬、將軍照顧戰士的那種熱情，所以能得到下面的「孚」；可是「九五」高高在上、冷冰冰，與士兵沒有直接接觸，當然「匪孚」，支持力量不夠。那他是怎麼站上這個位置呢？這就是萃卦「九五」、「九四」之間的問題，凸顯了乾卦「飛龍在天」跟「或躍在淵」之間的矛盾關係。豫卦第四爻就是典型的功高震主，「由豫，大有得，勿疑，朋盍簪」，第五爻「貞疾，恒不死」，一個老不死的被架空了成為傀儡。用數位觀象法來看，萃卦（䷬）其實可以拆成比卦（䷇）加上豫卦（䷏），比卦和豫卦的合體就是萃卦。豫卦第四爻充滿群眾魅力，但不是領導人，就像曹操；而第五爻就像漢獻帝。比卦就是名副其實的「九五」，有實力，又有位置。萃卦等於把這兩個卦湊在一起，關係就更複雜了。

「萃有位，无咎」，這是優勢，但「匪孚」是致命的弱點，那就要加強改善，儘量充實你的孚，爭取群眾認同。所以要「元永貞」，這三個指標就是針對名望不夠而設。「九五」要提高自己的孚，要表現得越來越像一個領袖，就必須有「元」，充滿生機、充滿核心創造力；而國家元首必須「永」，給大家長遠的期盼，讓大家看見未來；然後還要「貞」，固守正道、說到做到。如果「元永貞」都做到了，「匪孚」就會改善，悔恨就會消亡。如果光是「萃有位」，那就對不起了，就如〈小象傳〉說的：「萃有位，志未光也。」就算有了位與權，民眾不支持，志向就不能實現。

「九五」爻變為豫卦，正好說明萃卦要學習豫卦如何熱情動員群眾、「利建侯行師」；用「元永貞」彌補「匪孚」，增加自己的魅力。這就是萃卦「九五」應該做的。不然，光「有位」還是不能達成理想目標——「志未光也」。至少「九五」想要調度「九四」下面的「六三」和「初六」，就根本調不動；還得通知「九四」，給「九四」施壓，希望「九四」配合。所以「九五」必須跟「九四」合作，雙方要有大局觀，資源互補，和衷共濟，才會形成精英團隊，創造升卦（䷭）的業績。

關於「元永貞」，這也是比卦卦辭所要求的，是一個眾望所歸的領袖必備的條件。條件齊備了就「悔亡」，否則動力不足，志向不能實現。比卦六爻中，唯一的陽爻「九五」居君位，有「元永貞」就无咎；沒有「元永貞」，咎就大了。一個領袖一定要給人「元」的感覺、「永」的企盼、「貞」的信念，才能无咎。萃卦「九五」因為被「九四」分走了威權和群眾的效忠，但他畢竟還是領袖，一定要想辦法增強自己的實力。「九五」爻變是豫卦，也有預備、預防的意思，要防誰？防「九四」。所以更要強化自己「元永貞」的領導實力，至少要能制得住「九四」的威脅。

另外，「九五」「志未光」，和夬卦（䷪）「九五」的「中行无咎，中未光也」有點同病相憐。夬卦跟萃卦的領導人面臨虎視眈眈的各方勢力，空有其志，未必能光。萃卦「九五」除了有「九四」的威脅，還有上爻的干擾因素。夬卦「无號，終有凶」，陰乘陽、柔乘剛，「莧陸夬夬」，上六也天天來煩他。兩個卦的上卦都是兌，我講過，凡是上卦是兌，上爻跟五爻的關係都是傾向負面的大人物私情，對雙方都會形成消耗。所以一個「志未光」，一個「中未光」，這個位置不好受。

四爻：平衡全局

九四。大吉，无咎。

〈小象〉曰：大吉无咎，位不當也。

第四爻是強悍的權臣，萃卦的派系領導人，下有「六三」跟「初六」的群眾支持，但不在最高領導位置上。有些人就是故意不在最高的位置上，以免成為眾矢之的，寧願享受實權，而不要虛偽的最高名義。像曹操就是打死也不篡漢，有一個傀儡漢獻帝在負最後的責任，他就可以挾天子以令諸侯而為所欲為，其他人對他也不敢公開批評。萃卦「九四」有時也是這樣，因為他是實力派，誰也不敢真正動他。他要是攜資退出，「六三」跟「初六」都得跟他走，整個組織去掉一半，名存實亡。所以「九四」是舉足輕重的籌碼，可以享受實力的快感。

但因為名不正則言不順，「九四」必須剛而能柔，能忍耐，「大吉，无咎」。「九四」想要求得无咎，一定要懂得大吉。「大吉」不是一個結果，而是對「九四」的要求。也就是說，「九四」必須體察大局，懂得「和則兩利，分則兩害」，跟「九五」必須一山容二虎，彼此不能內鬥，並在某種程度上退讓，這樣才是「大吉」的局面。「大」就是全體大局。大局獲吉，「九五」感恩涕零，「九四」才能水漲船高。

可見，「九四」作為派系領導人，也需要有平衡全局的智慧。如果拚命跟「九五」爭，還不一定爭得過；就算爭過了，「九五」跟「六二」的資源也永遠不會為其所用，而且犯上之罪其罪大焉。關於這一點，曾國藩就做得很好。曾國藩組建的湘軍滅了太平天國之後，當時有很多人勸他乾脆打到北京，自立為王。但他沒有這樣做，因為那時外憂正烈，中國還能有內亂嗎？此時只能相忍為國，等到整個大局吉了，自己就是功臣。如果堅持要爭小的，結果就會失掉大的；萃卦解體，就永遠無法通過派系合作而得到整體「升」的效果了。

「九四」重視大局，使全局都吉，它就无咎。它為什麼願意退讓呢？〈小象傳〉說：「大吉无咎，位不當也。」這就是大命不可以智取，有些人死都想爭大位，就是爭不到；有些人莫名其妙就坐了大位。要知道，萃卦是「順天命也」，姤卦第五爻就講「有隕自天，志不舍命也」；一旦「有隕自天」，順著天命發展就是「萃」。「九四」陽居陰位，「位不當也」；有實力而沒有天命，就不能強求。爻變為比卦，正好道出其中因由，即形勢上「九四」再有實力，還是要奉「九五」為君，採取互助合作的方式，而不是對抗。「九四」這個爻是很多位高權重的派系領導人必須要有的胸襟、見識。

《易》卦中有五個卦的卦爻有「大吉」的概念，除了萃卦之外，還有家人卦（䷤）第四爻「富家大吉」，升卦（䷭）第一爻「允升，大吉」，鼎卦（䷱）第六爻「鼎玉鉉，大吉无不利」，還有小過卦（䷽）卦辭最後也是「大吉」。但是，其他卦爻的「大吉」都是在後，只有萃卦這個爻比較特殊，「大吉」講在前面，必須「大吉」，才能无咎，它是先決條件。不像升卦如果「允升」，就有「大吉」的結果。

三爻：義無反顧

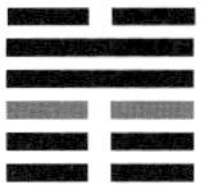

六三。萃如，嗟如，无攸利。往无咎，小吝。

〈小象〉曰：往无咎，上巽也。

講了萃卦兩個最主要的領導之爻，後面就是跟隨的群眾，先看「六三」。「六三」是「九四」的子弟兵，也是「九四」的嫡系；可是現在上面又多出一個「九五」，那他就有雙重效忠的問題。「九四」跟「九五」的爻辭對他們的處境都有提醒，一個是知道自己的孚不夠，想辦法「元永貞」；一個要有大局觀，不要輕易奪權，都有忍讓的意思。但他們要做到這一點，勢必要經過一番天人交戰。在合作局勢尚未形成之前，下面的人可就苦了。他們都希望自己的老闆變成大老闆，好得到更多照應和更優厚的待遇。所以「六三」跟「初六」一定很希望「九四」當領導，難免感情用事，但「九四」最忌感情用事，需要客觀衡量。另一方面，「六二」當然也希望「九五」做領導人，好擁有更多資源。

上面兩個爻各想著怎麼做才能无咎，下面的爻就沒了主見，心裡矛盾得很，不知怎麼辦才好。尤其「九五」、「九四」還在爭的時候，「六三」跟「初六」也不好表態。照講「六三」應該要對「九四」忠誠，但如果「九四」跟「九五」幹起架來，萬一「九四」輸了，「九五」秋後算帳，「六三」跟「初六」不就跟著倒楣了？派系鬥爭中，牽涉其中的人最怕的就是這一點，小老百姓更是如此。兩個大人在鬥，我們這些娃娃怎麼辦？當然不敢隨便表態。這就是「六三」跟「初六」的爻辭前半段所強調的。其實，這也合乎人情，誰願意在兩虎相爭、形勢還未明朗前隨便押寶？這時就有人情義理跟最終勝負結果的考量，身家性命、禍福吉凶都在其中。

這樣一來，萃卦「六三」的爻辭就比較好懂了。「萃如，嗟如，无攸利」，只能在那邊長吁短歎，不知道該怎麼決定；支持「九四」，就怕留下得罪「九五」的後患；不支持「九四」，長久追隨的關係當下就被質疑。況且「六三」又不是什麼有智慧、有實力的爻，陰居陽位，不中不正，又是「三多凶」的人位，所以只能「萃如，嗟如」。「嗟」就是歎氣，「如」是語尾副詞「像那個樣子」的意思。人如果天天長吁短歎，就知道他有為難、憂慮的事。可是，歎氣有什麼用呢？下面就告訴你不要再歎氣了，「无攸利」，歎氣於事無補，這是萃卦的時代，一定要做出決定，就看你有沒有大局的智慧。

「往无咎，小吝」，你看，做出決定了，最多是「小吝」，何必花那麼多心神徒增痛苦呢？「往」就是根據既定主張，前去跟人家「萃」，如此就可以无咎，不會有事。就算有事，也不嚴重。爻辭到此說完了，但好像一時還很難轉過彎來。大家難免要問了，「六三」到底是跟「九四」萃，還是拒絕「九四」，甚至去跟「九五」獻殷勤？我們看〈小象傳〉就知道答案了：「往无咎，上巽也。」跟誰萃？當然是「九四」。巽是低調而順服的象，而且要很深入。三、四、五爻構成的互卦就是巽卦（☴），「六三」就是巽的風根；而且「六三」陰承陽、柔承剛，不挺「九四」挺誰？於人情義理來講，我們要求一個人有大忠，首先要有小忠，而且各為其主。天下未定的時候，「六三」挺「九四」天經地義；就算最後「九四」輸了，「九五」都不能處置「六三」，這就是把大局看清楚。如果當下「六三」就不支持「九四」，還在騎牆，那還是人嗎？「上巽也」，就是不必考慮，為所當為，最後的結果由大人去決定，底下人就盡自己的本分，往上、而且要深入支持「九四」。

「六三」爻變為澤山咸（䷞），咸就是自然的人情義理，是道義之交，絕對不會在長官為難的時候改投他門。所以「六三」要一如既往的熱情支持，毫不猶豫；前面雖然有一段「萃如，嗟如」的階段，等回過神來，還是應該義無反顧地支持「九四」。萃卦中除了「六三」爻變是咸卦，還有二、三、四、五、上爻構成的卦中卦是咸卦的象。「六三」爻變是咸卦，本身又是互卦的咸卦第二爻，所以這個爻有豐沛的感情，而這感情是表現在人情之常的「嗟如」——舉棋不定上，也表現在最後義無反顧的支持上。

初爻：審慎考量

初六。有孚不終，乃亂乃萃。若號，一握為笑。勿恤，往无咎。

〈小象〉曰：乃亂乃萃，其志亂也。

我們再來看「初六」。「初六」是萃卦中心理鬥爭得最厲害的，很難做決定，故爻辭特長，算是把人情的轉折取捨描繪得淋漓盡致。「九四」需要「初六」的群眾支持，他才能跟「九五」抗衡，所以「初六」是他最重要的籌碼。但是「初六」只是一般老百姓，跟「六三」一樣，對於是否支持「九四」也無法立即表態，他也有個人身家的考量。投票時，最後到底要投誰，「初六」也是在那邊轉，一個是有舊關係的「九四」，一個是大權在握的「九五」。面對兩虎相爭的局面，「初六」一開始也是心亂如麻、猶豫不決。

「有孚不終，乃亂乃萃」，接連兩個「乃」字；「若號」是條件假設；最後「一握為笑」，「勿恤，往无咎」。爻辭有十九個字，比它長的很少。「有孚」就是在萃卦的時候，「王假有廟，利見大人」，對於領袖的理念熱忱當然要擁戴。「初六」本來就是最迷戀、最支持「九四」的，但因為有很多現實功利的考量，不一定能貫徹到底。人生有很多熱情，這是「有孚」，但真能善終的很少，這就是「有孚不終」。人在熱情燃燒的時候不會考慮那麼多，但要慷慨赴義就很難；第一念時絕對挺你，第二念時又猶豫了；看著小孩子掉到井裡了，有惻隱之心，這是第一感；要跳到井裡去救他，說不定我會死，這是第二感。這些統統是「有孚不終」，不能貫徹最初那自然萌發的熱情。「初六」的孚是對「九四」的，但不一定能堅持到底。「有孚不終」，熱情消退，就像色衰而愛弛一樣；年輕時可能對一些理念很有熱情，到後來就沒那股勁兒了，考慮的是更現實的私人利益。「初六」這樣的表現其實就是人情，一時爆發的熱情不見得會付諸行動。「乃亂乃萃」，更道盡「初六」心中的「亂」。想跟「九四」萃，又擔心「九五」秋後報復；擔心「九四」失敗，又擔心自己的利益受影響。所以心亂如麻，「乃」字是艱難轉折之象，千難萬難，就是打不定主意。

「若號，一握為笑」，結果破涕為笑。就像「先號咷而後笑」一樣，本來一把鼻涕一把淚，最後笑逐顏開。人與人之間的誤會化解，情感的隔閡疏離，經過一段輾轉反側的內心煎熬，最後「一握為笑」，用親密的肢體接觸代替千言萬語；就像「執子之手，與子偕老」一樣，「一握為笑」傳達了彼此的熱情，過去的事不再計較。「初六」對「九四」的熱情在萃卦的大格局中接受艱難的考驗，當「初六」「有孚不終，乃亂乃萃」時，到底該挺誰？答案很明顯，跟「六三」一樣，不用考慮「九五」，按照心中自然流露的想法，繼續支持「九四」。「一握為笑」，有點像莊子說的「莫逆於心」，不需言語，相視一笑，心意完全相通。

「初六」有了溫暖的肢體接觸之後，就有這麼好的結果。這當中一定有人發出號召——「若號」，是誰呢？可能是「九四」，可能是「初六」自身的警醒。「號」就是發出聲音，不管是感情的呼籲或熱情的號召，都能使「初六」不再心亂，下決心跟「九四」萃，然後雙方「一握為笑」，展開親密接觸，化解了所有的誤會。那麼，「號」字從哪裡來呢？就是上卦兌的開口之象，表示能講動聽的言語取悅眾人、號召大家。《易經》這些字辭都是從卦象來的，辭生於象，象是根本；此外還有人情的考察。「初六」心亂之際正需要鼓舞，「九四」要爭取「初六」表態支持，就要設法激勵他，使他早做決定；然後誤會冰釋，雙方「一握為笑」，歡喜收場。

「勿恤」，搞定之後順利結盟，不再擔心得心頭滴血。我們都知道，有弱點才會需要體恤，「勿恤」就是沒有後顧之憂、沒有弱點。這個弱點指的是「有孚不終，乃亂乃萃」。「往无咎」，一旦決定義無反顧地支持，最後就是「无咎」。「六三」最後「往无咎」，「初六」最後也是「往无咎」，連「小吝」都沒有。不管怎麼講，這都是普遍的人情表現。

〈小象傳〉說：「乃亂乃萃，其志亂也。」聚散不定，不知道該怎麼辦，是因為人的志跟大環境的判斷沒有分清，所以一定要順天命。「初六」爻變是隨卦（䷐），完全不用考慮，決定追隨誰就追隨誰。如果占卦落在萃卦第一爻，問的是男女之間的取捨，到底是好的機緣，還是第二次毀滅你的機緣？在萃之初，就要非常審慎；看著蠻不錯，可是結婚之後又會原形畢露。可見，在萃的時候出現新目標，要不要跟隨？一定要慎重考慮。

上爻：活在過去

䷬

上六。齎咨涕洟，无咎。

〈小象〉曰：齎咨涕洟，未安上也。

我們看「上六」這個超悲情的爻。「齎咨涕洟」，但最後還是「无咎」。也就是說，人生聚散無常，聚極轉散，其實也沒什麼好怪的！人生沒有不散的筵席，再怎麼豐盛的筵席，總有結束的時候。從時位來講，「上六」已經脫離權力圈，連政爭都沒有他的分，所以「上六」一定很悲情，想跟人家萃，可是注定孤獨寂寞，別人都怕沾上他這個「痲瘋病」。所以〈小象傳〉說：「齎咨涕洟，未安上也。」在上面坐立難安，爻變是否卦（䷋），像瘟神一樣，跟誰都不通氣。

再看「涕洟」。一把鼻涕一把淚，真的很悲情！萃卦六個爻有歎氣、有「乃亂乃萃」、有笑、有號，又有「恤」，把人情種種面向都勾畫出來了，其中又以「齎咨涕洟」是最激烈的演出。「齎咨」的「咨」就是諮詢。因為「上六」這個大老希望後輩小子向他請益諮詢，如果沒人理他，他會覺得很落寞，好像被遺忘了，所以他會設法製造聲音，引起注意。「齎」的本意是持物贈與人，但這裡是「持遺」的意思，持就是抓緊不放，遺是過去的事情。也就是說「上六」對過去的輝煌念念不忘。萃卦發展到上爻，人生的萃聚即將結束，但它始終戀棧著過去的盛況，並且用過去萃的經驗教育新一代的人。爻變為否卦，明顯表示一切已經成為過去，倚老賣老只會徒增可憐。

「上六」念念不忘舊時輝煌，注定要痛苦地活在過去的回憶中。世事堪玩味，人生聚散無常，就在這一爻充分表現出來了。

二爻：蓄勢待發

六二。引吉，无咎，孚乃利用禴。

〈小象〉曰：引吉无咎，中未變也。

最後看「六二」。「六二」是唯一支持「九五」的，也是下卦坤廣大群眾中的中流砥柱，所以「六二」在萃卦六爻微妙的局面中舉足輕重。「六二」對於「九五」跟「九四」爭權的形勢心知肚明，他也擔心造成分裂的局面。身份、血統使得他必然忠於「九五」，而「九五」之所以坐上大位，就是因為有「六二」的大力支持，所以「九五」絕對不能失去「六二」，「六二」更要清楚自己的一舉一動都攸關大局。「六二」與「九五」中正相應與，同時又是下卦坤眾的民意代表。如果支持「九四」，「九五」就得準備出逃，當然他就會背上不忠不義的名聲。而「六二」居於下卦坤之中，前有「初六」後有「六三」，他們都是支持「九四」的熱情群眾，因此，如何平衡全局利益、圓融周旋在各方勢力中，這就涉及如何表態，以及明確表態的恰當時機。否則，太早表態就是自動上門，不值錢。因此，在這些情況下，形勢分析一定要很清楚。

「九五」要全力爭取「六二」的支持，「六二」就要用「引」的手段，把弓拉開，箭先不射出去。人情原是這樣，送上門的不被珍惜，端架子的卻身價非凡。其實「六二」心中早就明白這時候追隨「九四」是不仁不義之舉，但要擺明支持「九五」也不妥當，此時唯有穩坐釣魚台，選擇在最好的時機下場。這就是「引」，箭已上弦，但引而不發。這種造勢就如同「含章、括囊」，不明確表態，但在全局中舉足輕重。爭取「六二」支持的「九五」和「九四」也要有大局觀，走向和解的道路，畢竟「引」的最終目的就是為了「吉」，而且「引吉」之後要「无咎」，沒有任何後遺症。因為「六二」和其他五個爻一樣，也要追求无咎。「六二」的「引」在被動的局面中形成聲勢，對個人、「九五」、全局都好。可見，「六二」就是不講話都有驚人的影響力，只要「引吉」就「无咎」。

「孚乃利用禴」，「六二」也有「孚」，當然是針對「九五」，或是攜手合作之後的「九五」和「九四」。「禴」字跟祭祀有關，亦即「礿、禘」，是古代帝王春、夏舉行的宗廟之祭。《禮記・王制》說：「天子諸侯宗廟之祭，春曰礿，夏曰禘，秋曰嘗，冬曰烝。」「禴」一般是指夏天的薄祭，以此表示誠意。通常夏天太熱、冬天太冷，不適宜大規模的祭祀；春秋兩季氣候宜人，可以舉行重大祭祀。所以夏天的祭祀就比較簡慢，規格較低，雖然不像損卦的「二簋可用享」，但絕對不像春秋兩季那麼隆重。「孚乃利用禴」，就是說只要有信仰的誠意，祭祀供品不需豐厚，儉薄一點也沒關係。「六二」本身潛力無窮，投入萃的隊伍，用「引」的能量就可以帶給全局「吉、无咎」；而且他本身孚，又孚眾望，而「九五」「匪孚」，正需要「六二」的支持來強化其孚，所以「孚乃利用禴」，他根本不需要多少財力就可以加入「九五」的陣營。〈小象傳〉說：「引吉无咎，中未變也。」「中」指「六二」居下卦之中，是社會的中流砥柱，最後可以達成「引吉无咎」的美好結果。其實「六二」一直都很清楚自己要支持誰，他謹守持中之道，從來都是「未變也」，只是利用「引」的手段，等待恰當時機。「六二」的智慧，「引」字是關鍵；引得好就「吉无咎，孚乃利用禴」；如果沒有抓住時機，也會弄巧成拙，引了半天，蜜蜂都不來採蜜。三國時期的諸葛亮就善用「引吉，无咎，孚乃利用禴」這個原理。劉備三顧茅廬，越見不到，就越想爭取。如果很容易就見到，劉備何必禮賢下士，命張飛直接綁來就好了。等到劉備這個傻小子第三次入局，諸葛亮才半推半就。這就是「六二」的智慧。如果劉備沒有鍥而不捨，或者諸葛亮演得太過火，爻變就是困卦（䷮），諸葛亮就從「臥龍」變成「困龍」，一輩子困耕於南陽。三顧茅廬可以成，如果四顧、五顧茅廬，可能就什麼也不是了。而諸葛亮選擇隱居的地方也很重要，一定要選人文薈萃的地方，千萬不能選烏魯木齊這種偏僻角落，出差成本太高。躬耕於南陽就是造聲勢，因為各方勢力都求才孔急，而他就住在三國交界的地方，故可以引而不發，閒坐著等魚上鉤。

占卦實例1：「學學文創」的發展？

二〇〇六年十一月下旬，曾為臺灣百貨業界女強人的徐莉玲大張旗鼓，成立「學學文創」公司，我也應邀去上了幾堂課。其地坐落於內湖堤防邊，離臺北中心精華區甚遠，能否集客，讓人捏把冷汗。我占問她可否三年有成？結果是萃卦上卦全變，宜變的爻位就落在「上六」。「上六」單爻變是否卦，很可憐；三爻齊變貞悔相爭是剝卦（䷖），好慘！萃的最後結果如此不好，一是一定散，不會有好結局；二是高層精英分子到最後變成「齎咨涕洟，无咎」，最後的結果是剝，「不利有攸往」，資源大量流失。

結果，一年就看出結果來了。而且她選的地點在內湖堤防邊，「除戎器，戒不虞」，「澤上于地」，原先希望內湖科學園區各行各業的萃可以撐持局面，沒細想內湖科學園區離市區太遠，晚上是一座鬼城，沒有任何人願意待在那裡消費。而且那些科技新貴白天已經累得要死，晚上哪還有心思精力去聽課？所以地方不對，空有想法也萃不成。

占卦實例2：中國大陸空軍戰力的發展

二〇一一年初，中國大陸新一代戰機殲廿亮相，頗受國際注目，我問再銳意發展廿年，大陸的空軍戰力如何？為萃卦四、五爻動，「九五」值宜變為豫卦，齊變則有坤卦之象。萃為出類拔萃，「九五」應該還是老美雄踞第一，中國和俄羅斯等並列第二，足以制衡防範戰爭的發生。

二〇〇六年，我占當年的中美關係，也是同樣的卦象，一山須容二虎，G2的抗衡形勢已成。

占卦實例3：我此生的中國緣

二〇〇四年「三一九」槍擊案後，陳水扁續任成功，台局對峙嚴重，氛圍極差。我開始認真考慮往後行止，先問我此生與臺灣的緣份，為艮卦初爻動，爻變有賁卦之象。艮卦「初六」爻辭：「艮其趾，无咎，利永貞。」〈小象傳〉解釋：「未失正也。」

每個人有他應站穩的立場，立定腳跟，長期奮鬥。看來我與臺灣緣份深厚，前半生不用提了，後半生也於此生根，不離不棄。待在這兒做甚麼呢？賁卦〈彖傳〉：「觀乎天文，以察時變；觀乎人文，以化成天下。」自然是講經弘道，人文化成。

接著我再問此生與大陸的緣分，為萃卦初、二、四爻動，「六二」值宜變為困卦，齊變成節卦。萃卦之前為姤卦，有緣精英相聚，創造其後升卦的輝煌。萃卦初、四爻相應與，配合佳，可望「大吉，无咎。」「六二」爻辭：「引吉，孚乃利用禴。」靠本身實力，先困而後萃聚。節卦與渙卦相綜一體，與旅卦相錯，有異地弘揚中華文化之深意。

高度成長——升卦第四十六（䷭）

升卦的高成長

從夬卦開始，姤卦、萃卦、升卦一路上來，掌握難逢的機運，集中心力投入最頂尖的資源，就是為了追求升卦耀目的成長。從某種意義上來說，升卦就是大國崛起。這些年來中國大陸的和平崛起，包括經濟在內的綜合國力持續維持高成長，也就是升卦的象。

要掌握升卦的形勢發展，就要掌握時機、趨吉避凶，全盤掌握過去、現在、未來的因果。升卦前為萃卦，「萃」的原因就在姤卦千載難逢的機遇；升卦之後是困卦，則是因為一味追求成長而盲目擴張，導致「升而不已必困」，遭遇成長的瓶頸；一旦失去平衡，就可能出大問題。這一點在這些年的世界形勢演變中已清楚顯現，前車之鑑到處都是。金融風暴就是盲目製造經濟泡沫，導致經濟發展的結構失衡；而且因為消耗大量資源，拖垮人力、破壞生態，未來可能還要付出更大的代價。也就是說，這些國家為了滿足一己私利，盲目追求高成長，導致許多資源在短時間內快速消耗。這是典型的竭澤而漁，就是困卦（䷮）澤無水的象。均衡發展的觀念就是謙卦（䷎），兼顧天地人鬼神，兼顧人與人、人與自然、人與歷史文化，以及人與過去、未來的總體動態平衡。這是中華民族非常重要而深遠的智慧。

《易經》有那麼多卦，不管中間有多精彩、多神氣，要有始有終或推陳出新卻很難，只有謙卦拿了一張保單，卦爻全吉，圓善有終。謙卦「裒多益寡，稱物平施」，始終顧及成長發展中每個階段的總體平衡。可見，小到人體小宇宙的養生、治病，大到社會政治經濟的成長及宏觀的大宇宙，希望最後得善終，平衡非常重要。如果是「升而不已必困」，代表崛起過程中極有可能因為失去均衡而陷入困局，那就要進行脫胎換骨的改造。

陰魂不散的大過卦

自姤卦（䷫）之後，一路由萃（䷬）、升（䷭）、困（䷮）、井（䷯），再到革（䷰）、鼎（䷱）諸卦，都有一個共同現象，就是隱含著壓力超負荷的動盪危機，那就是可怕的大過卦（䷛）。這幾個卦的卦中卦都有大過卦在作祟，稍一不慎就有滅頂之災。所以這一路走去，腳步可不輕鬆，要小心不要失去平衡，不然就會被壓垮，甚至是被自己的成長動力衝垮。金融風暴不就是最明顯的例證嗎？

我在萃卦一章就提到，萃卦「大過」的象是在高層，即「六三」到「上六」，包括上卦的領導階層。萃卦是出類拔萃的精英統治，上卦更是精英中的精英，可是負荷超重。這種出類拔萃的人才能在強勢競爭中脫穎而出，所面臨的壓力當然很大；此外，精英之間的相處也會產生團隊磨合的問題。人生最難的就是人際關係，混亂的時代更是經常不按常理出牌，很多人就在這些高壓之下，導致人性、心態扭曲，反應超乎常規。再加上姤卦本身充滿不確定性，由此形成的萃，看上去是成功的精英，很可能人格已經是扭曲的；外面很難看出來，就像藏在萃卦中的卦中卦一樣，一旦失去平衡，可能就有瘋狂的表現。所以，在萃卦的環境中最重要的就是无咎，因此六爻皆言无咎。善補過、求无咎，正是人情必須的歷練。就如〈彖傳〉所說的：「觀其所聚，而天地萬物之情可見矣。」

萃卦的人情特別麻煩，卦辭雖有兩個亨，加上「利貞」，但是就欠「元」；即使聚集了一流精英，還是沒有「元」的開創力，原因就在內耗，互不相容，很難組成鐵打的團隊。這就是萃卦的大過之象所造成的問題。萃卦中有「大過」，說明萃聚的精英，要說是天才，其實有的就跟瘋子差不多，很多人的心理是「棟橈」——扭曲變形的，言辭犀利、恃才傲物、行為乖張，一不小心就容易傷到人。這些自命不凡的人，彼此誰也不服誰。萃卦最難的就是誰做領導人，一山如何能容二虎？以大局為重的體諒、配合，派系之間的平衡，都是萃卦要解決的問題。其實，自古以來中國文化所追求的就是平衡，失去平衡是很可怕的事。大過卦前面的頤卦（䷚）是生態平衡，大過卦就是平衡破壞，所以要用非常手法來整治，重建新的平衡。就像我們的身體，致癌基因與生俱來，是生命中不可或缺的一部分，抗癌基因跟致癌基因之間的平衡，就是身心健康的前提。要想健康，就要放棄趕盡殺絕的念頭，和平共存，建立整體的平衡狀態。謙卦也是如此，只是謙卦的能耐很高，它能把天地人鬼神在內所有有形無形的存在納入考量，然後謀求平衡；做到了，當然卦爻全吉。可是其他六十三個卦統統做不到。轟轟烈烈開始，淒淒慘慘結束的一堆；再不就是過猶不及的比比皆是。我們所在的這個世界，平衡已經被破壞，重建平衡的問題已經迫在眉睫，人與人之間、國與國之間、人與天地自然環境之間、人與時空之間的平衡問題都得積極應對，所以謙卦的智慧值得一再推崇。大過卦就是失去平衡、畸形發展，像美國、日本不是很危險嗎？歐洲一些國家不是快要名存實亡了嗎？這些都是擺在面前的實際問題。

姤卦不期而遇的邂逅，意想不到的危機潛伏在五陽下一陰生的底層，其實已經醞釀大過的象，只是不很明顯，那就更可怕了。隨後的萃卦和升、困、井、革、鼎諸卦都有藏得很深的大過卦。萃卦有大過卦的利刃，還有初爻到四爻構成的剝卦（䷖）「不利有攸往」，這兩個卦中卦真可謂千刀萬剮，不管多努力、有多少積累，很可能一刀下去統統不剩。萃卦隱含這麼大的殺機，所以萃卦〈大象傳〉就提醒要有備無患，「君子以除戎器，戒不虞」，就是為了應對姤卦不期而遇所帶來的危機，時刻戒懼，確立危機防範的機制，做好萬全準備。

升卦的隱憂

萃卦第四爻「大吉无咎」，從大局著眼，故要相忍甘居第二位，不跟第五爻強爭。如此，「九四」的德性就很重要了。因為萃卦「九四」就是卦中卦剝卦的「上九」：「碩果不食，君子得輿，小人剝廬」，究竟是君子或小人，命運截然不同。「九四」要不要跟「九五」爭領導人的位置？就要考慮這一點，否則就會變成眾矢之的；如果甘居老二，說不定會得到更多餘地，雖然「位不當」，「大吉」就能无咎。

這就是「老二哲學」，升卦也會遇到。升卦「六四」也說明做老二的很多好處，有實力做老大，卻寧願做老二，這裡面多多少少也有謙卦整體平衡的考量。大家鬥得你死我活，到最後可能誰也撈不到，旁觀的反而漁翁得利。

升卦從初爻到四爻就有大過之象，不像萃卦到高層才感覺到大過卦的壓力。為了支撐高成長，出人頭地、大國崛起，從一開始升的時候就得承擔無比沉重的壓力。這種生命中難以承受之重，現在的小孩估計體會得更深刻；牙牙學語開始就要讀明星幼稚園、重點小學、重點高中，還要考上重點大學，十幾年的學習過程，根本沒什麼樂趣可言。這種升的成長造成「大過」的超負荷，很多學生因此跳樓自殺；有些大學生臨到畢業受不了就業壓力而選擇自殺，這就是萃、升二卦的代價。所以在追求升卦的成長之前，必須防範「大過」的隱憂，故而豫卦（䷏）的預防觀點在升卦就顯得十分必要。不管升卦的高度成長會帶來什麼副作用，預防遠勝於治療；知機越早，化解危機的成本越低。如果做不到豫卦〈彖傳〉講的「不忒」——零誤差，就要檢討自己的行事方式；要知道，這時候可能是創新或修改行事方式的好機會，如果選擇躲避或糊弄，結果往往更糟。

這幾年來，很多國家和地區都在發展高鐵，高鐵的修建是真正知識密集型、資金密集型的產業，不能一蹴而就。中國大陸的高鐵發展如今世界矚目，成長雖然艱難，但總要迎頭趕上，這是不可逆的世界潮流。那麼，修建高鐵同樣要懂得用智慧、講方法，絕不是賭大運的。中國大陸的高鐵發展是一個巨大的商機，這正是姤卦所說的機遇，也是很好的談判籌碼。高鐵建設在當今世界必須動用國家的組織力量，要使時速高達三、四百公里以上的鐵路不出安全問題，這種先進技術不是一個國家就能做到的，需要跟擁有某些先進技術的幾個國家談判。而談判的目的就是要取得核心技術轉讓權，然後組織團隊，把技術專家集中在一起，這也是萃。萃的目的就是希望達到跳躍式的成長，經過談判得來的技術優勢，最後突破創新，變成有民族特色的東西。而且當今世界許多先進國家因為財力有限，無法進行如此耗費人力物力的公共建設，中國高鐵就是抓住這個絕好時機，在短短幾年內突飛猛進。如今有些國家也迫不及待，像美國現任總統歐巴馬為了提振行情，就說中國已經成為第一高鐵大國，美國舉債也要建高鐵。大陸發展高鐵之初也有爭議，但為了解決日益發展的民眾需要，如春運，以及發展環保的交通運輸，只有寄託於高速鐵路。但興建高鐵之前該做的環境評估絲毫不能馬虎，中國的環保部門對這一點是很嚴格的；環保部就曾經勒令兩條不合規矩的鐵路停工。這就是落實預防機制，防止盲目的升，造成將來的危險。不管事前事後，平衡的發展觀都很重要。高度成長是萃的結果，但精英分子絕對不能目中無人，無視於總體平衡，否則萃、升的局面很可能失去平衡，大過卦的隱憂就會呈現。

升卦的卦中卦

升卦從初爻到四爻就是大過卦，因此，只要一進入升的成長局面，號角一吹，你就要小心了！「大過」的情境如影隨形，讓人不得不戰戰兢兢，這時千萬不要失去理智，否則，成長就會導致泡沫化，最後的苦果就是耗盡資源，「升而不已必困」。

大過卦是升卦的卦中卦之一，我們再看另外四個卦中卦。首先是三、四、五、上爻構成的復卦（䷗）。升卦中的復卦很重要，升卦的成長離不開復卦這個偉大的核心創造力，有了創造力，才能精益求精、追求更火紅的成長。也就是說，經濟高度增長是「升」的象，裡面不可能沒有「復」的動力。但復卦裡面也有危機，尤其是復卦最後一爻：「迷復，凶。有災眚。用行師，終有大敗。以其國君凶，至于十年不克征。」天災人禍並至，連領導人都灰頭土臉。不過，一個人的上台下台還不那麼嚴重，最要命的是勞民傷財——「至于十年不克征」。無法弭平天災人禍，最後手足無措、元氣大傷、一蹶不振。復卦一旦走偏，就會造成這樣的危險。升卦的「上六」就是卦中復卦的上爻；升卦上爻是升而不已，泡沫破碎，下面就接到困卦，領導人一換再換，十年都爬不起來。升卦上爻因為含藏復卦第六爻的基因，如果失去平衡，就有毀滅的可能。

其次，升卦的不穩定性很高，因此切勿盲目擴充、追求成長，因為二、三、四、五爻構成的是歸妹卦（䷵），歸妹卦屬於典型的感情用事型：內卦是少女的兌悅，外卦是震卦，「說以動」，「征凶，无攸利」，卦辭就給判了死刑。歸妹卦的感情用事說明了升卦虛浮不定，立腳不穩，有空虛、泡沫的象。

歸妹卦就是升卦中潛在的瘋狂驅動力，說明升卦稍不注意就莫名其妙地集體瘋狂，朝著毀滅的方向走去。所以升卦一定要遏制住歸妹卦的衝動。要知道歸妹卦是京房八宮卦序的最後一卦，是兌宮的歸魂卦，而且是大歸魂，那真的是「嗚呼哀哉，尚饗」。你看，升卦中有大過卦、有復卦，復到最後還有「迷復」，中間還有影響深遠的歸妹卦，是不是要小心升卦的成長迷思？

再看五個爻的卦中卦，這就是升卦的正面提醒了。升卦初爻到五爻是恒卦（䷟），所以升卦不應該追求短期的繁榮、利益，持之以恆、可大可久的成長才是升的正道，這就要引進恒卦的思維。升卦中有恒卦的象，要注意升卦第六爻不在恒之內，它是恒不了、很難長久的。也就是說，升卦到最後未必能恒，如果經不起時間的考驗，自然色衰愛弛、熱情消退。所以，處在升之時，就要預測到恒以外的因素。還有，高度成長的升卦需要一個相對來講比較自由開放的環境，可是又不能太放縱，要管理，這就是君臨天下的臨卦。二、三、四、五、上爻構成的就是臨卦（䷒）。所以升卦的成長必須好好管理，否則再好的「元亨利貞」也會變成八月之凶。泡沫的破碎就是八月之凶。

升卦的虛幻本質

升卦初爻是陰爻，缺乏資源、立腳不穩，根基就有問題，難免有點虛幻；同時下卦是風，說明它很機靈，但它的初爻就是虛的，可見它的繁榮是建立在諸如信貸這樣的外債基礎上，體質就不是真正健康。這是升卦跟泰卦的重要差異。升卦初爻爻變就是泰卦（䷊），泰卦初爻為陽，是實在的，根基較好。而升卦初爻是虛的，懂得順勢用柔、借力使力，故可以成長到很高的程度；可是在追求成長過程中，因為不斷擴充，常會忘掉立足點是浮動的，一旦成長遭遇瓶頸，事態就嚴重了。所以升卦從卦象就知道，升就是要抓住機遇，助長升的高度，但是升到一定程度，永遠不要忘了回填「初六」；萬一形勢不利，也有百分之百的控管能力。很多經濟泡沫就因為舉債太多，滾雪球般造成金融風暴。中國人的傳統習慣是儲蓄，賺一塊錢至少存三毛，而美國人賺一塊要花一塊三，豪宅、汽車什麼東西都有，可是全都是銀行的。這就是升卦隱藏的危機，也是地風升跟地天泰在初爻就顯現的重大區別。

升卦腳步虛浮，基礎不牢靠，可控性就很低。順利還好，衰的時候就會致命，所以要趁順的時候填補空虛。升卦的虛幻之象表現在第三爻的「升虛邑」，一個根本不存在的美好城池，就如海市蜃樓。「升虛邑」就是典型的泡沫化。

要透視升卦虛幻的本質，還有一個很好的理解角度，就是升卦六爻全變的錯卦是无妄卦（䷘）。无妄卦要做到百分之百沒有虛妄，不脫離現實，沒有輕舉妄動，才是「元亨利貞」。但因為太難，所以「其匪正有眚」，天災人禍並至，「不利有攸往」，又是剝卦的象。无妄即全真，完全的真實，絲毫不偏離天道法則，如果做到了，就是百分之百的「元亨利貞」。然而它的錯卦升卦就是隨時可能破滅的幻象，容易讓人迷惑。所以，升卦必須腦袋清醒，不能只看表面，還要看由內而外、由下而上步步高的時候可能出現的狀況，否則到最後萬事皆成空。

從錯卦的角度，无妄卦也可以印證萃卦。萃卦（䷬）的錯卦就是大畜卦（䷙），兩者皆可觸類旁通。萃卦是把很多資源集中在一起，大畜卦也是積蓄資源，最後消化吸收，變成自己的。只是大畜卦跟萃卦還是有本質上的不同，升卦跟无妄卦也是一樣。另外，萃卦、升卦的錯卦是无妄卦、大畜卦；萃卦、升卦前面的夬卦、姤卦，錯卦是剝卦、復卦。剝、復、无妄、大畜這四個卦連在一起，它們的錯卦剛好也是連在一起的夬、姤、萃、升四卦；一個在上經，一個在下經。這是《易》卦很獨特的現象，剝、復、夬、姤就是太極圖陰中有陽、陽中有陰和陰極轉陽、陽極轉陰最典型的呈現，都會引發下面大畜、无妄跟萃、升的相錯。

我曾講過，无妄、大畜都跟復卦的天地之心有關。因為剝、復才會有无妄、大畜；天地之心就是創造的核心、真實的本心；无妄就是對心的控管，如何降伏其心、安住真心，就是无妄卦的主題。這也是《金剛經》最有名的兩個命題：須菩提白佛言：「世尊！善男子、善女人，發阿耨多羅三藐三菩提心，云何應住？云何降伏其心？」「云何應住」和「云何降伏其心」，就是修練金剛心。无妄卦談心，心若生病，非藥可救，故說「无妄之疾，勿藥有喜。」而一切天災皆源於人心不淨，妄念未消，災就會持續。

大畜卦更是如此。心若无妄，就可以廣納一切，而且取用不盡；就如〈大象傳〉所云「多識于前言往行以畜其德」，心量無邊無際，還可以「何天之衢」。萃、升二卦也跟心靈的創造力有密切關係，像萃卦卦辭就強調專心致志，不管做什麼事，都可以將全副心力集中在某一點上；所以萃卦的成就就是心力的專注集中，「王假有廟」乃其中之一。而升卦能開創高端成就，心靈能力更是不得了，像「虛邑」就是充滿創造力和想像力。高精尖的產業飛升就是這個道理。

升卦有虛幻性，其交卦則是冷靜的觀卦（䷓），隨時隨地保持頭腦清醒，而且具有敏銳的洞察力，絕不會感情用事。升卦最容易感情用事，所以經常要用上下易位的交卦來轉換思考角度，保持冷靜觀察，免得失去平衡。冷靜觀察，一是觀察外界，二是觀察內心。倘若在升卦的環境中能保持冷靜，就不會被虛幻所迷。

升卦卦辭

䷭

升。元亨，用見大人，勿恤，南征吉。

升卦卦辭有十一個字：「元亨，用見大人，勿恤，南征吉。」首先就是「元亨」。升卦的前面是萃卦、姤卦的因緣聚會，好東西聚合在一起，創造亨通，當然是「嘉之會也」。正因為是姤和萃造成的升，所以升卦的亨通是很特殊的。我在上文講過，升卦跟泰卦的區別就是初爻的虛跟實；上面五個爻完全一樣，但基礎不同。泰卦完全是靠自己打造根基，而升卦則是借用外部資源，故有隱憂隱患，一旦發作，就可能毀滅根基，造成整個結構的破壞。泰卦當然也講亨通，「小往大來，吉亨」；但升卦的亨還有一個「元」。「元」是一種生生不息的核心創造力；「元亨」則呈現一片繁榮暢旺的景象。升卦的「元亨」是因為前面萃卦擺平了「九五」、「九四」兩大派系之爭，最後達成妥協，推出大家都能接受的人物作為領導，並且抓住姤卦的機會，創造團體成長的高績效，也就是升卦的亨通。所以升卦的時候，內部已取得共識，一帆風順往上衝，不像萃卦之時，內部的承乘應與、當位不當位、主流非主流鬥得正歡。各方達成一致目標，也就是升卦的「元」——天命已定，不再爭權奪利，而是在平衡狀態下共同創造團體優勢。升卦一旦有了元，就像滾雪球一樣直往前衝，越滾越大。

升卦「元亨」，氣勢如虹，但是沒有「利貞」，就剎不住車，擴張、擴張再擴張；成長、成長再成長，出征的意味特別濃，故卦辭云「南征」，而且吉。既然採取積極擴張以追求高速成長，當然就不再強調固守的「貞」。萃卦的時候，內部紛爭尚在進行，安內才能攘外，當然不適合「征」，只能固守。萃卦內部分贓已畢，升卦當然不會採取守勢的「貞」，而是「南征」，這樣才會吉。可見，升卦中沒有「利貞」，自有其因果關係。萃卦時為了「元」而「利貞」；升卦時障礙排除，核心力量已形成，有人帶頭全面採取攻勢，這就是「元亨」，最後「南征吉」。

「元亨」之後，「南征吉」之前，中間還有「用見大人，勿恤」。「勿恤」，即不要憂愁擔心。萃卦時擔心得心頭滴血，現在升卦沒有後顧之憂，就可以一心往前開拓。為什麼會「恤」呢？因為有弱點，讓人不放心；萃卦整合成功、大勢底定，到了升卦就沒什麼好擔心的了，大家一起往前衝，為創造共同利益而奮鬥。「勿恤」的結果一般是「有慶」，卦辭中也點出來了；〈彖傳〉解釋「勿恤」就說「有慶也」。「慶」就是皆大歡喜。升卦創造的共同效益一旦形成，水漲船高，大家分到的利益也會增加。「勿恤、有慶」是《易經》經、傳的常用語，通常會配套出現。像晉卦第五爻爻辭說「悔亡，失得勿恤，往吉无不利」。〈小象傳〉就說「往有慶也」。「勿恤」就「有慶」。大陸研究《春秋公羊傳》的學者蔣慶先生，字「勿恤」，就是「有慶」配「勿恤」。無憂無慮的「勿恤」，就會帶來眾喜之象。升卦就給人這種歡騰、繁榮的景象，卦辭一點瑕疵都沒有，一帆風順，就是因為前面萃卦已經熬出頭。可見，升卦嶄露頭角、紅紅火火的局面不是偶然的，前面的姤卦等待機會、萃卦擺平矛盾，然後才有升卦的皆大歡喜。

「用見大人」與「利見大人」的區別

「勿恤」之後還有「用見大人」。我們對「利見大人」應該不陌生。「用見大人」與「利見大人」是不一樣的，「利」與「用」的不同，在坤卦一章已講過。「用」是順勢用柔、以柔克剛的借力使力；「用」字如網，亦即利用網的資源來完成某一項目標。網的資源成本低且快速，不需要自己建構，這就是坤卦所說的「厚德載物」、搞好群眾關係，而使大家有共享的資源。「用」的智慧有時可用在依經解經上，例如我們用《道德經》來解《易經》，就可以省很多力氣。「利」字的字形就是用刀割禾，是用剛的手段運用自有資源；自己播種自己收，不必分給別人，有多少投資就有多少利。而「用」則是自己沒有資源，就像要播種而沒有種子，就得去借，甚至連收割的工具也得跟人借。既然是借用別人的資源，就得承認人家的權益，收穫時不能獨佔，這就是現代企業有獨資、合資，還有股份制；尤其是股份有限公司，面對小股東，你也得笑容滿面。這就是「利」與「用」的不同。《道德經》第四十章說：「反者道之動；弱者道之用。天下萬物生於有，有生於無。」柔弱的只要跟剛強的關係好，強的資源可以為弱者所用，這就是以小博大、以弱弈強的「用」的智慧，也是無中生有的智慧。這一章就明確告訴我們「利」跟「用」是兩種不同的人生態度，是用剛還是用柔，完全取決於自己的智慧。老子還說：「有之以為利，無之以為用。」這就說得更清楚了。機會來的時候，如果自己有資金、有人才，那就採取「利」的動作，賺了錢自己全部收回；如果沒有資金、人才，但機會不能放棄，那就利用股份制或貸款，用社會或別人的資源來抓住這個機會。當然，獲利之後，該給別人的一定要給。這就是升卦的「用」，面對機會時不一定要放棄，利用皆大歡喜的前景做誘因，讓有資源的人湊成團隊；萃卦中原本不相融的兩大派系，在升卦的環境就可以合作，畢竟大家都想趁升卦的時機獲利。

「有之以為利，無之以為用」這就是「利」跟「用」的不同，升卦要做的就是如何「用」。必須一提的是，「利」和「用」也可以並用而產生剛柔並濟的效益。像益卦初爻「利用為大作」，四爻「利用為依遷國」，剛柔都用上了；還有謙卦看起來是很柔的，必要時也可以剛，最後還出手打擊敵人，那就是第五爻的當仁不讓：「利用侵伐，无不利。」以及第六爻：「利用行師，征邑國。」都是剛柔互濟的「利用」。我們現在常把「利用」兩字連起來講，那就把剛柔的運用都包含其中了。

萃卦講「利見大人」，每個人都是精英，都有實力，這時可以發號施令的領導人就很重要，所以「利見大人」就會亨通。升卦不講「利見大人」而講「用見大人」，因為升卦本來就是無中生有；自己實力不夠，必須引進強而有力的靠山，並承諾給他一些權益，然後創造巨大的財富，這就是「用見大人」。

孟子說：「說大人，則藐之，勿視其巍巍然。」正合升卦「用見大人」的情景。升卦要借用別人的資源，在遊說那些有資源的大人時，自己要充滿自信；如果自己都不能說服自己，如何說服人家？面見大人時，第一句話就要抓住重心，兩三句話就要開門見山；要有蘇秦、張儀之流面見君王藐視一切的氣勢，不要被大人的威勢嚇倒。此外，「用見大人」要拿什麼去見大人？此時口才很重要，要用你描述的「空中樓閣」、「虛邑」等無中生有的夢幻願景，讓大人充滿憧憬。從升卦本身來講，大人是指「六五」，「六五」本身為柔，故「用見大人」最有說服力、感染力。在謙卦時，第一爻也講「用」：「謙謙君子，用涉大川，吉。」因為謙卦「初六」必須保持謙而又謙的低姿態，才能度過人生一切重大險難。所以不是咄咄逼人、帶刀帶劍的「利涉大川」，唯有「用涉大川」的柔弱姿態才能創造奇蹟。謙卦一開始就「用涉大川」，只要一個好態度就可以涉大川，怎能不吉？

升卦也是「用見大人」，而不是「利見大人」。因為升卦本來就是要發動、運用群眾力量；眾擎易舉、獨力難成，面對千載難逢的機會，如果只能萃聚一部分力量，那多可惜！所以一定要聚集更多資源，好承擔更大的風險、創造更大的效益。要說動那麼多人，就要用「升」的美麗遠景去說服更多實力派加入，爭取大人的支持。

呂不韋「用見大人」的智慧

無中生有才是真本事，戰國時期的呂不韋，從一介商人做到秦國大丞相，完全就是無中生有。成語「奇貨可居」，就是出自呂不韋的傳說。《史記・呂不韋列傳》記載：

子楚，秦諸庶孽孫，質於諸侯，車乘進用不饒，居處困，不得意。呂不韋賈邯鄲，見而憐之，曰：「此奇貨可居。」

《戰國策》又有這樣的記載：

濮陽人呂不韋賈於邯鄲，見秦質子異人，歸而謂父曰：「耕田之利幾倍？」曰：「十倍。」「珠玉之贏幾倍？」曰：「百倍。」「立國家之主贏幾倍？」曰：「無數。」曰：「今力田疾作，不得暖衣餘食；今建國立君，澤可以遺世。願往事之。」

這兩則記載說的是同一件事，是說呂不韋是當時有名的大商人，往來各地，以低價買進，高價賣出，所以積累萬金家產。但其後放棄商業利益，為在趙國為人質的秦國王子嬴異人（亦稱嬴楚）出謀劃策，提前佈局，把他救出趙國，迎立為秦王。以當時狀況而言，在外國為質的王孫貴族，順利歸國為王的可能性幾乎為零，況且當時嬴異人之父秦孝文王孱弱多病，在位一年即去世，國無支撐大局之王。呂不韋居然能提前佈局，為異人娶妻生子，花錢打點趙國各個部門，以迷惑趙人，到最後成功回國。後面的發展完全按照他的劇本演出。嬴異人後為秦莊襄王，在位三年，其子繼位，即後來的秦始皇嬴政。呂不韋從一個商人蛻變為秦國丞相，秦始皇稱之為仲父，執掌大權十三年。這正是「用見大人」的明證。就像姤卦的用柔手段，一陰吸收剛的全部資源，最後變成做主的女王。

「南征」的闡述

升卦卦辭最後的「南征吉」，很多人會莫名其妙，為什麼說南征而不是北征、東征、西征？這就涉及後天八卦方位的問題了。南方是離卦，屬光明的一方，而且是「大人以繼明照于四方」。「南征」就是光明磊落、堂堂正正地前進，而且有永續性，不必搞枱面下的動作。升卦最初是「元亨，用見大人」，當然「勿恤」。「南征」就吉，而且一定吉，因為南方是離卦的象徵，南面為王，取得了主導優勢，接收別人的利益。換句話說，升卦領導人一定要有一套掌控形勢、領導統馭的本領，才能居於主導優勢。「南征」的「南」這個象，在下經已經出現過，即明夷卦（䷣）需要破暗復明的第三爻，也就是武王伐紂的故事。爻辭一開始就說「明夷于南狩」，在「明夷」的黑暗中往南狩獵，目的就是斬首除惡，另立新政。「南」就是嚮往光明。所以在「明夷」的黑暗環境中，要「明夷于南狩」，一定要除惡、除奸、誅獨夫，才能恢復光明的世界。所以明夷卦第三爻爻變就是光明再現的復卦（䷗）。

「南狩」、「南征」都跟離卦有關。明夷卦第三爻「南狩」是為了斬首，離卦上爻也是斬首，這就需要貫通領悟南方與離卦的關係。

升卦〈彖傳〉

〈彖〉曰：柔以時升，巽而順，剛中而應，是以大亨。用見大人，勿恤，有慶也。南征吉，志行也。

接下來看〈彖傳〉。升卦〈彖傳〉與其他卦不同，直接就解釋發揮。「柔以時升」，這四個字就是升卦的奧秘；升卦的生長點是什麼也沒有的「初六」，居然就在那上面蓋起了空中樓閣，虛幻的泡泡就上來了。這簡直是無本生意的夢幻式成長。而且升卦全卦都是用柔的手段，上、下卦都是陰柔的卦，上卦是坤（☷），順勢用柔，善於運用群眾資源；下卦是巽（☴），陰險、低調，而且無形無相，可以深入。坤為母，巽為長女，長女跟母親聯手，發揮坤柔的上乘工夫，而且善用由姤而萃再到升的時機，精準判斷、快速出手。按常理，柔本身是升不起來的，但是它抓住了千載難逢的時機，「柔以時升」，水漲船高，自然就飆上去了。真可謂「時來天地皆同力」；秉性雖柔，只要抓準時機，也可以成就高效益。當然，還要善用群眾關係，「厚德載物」，共同奮鬥，構築共同夢想，創造山中傳奇。像新加坡剛獨立時什麼也沒有，可是最後成為東亞四小龍。還有，坤卦也是從完全沒有變成什麼都有：「用六。利永貞，以大終也。」以小開始，以大終，好厲害！這就是善於吸收消化，用別人的資源造就自己。

升卦「柔以時升」這種「無中生有」的智慧，正是老子所倡導的，也是兵家三十六計之一，利用造謠等手段，用假象欺騙對方；但並非一假到底，而是讓對方把受騙的假象當成真相。這是一種對付敵人的陰柔智慧。「三人成虎」就是如此，只要達到干擾的目的，什麼成本也不用花，就可以給對方造成致命傷害。達成目的之後，即使敵方發現，但局勢早已轉變。難怪曾參之母會相信兒子殺人，急得要跳牆逃走。

「柔以時升」同時也說明，不要因為柔就放棄，反而要善用柔。「巽而順」，「而」即「能」，下卦巽低調、深入，快速如風，《孫子兵法・軍爭篇》說：「其疾如風，其徐如林；侵掠如火，不動如山；難知如陰，動如雷震。」可見，巽是很厲害的工夫，低調而且靈活。也就是說，升卦下卦在地位還不高的時候懂得巽的工夫，一旦滲透進去，就可以如蠱卦（䷑）般破壞敵方的基礎。巽的成功，就給上卦坤建立一個廣土眾民的平台，可以順勢用柔，擴大效益。

用巽卦無孔不入的特點去打底，只要站穩腳跟，上卦坤就順勢展開，好大一塊地盤自然到手，這是在講升卦的結構。〈彖傳〉一般是從卦的結構切入，《易經》初學者覺得它抽象，常感覺吃力；其實只要多看一些卦，歸納出體例後，再加上熟知八卦的基本功能及象徵意義，就會恍然大悟。如果光是把「柔以時升，巽而順」這七個字譯成白話去理解，一點用也沒有。

「剛中而應」，萃卦〈彖傳〉也是「順以說，剛中而應」。萃卦的「剛中」是「九五」，跟「六二」相應。升卦剛中是「九二」，居下卦、內卦之中，跟「六五」相應。由此可知，升卦的主爻是「九二」，這是一個關鍵爻，是統合創造升卦氣勢的主角，而且它在下卦巽中，行事低調。它的特性有三：一是剛而能柔；二是居下卦之中，懂得持中之道；三是人脈關係絕佳，上下打點極順暢。由「剛中而應」可知，「九二」是升卦下卦民間的意見領袖、社會的中流砥柱，它上可通天，跟在朝的「六五」相應與，剛柔互濟；下可達地，擁有廣大民意支持。「初六」跟「九二」陰承陽、柔承剛，關係很好，所以「九二」乘「初」應「五」，有君位的決策支援，又深得民望。

「九二」既可以挾「初六」的民意跟「六五」爭取利益，又使「六五」不敢輕忽「九二」擁有「初六」支持的實力。這樣一來，「六五」君位跟「初六」民眾的溝通管道，都得通過「九二」；「九二」承上啟下，在民間發揮了大效力。可見，「九二」在升卦的重要性，堪稱全局之眼，就像太極圖中主導變化的魚眼睛。如果升卦第二爻發動，帶動初爻、影響五爻，三爻齊變為既濟卦（䷾），靠著不可遏抑的氣勢，就可爭取成功到位。而且宜變爻位在第二爻，更凸顯了「九二」的重要性。「巽而順，剛中而應，是以大亨」，「大亨」是「元亨」的一種，這麼好的結構，可說是一呼百諾，牽動全局而亨通無礙。

〈彖傳〉把升卦的關鍵點落在「九二」身上，「用見大人」就更好理解了。「大人」指「六五」，升卦總體上還是由「六五」拍板定案；「九二」不能直接拍板，但它可以挾「初六」的民意影響決策者。

「勿恤，有慶也」，這麼好的局面，舉國歡騰、皆大歡喜，沒什麼好擔心的。「南征吉，志行也」，「南征」即心中的志願實現了，「志行」，即創造了奇蹟。萃卦〈彖傳〉為什麼沒有講「志行」？因為萃的時候要了解形勢，所以要「順天命也」。我曾講過天命跟人志之間的辨證關係，人志不能違背天命，順著天命的大形勢，人志就容易實現。如果逆著大形勢而行，就是空有其志，永遠無法實現。要知道，絕大部分時候，形勢比人強。《易經》下經只有革卦可以展現非凡創造力，以人志革天命、改朝換代，另起「元亨利貞」的爐灶，再造乾坤。我在姤卦開始就提醒大家注意命與志的對話，人生立志，不能盲目；如果志向跟形勢格格不入，那是自討苦吃。萃卦要我們順天命，到了升卦就可以「南征吉，志行也」，此時志與命天人合一，天地皆同力。如果偏要逆勢而行，志很快就會被毀滅。所以「南征吉」是因為萃的「順天命」，對大形勢的運用、判斷都到位；「順天命」就「志行也」。我在姤卦講過「有隕自天」的概念，叫做「志不舍命」。姤卦第五爻「以杞包瓜」，長期深入的佈局，就是為了等待「有隕自天」那電光石火的剎那。其實，從姤、萃、升、困、井、革、鼎一路上去，都在檢討志與命，所以光立志沒有用，一定要考慮客觀環境。

升卦〈大象傳〉

〈大象〉曰：地中生木，升。君子以順德，積小以高大。

「地中生木，升」，這是升卦的象。下卦巽為木，上卦坤為地，故稱「地中生木」。木代表生機，「休」字是人靠著木，木中含有大量芬多精，讓人得到休養生息。木是生機的象徵，「地中生木」就是根深葉茂、本固枝榮的象。也就是說，升卦若想長得像參天巨木一樣，就得從幼苗開始深根入土；下卦巽要想獲得生機，一開始就要學會佈局，利用「地中生木」的良好條件，吸取地利資源，無中生有。

巽卦深入地底吸收養分資源，就是為了將來破土而出。但是，升卦常常是成長太快、擴張過速，所以〈大象傳〉強調：「君子以順德，積小以高大。」意思是要循序漸進、日積月累。這是修德的工夫。「君子以順德」的「順」包含下卦巽和上卦坤的順。升卦上下卦猶如一對母女，坤卦的媽媽跟巽卦的長女配合無間。「順德」就是坤卦的厚德載物、順勢用柔，不強求，但一步一步慢慢吸收資源，成就自己。

「積小以高大」，由小而大是積累而成，不能急。這一點是針對升卦二到五爻構成的卦中卦歸妹卦（䷵）所做的調整和提醒。歸妹卦的急性子，往往最後落得一場空。「以順德，積小以高大」，總體來說，就是要忍耐、包容，不能急躁；否則，揠苗助長的升會出問題。過度的人為炒作、假造業績，這是自我欺騙，不會有好下場。若能依照〈大象傳〉修德的方式，就可以避免升卦高度成長所帶來的泡沫化。

升卦六爻詳述

初爻：眾信眾力

初六。允升，大吉。

〈小象〉曰：允升大吉，上合志也。

升卦「初六」的爻辭比較讓人舒服：「允升，大吉。」第一個爻就這麼好的卦很少，因為大部分的初爻都是「潛龍勿用」的階段。升卦第一爻氣勢飽滿，呈現一片欣欣向榮的景象。第一爻就大吉，大概只有益卦（䷩）初爻可以相媲美。益卦初爻「利用為大作，元吉，无咎」，也是形勢一片大好；之所以這麼好，也是前面的損卦（䷨）下了不少損的工夫，以致損極轉益，所以第一爻就是揚帆待發的象。升卦也是如此，因為它前面的萃卦已經下了很多工夫，蓄勢待發，一進入升卦，當然就要開始往前衝。同時它也好比植物的生長點，一旦吸取充足的養分，就會蓬勃生長。初爻是下卦巽「地中生木」的樹根，是生長點，就像股市，一個點紅了，就會帶動全盤翻紅。

升卦初爻看起來只是一個點，但這個點是升卦廣大的基礎，覆蓋面很廣，然後「允升」，大家都同意一起升；初爻一旦發動，就會帶動全面的吉——大吉；就如火車頭一動，整列火車都動了起來；關鍵產業一動，相關產業全部動起來。這樣以點帶動全面的成長，就是「允升，大吉」。「允」既是允許，也是公允、公平，還有誠信的意思。誰允呢？眾允。升卦就是要用眾，群眾都誠心誠意的同意這麼幹。這樣從基層的推動，就可以推動上面所有的爻都往上，「允升，大吉」的局面由此形成。所以升卦初爻這個關鍵點只要發揮熱力，就能撐住整個卦，上面的爻不升都不行。

〈小象傳〉說：「允升大吉，上合志也。」狹義來講，「上」是指「九二」，「初六」推動關鍵的「九二」，「九二」就得反應給「六五」，然後「九二」就帶著全局一路往上發展。在升卦中，大家都在一條線上，都想升，這就是「上合志也」。「初六」想要成長、想要脫貧致富，底盤一升，上面的升就是「沛然莫之能禦」，擋都擋不住。「允」的前面其實省略了一個「眾」字，即「眾允」；眾志成城，氣勢如虹。從初爻開始，客觀環境允許擴張，猶如畫龍點睛般，全局皆活。「上合志」的說法在小畜卦第四爻也出現過，「六四」跟「九五」陰承陽、柔承剛，也稱「上合志」。

這是第一爻。「上合志」落實了卦辭的「南征吉」，打響第一槍，基層百姓的志向得以伸張，「志行也」；萃卦的天命大環境因緣具足，每個人都同意往前衝。「南征吉，志行也」落實在第一爻，故曰「上合志」。萃卦六爻的整合尚未完成前，雖然順天命，但是卦辭、爻辭提到的「志」都行不通，所以萃卦「九五」「萃有位，志未光」，時機還沒成熟；萃卦初爻「乃亂乃萃，其志亂也」，萃卦「初六」的廣大基層還沒形成共識，怎麼行動？還得等君位處理跟「九四」的關係。直到由萃卦變成升卦，升卦初爻契機出現，「允升，大吉」，「上合志」，然後風捲殘雲般，帶動整體攀升。所以「初六」爻變為泰卦（䷊）。

「允」字也不是第一次出現，在第三十五卦晉卦（䷢）就出現過。晉卦第三爻「眾允，悔亡」，一個人因為有誠信，得到大家的肯定和支持，「志上行也」，第三爻要突破，就得挑戰第四爻「晉如鼫鼠」的難關；而且晉卦奮鬥到第三爻，下卦坤的民意都集結在一起，要突破「九四」官僚的封鎖，打擊貪婪的大老鼠，當然是「志上行也」。我在上文說過，升卦初爻「允升」前省略了主詞「眾」，就是從晉卦來的。「眾允」當然能升，但是晉卦要奮鬥到第三爻才能「眾允」，進而「志上行」，可見升卦的環境比它好多了。你看，晉卦雖然以旭日作為象徵，剛開始還是好辛苦：「晉如摧如」，被人打壓；「晉如愁如」，被人算計；到了第三爻不屈不撓，終於「眾允，悔亡」。從晉到升，時代是進步、開放的，沒有大老鼠擋道，大家都可以「志上行」；第一爻的廣大基層就可以直接「允升」，沒人敢擋你。很多人喜歡從《易經》取名字，「允升」也是一個。清末滿人最後一任陝甘總督就是升允，這個人雖然不那麼有名，但名字一看就知道是從《易經》來的。

升卦是進，晉卦也是進。升卦是從幼苗長成參天大樹的植物生長力來取象；晉卦是從日出到日落的天體運行取象。但兩卦的最後一爻都出現問題。晉卦最後一爻「晉其角」，下接明夷卦（䷣）的黑暗；升卦最後一爻「冥升」，「升而不已必困」，落入困卦（䷮）的困局。但整體來講，升卦比晉卦要好些。升卦贏在起點，各方面的環境比較成熟；晉卦到第三爻才有的成績，升卦第一爻就有了。但是兩個卦都遇到瓶頸——由晉到明夷、由升到困，都是上爻出問題。那麼，如何在向上推進時趨吉避凶？這就需要好好學習。

另外，從投資的角度來講，升卦初爻就是一個投資的機會。初爻的「允」是一個很大的資本，如果投資需要一億，即使只有三千萬，因為誠信得到認可，另外七千萬就可以向銀行借。誠信可以調度資源，而且是未來的資源，這就是信用。所以建立信用很重要，一旦信用瓦解，那就全盤都輸了。可以預支未來的資源，就是「允」的境界；不然升卦初爻明明是陰爻，憑什麼讓人家相信呢？像孫中山革命的時候啥也沒有，但他能說服別人贊助革命，因為「中華民國」的成立對這些投資革命的人來說，那是畢生願景。這就是中山先生的「允」，讓許多人誓死追隨他；這也是無中生有的「柔以時升」。機不可失，時不再來，我現在沒有，但我未來可能有。有信心的人，就會看到未來；現在資源不足，凡是幫助過的人，未來一旦有成就，一定會湧泉以報。

升卦是跳躍式的成長，所以一定要有良好的誠信，別人才敢押寶，然後就能升、能進，「志上行、上合志」。這就是由一點帶動「大吉」的局面。關於「大吉」，我在萃卦第四爻詳細提過，升卦第一爻是「允升」帶動「大吉」，萃卦第四爻的「大吉」是有但書的，做到了才能无咎，而家人卦（䷤）第四爻「富家」就「大吉」。還有一個「大吉」是小過卦（䷽）卦辭最後，如果行事謹小慎微，就可大吉；也就是說小不忍則亂大謀，積小勝可為大勝。小過卦的時候千萬不要邁開大步，最後才有既濟卦的成功——大吉。「大吉」和「元吉」也有不同，「大吉」有整體觀的意思，「元吉」則強調生生不息的創造力。

二爻：穿針引線

䷭

九二。孚乃利用禴，无咎。

〈小象〉曰：九二之孚，有喜也。

第二爻承上啟下調度資源，真正帶動整個升卦的效應。初爻「允升」的生長點，也因為有第二爻的巧妙運用，再帶動第五爻打通關節，而使整個局面紅紅火火、一片榮景。二爻爻變是謙卦（䷎），說明其兼顧各方，「裒多益寡，稱物平施」，能夠升，又能得到謙卦的「謙亨，君子有終」。懂得利用槓桿原理，不需要投入多少資源，就能創造全局的升。這種智慧是我們要學習的，

「孚乃利用禴，无咎」，這和萃卦第二爻幾乎完全一樣。萃卦第二爻「引吉，无咎。孚乃利用禴」，也說明誠信最重要。在升卦第二爻，誠信可以調度資源，成本很低。「禴」是薄祭，不必殺牛宰羊，上天和祖宗神明都不會怪罪；就像損卦的「二簋可用享」、賁卦第五爻「賁于丘園，束帛戔戔，吝，終吉」，心意和誠意最重要。可見「孚」很重要。「九二」一旦有了「孚」，相應的「六五」很喜歡，下乘的「初六」群眾也擁戴。這麼好的人氣，因為「九二」是謙謙君子，陽居陰位、剛而能柔、和平不爭，所以他可以「利用禴」。你看，又是「利」，又是「用」，剛柔互濟，自己根本不要投入資源，光是「初六」就會踴躍捐款，「六五」劃撥預算，「九二」只需要居中調度。當然，也只有他才能調和大眾，天佑人助，故「无咎」。

〈小象傳〉說：「九二之孚，有喜也。」對「九二」個人來講，做人做事的成功，還是屬於個人的喜，但因為「九二」還會帶動大家的好，所以〈彖傳〉說：「勿恤，有慶也。」由「有喜」帶動「有慶」，就是由個人的喜帶動眾喜——皆大歡喜。也就是說，「九二」的成功會帶動全局的成功；「初六」那個點一旦點火，就會「允升」，造成整個升卦的大吉。

三爻：飛蛾撲火

☷☴ 九三。升虛邑。

〈小象〉曰：升虛邑，无所疑也。

「九三」爻辭曰「升虛邑」，這是非常耐人尋味的一個爻。「邑」不是獨立國家，屬於城邦。「虛邑」就像海市蜃樓，透過光的折射，會在沙漠、海上看到不存在的景象。這種由人心構成的假象，常讓人瘋狂追尋，結果卻是夢幻泡影。可是永遠會有人構畫各種不同形式的大餅，讓大家熱情追求。這種虛構的能量十分可觀，又充滿創造力，千萬不要小看。

我在講豫卦一章時就提到法西斯的「利建侯行師」，對未來提出很多願景，驅使群眾全部跟著他瘋狂起來，最後落空。因為人始終不滿現實，總覺得現狀不夠好：錢賺得不夠多、太太不夠漂亮、小孩讀的學校不好……。一旦有人告訴你可以改變現狀，大家就跟著他去了。就有人會利用人對未來的盼望而勾畫美好的政治或宗教願景，讓人義無反顧，如飛蛾撲火。這就是「升虛邑」，用根本就不存在的城市，讓你拚命追求，渴望哪一天能進到黃金鋪地的「邑」，可那是「虛邑」。正因為第三爻有泡沫的象，要是應對不善，「升虛邑」的因就會造成升卦上爻泡沫化的果，最後就是「升而不已必困」。

那麼，「虛邑」就值得好好研究了。怎麼判斷它的真假、虛實？是光影反射，還是人心構畫？抑或確實存在，只是我們還沒有碰到？這就麻煩了！整座城市都在虛無縹渺間，清醒的人手一彈就沒有了，不清醒的人還在裡面過夜。歷代都有人在文明發展過程中提出所謂的烏托邦、理想國，其實那都是「虛邑」。所以，注意這個爻的爻辭，照講它很可能是空的，只是現在還看不出來；直到第六爻泡沫破碎，才會發現夢境成空。第六爻爻變是蠱卦（䷑），表示早就開始長蟲慢慢腐敗了。

既然是「升虛邑」，為什麼那麼多人還前仆後繼，如飛蛾撲火？正如〈小象傳〉所說的「无所疑也」，沒有人懷疑。所以信仰有時很可怕，管它真的假的，「无所疑」的力量就可以動員群眾。所以這個爻的爻辭不講吉凶，跟比卦（䷇）第三爻「比之匪人」、否卦（䷋）第三爻「包羞」、隨卦（䷐）第二爻「係小子，失丈夫」有異曲同工之妙。《易經》的爻辭若不明言吉凶，就特別值得玩味。大智慧者可以利用假的和空的東西成事；笨的人就在虛無的追尋中葬送青春幸福。所以，只要有「无所疑」的信心，「比之匪人」、「包羞」可以用，「升虛邑」也能用。這三個爻都強調，我認為它是真的，它就真的有效！豬骨頭拜久了也會發佛光；哪天人家告訴你這不是佛骨而是豬骨，你就信心崩潰、馬上完蛋。

升虛邑，不言吉凶

我一直強調「升虛邑」的微妙，它剛好在人位，可見很多「虛邑」都是人心構畫出來的，所以它能產生強大的動力。金融風暴就是用那麼複雜、那麼有創意的衍生性商品，吸引全球夢想發財的人把一生積蓄都填上去。因為「虛邑」確實動人，幾百兆美金的泡沫，全世界都沒有這麼多錢，卻能吸引那麼多人在玩這個遊戲。可見騙子、野心家、佈道家很有創造力，不然怎會有那麼多人有錢出錢、有力出力，大家都想鑽到「虛邑」裡去？這就很值得研究。可見，人性當中必有這方面的弱點。《易經》爻辭作者面對這種狀況其實也是猶疑不定，他沒有說「升虛邑」凶或吉，只針對

「升虛邑」做客觀描述，但他已經暗示這可能是空的。要知道凡所有相皆是虛妄，可是人生就是愛做夢；黃粱一夢、紅樓夢都是「升虛邑」，大家都想進入那座城，享受榮華富貴，想像著天堂、淨土、理想國。

很多所謂的主義，也是靠著「虛邑」來號召群眾，到底實現沒有？沒有。但還是有那麼多人拋頭顱、灑熱血。可見「虛邑」是吉是凶，得看人的智慧修為而定。騙子可以運用虛邑達到創收的目的；「包羞忍辱是男兒，捲土重來未可知」，「包羞」一段時間，依然可以東山再起；「比之匪人」專門跟魔鬼握手合作，但不受魔鬼所害；「係小子，失丈夫」一樣能成功。在這些不言吉凶的爻中，其實充滿洞悉人情、甚至還有一點悲憫心的智慧。是吉是凶，就看你怎麼做，君子吉，小人否；男人凶、女人吉……總之，要有大智慧、有透視顛倒夢想的能力，才可以虛為實、遏惡揚善。

所以，不言吉凶的「升虛邑」具有偉大的創造力，不然怎麼能構畫如此美麗動人的願景呢？「升虛邑」正是升卦三爻到上爻構成的復卦（䷗）初爻，具有復卦初爻的核心創造力。利用信念產生的力量，不管真假、虛實，都能讓天下人跟著他走；一元復始、萬象更新，從一點推擴到全面。至於能否享受「虛邑」的正面效益，避開「虛邑」的執著，以免走到復卦上爻的「迷復凶」，全看怎麼操作、應對了。再者，通常這種「虛邑」不會是少數人的追求，一定能帶動群眾，所以這個爻爻變為師卦（䷆），有勞師動眾的狂牛效應。

和平崛起與武力崛起的差別分析

我們說過和平崛起，包括和平統一，那是史無前例的。如果要做到，必須有深遠的智慧。自古以來，任何一個國家的崛起都是靠武力征戰，從沒有和平崛起的。那麼，和平崛起辦不辦得到呢？如果升卦是崛起的象，和平崛起是哪一個爻？武力崛起是哪一個爻？結合爻變的概念，結果就呼之欲出了。升卦第二爻爻變是謙卦，「遇升之謙」，就是和平崛起，不用戰爭，成本超低，而且最後得善終。所以，利用國際合作，講信修睦，「孚乃利用禴」，就可以享受和平崛起，「柔以時升，巽而順，剛中而應」。如果辦不到，就走上西方列強霸道稱王的路子，以發動戰爭、殺人滅國而變成世界霸主。這就是第三爻的「升虛邑」。

不過，靠武力崛起到最後還是霸業成空，然後就是欠一屁股債，導致國力大衰。要知道自古以來就沒有千秋萬世的霸權。孟子說「五世而斬」，就是霸業的粉碎。像亞歷山大的馬其頓王國、秦始皇的大秦帝國，還有近代希特勒建立的納粹德國，日本軍閥建立的大東亞共榮圈、大英帝國所謂的日不落帝國、美國所謂的世界警察，靠的都是武力崛起；但這樣的崛起因為是靠師卦的戰爭崛起，並不能解決問題，所以是「升虛邑」，是站不住的海市蜃樓、空中樓閣，將來注定成空。你看秦始皇和他的先輩發動多少戰爭才統一六國，他在位時也十分勤勉，下了很大的工夫，沒想到秦朝僅僅十五年、二世而亡。

可見，任何事業最後都會以結果論，不管是和平崛起還是武力崛起，功過是非，未來的歷史會證明。因此，是要走「升虛邑」的道路，還是走「孚乃利用禴」的道路，就看當事人的智慧和眼光。

「升虛邑」的人生

人性很難說，像「升虛邑」型的人格就很複雜，可能充滿創造性，也可能是大騙子；但是他有無窮的魅力，能掀起時代風潮，讓大家都相信他。很多邪教教主也是信眾一堆「无所疑」，大家都相信「虛邑」，相信自己在教主的帶領下會得永生。

曾有一個學生，根據《河洛理數》算法，他的先天本命就是「升虛邑」的人格，所以他畢生所有動力都在追求各種不可思議的思想，厭倦現實人生。如果先天是「升虛邑」，後天就是比卦的「上六」：「比之无首，凶。」也就是說，他想追求的「升虛邑」，所謂的天國、烏托邦這些形而上的夢想，終究是空的。這也就是比卦卦辭所說的「後夫凶」。為了追求「虛邑」，「不寧方來」，坐臥不寧，可是最後是一場空。所以，光是從先、後天本命的概念，就告訴我們「升虛邑」的下場極可能是「比之无首」，而且比卦上爻的〈小象傳〉還加了一句——「无所終也」，沒有好下場，注定成空。

無獨有偶，還有一個學生先天本命是比卦上爻「比之无首」，後天就是升卦第三爻的「升虛邑」。這是位女學生，她一直想嫁人，卻始終不能如願，故曰「比之无首」。天主教《玫瑰經》說丈夫是妻子的頭，所以一切要唯頭是尊。「比之无首」就是找不到頭，找不到丈夫，人生的缺憾只能用後天的「升虛邑」來彌補。所以她就脫離現實，寄託於心靈的追求。但我看她最後也不見得能從「升虛邑」的追求中掙脫。

四爻：韜光養晦

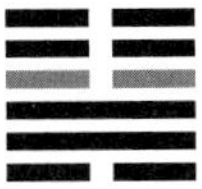

六四。王用亨于岐山，吉，无咎。

〈小象〉曰：王用亨于岐山，順事也。

我們繼續看「六四」。「六四」是典型的「老二」哲學，因為「六五」是老大，升到最高峰，「六四」離最高峰還有一步之遙。二把手和一把手之間的關係要特別小心，「六四」陰居陰位，必須要低調，才能演好老二的角色。我在萃卦一章就講過，「九四」跟「九五」要設法和平共存，一山容二虎，沒有衝突的本錢。升卦已經升到第四爻，第五爻絕對會猜忌、防範第四爻取而代之。所以在六個爻中，「四」跟「五」的關係很緊張，尤其第四爻，一定要明白自己身為老二的處境。

我們看爻辭：「王用亨于岐山，吉，无咎。」「吉，无咎」是非常好的結果，不但能繼續成長，而且沒有後遺症，結果圓滿。因為第四爻懂得「王用亨于岐山」。這跟隨卦（䷐）上爻有異曲同工之妙。隨卦上爻的「拘係之，乃從維之。王用亨于西山」，「西山」就是岐山。這個典故孟子曾多次提起，講的是周文王姬昌的祖父周太王因為邊患不寧，將整個王族從邠地遷徙到偏僻的岐山腳下，不過因為他行德政，老百姓因此願意放棄家業、誓死跟隨。可見人心的支持擁護，是建功立業最大的資產，這就是「拘係之，乃從維之」的力量。這段歷史不管是不是經過美化，總是一段佳話，也奠定了周武王伐紂成功的基礎。升卦第四爻再次提出這一點，可見《周易》總要把周民族輝煌燦爛的歷史拿來作為印證成功的案例。「王用亨于岐山」和「王用亨于西山」的詞法一樣，但隨卦的「王」是指周太王，升卦的王是《易經》的作者之一周文王姬昌，也就是太王的孫子。

周太王遷移到岐山腳下，勵精圖治，從零開始，避開了戰禍兵患，群策群力，眾志成城，發展到周文王姬昌的時候就很強盛。他們的「孚」就吸引各地唾棄紂王暴虐的人才，使得周文王的新興勢力產生了「萃」的效應。「萃」就能造就「升」的成長，終有一天可以取代日益腐化的商王朝。正因為這樣，周文王被紂王關在羑里七年，但這反而造就他的亨通，這就是「王用亨于岐山」，又是無中生有、順勢用柔、以柔克剛、以小博大的「用」。而這都是他的策略，因為他還在發展中，上有紂王，不能硬碰硬，只有埋頭發展自己，韜光養晦，銳意進取，在自己力量還不足以掌控全局時，繼續稱臣服事於殷。「六四」現在實力不如「六五」，就像周文王雖是大諸侯，但力量仍比不上中央的商政權，那就用時間來爭取勝利；成長的曲線持續上升，而商朝的曲線卻一直下降，一盛一衰，等到差距越來越近，不必動用武力就可以取而代之。這就是老二哲學，低調而積極，時刻準備、暗中成長。

正如〈小象傳〉所說的：「王用亨于岐山，順事也。」發揮〈大象傳〉「君子以順德」、〈彖傳〉「巽而順」的本領，「六四」就可以亨通，「吉，无咎」。鄧小平曾經提出中國永不稱霸，道理就在這裡。他提出二十八字真言：「冷靜觀察，站穩腳跟，沉著應付，韜光養晦，善於守拙，絕不當頭，有所作為。」「韜光養晦」就是絕不稱霸，埋頭發展自己。有這麼長遠的想法，事業就可以遠大而且穩定。故第四爻爻變為恒卦（䷟），「遇升之恒」這種戰略思維，就是在對方壓倒性的優勢前耐心等待，等到實力發生逆轉，就可兵不血刃，穩操勝券。二爻與四爻同功而異位，「九二」跟「六四」都懂得這一套，不衝突，但實力一天天壯大，到最後自然而然就以最低成本到達巔峰，而且建立恒久而穩定的局面。這就是長期的戰略眼光。周太王搞隨卦上爻那一套，其孫文王搞「王用亨于岐山」這一套，結果爻變為恒卦，所以周朝是中國歷史上最「恒」的一個朝代，享國八百多年，這絕不簡單！周朝之後的秦朝十五年而亡，後來的朝代有的幾十年，有的拚拚湊湊才兩、三百年，能八百年簡直是做夢。

升卦第四爻「順事也」，只要能掌握盛衰的趨勢，雙方實力會越來越接近，千萬不要起衝突。

這種老二哲學值得借鑑。但是老二不止一個，所以要安分，讓老大幾乎忘記你的存在，你才可以好好發展。如果你讓老大或其他老二如芒刺在背，那就不是成功的老二，要懂得低調順事，有肉就埋在飯碗裡吃，最後吃得壯壯的。這就是「六四」的過人之處，是「積小以高大」的資本。升卦裡面有卦中卦復卦的象，「六四」就是復卦的第二爻跟第四爻；二爻「休復，吉」，四爻「中行獨復」，兼具這兩個爻的特色。「六四」爻變是恒卦，同時也是升卦中恒卦（初爻至五爻構成）的第五爻，「升」中有「恒」象，說明要有長遠眼光，還要追求結構穩定、長治久安。恒卦第五爻有兩種可能——「婦人吉，夫子凶」，所以更要發揮坤德，「順事也」。

五爻：登峰造極

六五。貞吉，升階。

〈小象〉曰：貞吉升階，大得志也。

第五爻終於成功，「貞吉，升階」，一步步爬樓梯，終於抵達登峰造極的境界。這是典型的小步快走，而不是一下子跨大步。正如老子說的：「企者不立，跨者不行。」踮著腳走無法持久，跨大步走會摔跤；必須「貞吉」，固守正道、腳踏實地，一個階段一個階段循序漸進。升卦中的「貞」多半是坤卦的「利牝馬之貞」，也就是「柔以時升」，一路攀登而上，最後超越一切，「升階」，登上峰頂，一覽眾山小。

〈小象傳〉說：「貞吉升階，大得志也。」這應該很好理解。初爻是「上合志也」，那是廣大基層；五爻「大得志也」，終於得償所願。這就是〈彖傳〉所講的「南征吉，志行也」，從基層「初六」的「上合志」，到君位「六五」的「大得志」，正好印證卦辭的「南征吉，志行也」。人生到「大得志」這一步，當然是功德圓滿。以升卦卦中卦復卦來講，「六五」就是三爻跟五爻，五爻就是功德圓滿，「敦復，无悔」；三爻就是中間的擺盪「頻復，厲」。也就是說，升卦已經到頭了，一定要懂得適可而止，認清成長的極限，不要為成長而失去平衡，否則「上六」的災禍——「冥升」馬上到來。所以現在好不容易成功了，反而要踩踩剎車。本來升卦整體是「南征吉」，一直往前進取，現在既已成功，就要改為守勢，用「元亨利貞」的「貞」才能吉。注意，升卦一路低調，「柔以時升」，絕對不硬碰硬、起衝突，繞過一個個難關後，最後成功，這時的「貞」就是固守正道，適可而止。

上爻：自強不息

上六。冥升，利于不息之貞。

〈小象〉曰：冥升在上，消不富也。

如果「六五」不懂得「貞」，再往上就是「冥升」，泡沫吹不下去了就破碎，人就會由此變得冥頑不靈。〈小象傳〉說：「冥升在上，消不富也。」「消不富」是說升卦一直在增加財富，現在開始消退、不富了；從登天到入地，下面就是困卦，困卦第一爻接著升卦上爻就是谷底的象。第六爻「冥升」，造成困卦第一爻的「入于幽谷」，進入人生最低潮，所有人際關係都亂了。原先是「富在深山有遠親」，在升卦的時候懂得抓時機，用別人的資源創造山中傳奇，可是一到困卦，什麼關係都沒有了。如果第五爻懂得適可而止，多做善事，固守正道，還有機會保住原先的發展勢頭；可是第六爻因為貪欲過頭，泡沫破滅，才發現最不可靠的就是原來的各種關係資源，如政商關係，平時關係親密的銀行也雨天收傘，這就是「冥升」。然後是困卦第一爻的「入于幽谷」，困在幽谷之中，三年都見不到人。所以，要特別小心走到「消不富也」這一步。升卦第五爻是登天堂，第六爻就是下地獄，天堂跟地獄繫於一念之轉。第五爻「貞吉，升階」、「大得志」，跟第六爻的「冥升在上，消不富」只有一爻之差，可見，中道的平衡多麼重要，過了頭就適得其反。

上爻「冥升」，其後就是「利于不息之貞」。對初學者來說，後面這一句最難理解。「冥升」為什麼又有利，而且是「利于不息之貞」？這就有點費解了。那麼，何謂「利于不息之貞」？我們先看「不息之貞」是什麼意思？「貞者，事之幹也」，第五爻「貞吉」，也就是卦辭的「南征吉」走到了終點，所以第六爻必須固守正道，可是這時已經是破滅之後的「貞」，要想亡羊補牢，一定要用「不息之貞」的做事方法，守住基本原則。雖然「冥升」、「消不富」，轉眼間升極轉困，但只要懂得「不息之貞」，還是有機會繼續存活下去，甚至繼續獲利。「不息」就是乾卦〈大象傳〉「自強不息」的概念。升卦是借力使力，靠政商關係、銀行借貸的槓桿攀升上去的，最後出問題時一垮全垮，就會進入困卦的幽谷，這時最重要的心理建設就是自強不息；什麼關係都不靠，只靠自己，這樣才能繼續存活。也就是說，如果懂得「不息之貞」，雖然「冥升」，還是有前途。

這就是強者，在升卦的環境中一敗塗地，然後痛改前非，靠一己之力慢慢還債，再走出一條新的道路。由升卦到困卦的脫困法寶就是把「柔以時升」變成「自強不息」，這是《易經》作者對失敗者的贈言。如果占到升卦，只動上爻，爻變是蠱卦（䷑），那就要小心，一定要適可而止，不然小心「冥升」。雖然卦辭基本上是升的態勢，但爻辭就要你步步為營，因為升有可能變成困、有可能變成蠱，一定要注意維持平衡。

可見，「利于不息之貞」就是在升卦「冥升」的處境中，要有堅強的意志，即使所有人際關係瓦解，一切外在資源灰飛煙滅，光靠自己也能再站起來。同時，上爻也告訴我們，升卦具有很大的虛幻性，在成功時所有的關係都是正常的；一旦失敗，則統統變臉，都不可靠。

占卦實例1：「阿賴耶識」為何？

佛教有所謂的八識——眼、耳、鼻、舌、身、意、末那、阿賴耶。第八識「阿賴耶」神秘又深層，像一個大倉庫，裡面可能累積了前世今生的很多記憶；因為藏得很深，有時在夢中出現，有時會在暗中牽引著你的行走坐臥，就像大畜卦（䷙）一樣。大畜卦的錯卦是萃卦（䷬），萃卦的綜卦就是升卦。我讀佛經時讀到「阿賴耶識」，心裡總覺得有點神秘兮兮，於是占問何謂「阿賴耶識」？結果出來的就是不變的升卦。注意，升卦跟无妄卦（䷘）相錯，无妄卦是全真，升卦有夢幻泡影的象。「阿賴耶識」並不是究竟的真實，但很多人讀佛經誤以為最深層的「阿賴耶識」就是真如佛心，是修佛的目標，其實大錯。因為它就是講升卦跟无妄卦的關係，我們追求的如來本心、金剛心是復卦（䷗），是天地之心，是與生俱來的，然後才慢慢滋生出无妄、大畜二卦。萃、升二卦不是從復卦來的，是從姤卦的因緣化生而來。

佛教所謂的「十二因緣」，因緣就是姤卦的概念，真如本心才是復卦的概念，剝掉假象，才可復見其真。真心之後是无妄、大畜二卦所描述的心的種種作用，雖然不可思議，但是都很實在。所以大畜卦說「剛健篤實輝光」，因為是從復卦而來的。從姤卦來的東西都是因緣會聚的產物，緣起性空，都帶有虛幻色彩，不能把它當成究竟真實。

「阿賴耶識」就是升卦，看著熱鬧翻滾，其實不是究竟真實。所以佛經並不是隨便就可以讀通的，有時人云亦云、有時認賊作父，以假為真。像臺灣的佛教徒至少在五百萬以上，讀佛經的大概就只剩下兩位數，兩位數裡面湊熱鬧的再去掉一半，還有讀了中毒的又去掉一半，完全誤解的又去掉一半，到最後剩不到幾個；最後勉強能讀懂的，也未必會真修。佛門應該很清淨，而現在的佛門搞得超熱鬧，竟然有很多人以為「阿賴耶識」就是一生追求的究竟，佛門悲乎？

「阿賴耶識」雖然有很多作用，但《心經》就說出了答案：色即是空，空即是色，受想行識，亦復如是。也就是說，色即是空，受想行識也都是空。說詳細一點，也就是受即是空，空即是受……識即是空，空即是識。「阿賴耶識」是不是識？識即是空，空即是識。誰說「阿賴耶識」是真的，怎麼還把它當成究竟真實呢？其實只是跟真實有關聯而已。《易經》的回答很清楚，可是佛呆子很多，佛菩薩看到了也會嚇一跳。現在有這麼多人守在清淨佛門中，怎麼還弄不通呢？

占卦實例2：二〇一一年塑化劑事件的影響

二〇一一年臺灣社會最受矚目的新聞就是塑化劑事件。事件爆發後，大家才恍然大悟：原來生育率這麼低，是因為生殖力受到塑化劑的殘害！小小臺灣島立刻世界聞名。我也很痛苦，因為我不得不戒了珍珠奶茶，雖然並不是想再生小孩，但是真的不敢吃了。塑化劑存在的時間也真的太長了，上世紀九十年代我們就開始進入塑化時代，現在變成這種局面，有形、無形的衝擊當然很大。

既然有《易經》可供諮詢，我就問塑化劑對身心健康的威脅到底多嚴重？結果就是大畜卦（䷙）動第二爻、第三爻。大畜卦「不家食，吉」，不在家吃飯，一天到晚打外食，日積月累，當然就得大畜；但不是「不家食，吉」，而是「不家食，凶」，因為外食太多，有很多東西嚴格來講並不是非吃不可的主食，只是為了滿足口腹之欲而已。正因為「不家食，吉」，不斷累積垃圾，尤其是塑化劑，慢慢大家都變成塑化人。二爻、三爻兩爻動是頤卦（䷚），頤卦是講養生的卦，〈大象傳〉說「君子以慎言語，節飲食」。要是「不節」，當然就會變成「塑膠坑」。「不家食」，飲食不節，口腹之欲導致病從口入。《易經》的分析非常精準。另外，可以從爻變看出它對身體哪些部位的傷害最嚴重？大畜第二爻是「輿脫輹」，車子拋錨了，動彈不得；第三爻就是一匹千里馬暫時還不能跑——「利艱貞」，還得「日閑輿衛」才「利有攸往」。飲食問題其實是政府部門把關的門檻有問題。「閑」字就是門中有木，表示有門檻。千里馬還不能跑，是因為還得跨越門檻的障礙。可見把關就太重要了！如果沒有人發現塑化劑的存在，我們可能還會再吃幾年、十幾年，甚至幾十年的塑膠，簡直是無所逃於天地之間。所以大畜卦第三爻的千里馬卡住不能動，第二爻也不能動，看起來是下半身會出狀況。

再者，大畜卦第三爻怎樣才能跑得動？答案是爻變為損卦（䷨）；藉著損卦「懲忿窒欲」的修為，清心寡欲，少吃一點。還有第二爻「輿脫輹」，車子跑不動了，當然是行動有問題。如果是傷在膝、胯那些部位的話，還真有點麻煩！但還不只這樣，二爻爻變是賁卦（䷕），徒有其表，是不是會傷到生殖能力？而且第二爻跟第五爻的「豶豕之牙」是有關係的。第五爻是講野豬被閹割，故能清心寡欲，才能挺進到上爻承擔天大的責任——「何天之衢，亨。」按說大畜卦的「六五」本身境界比較高，可是它跟「九二」是相應的；而且大畜卦有一種說法是「止健」，外卦艮止欲修行，是止的工夫，內卦乾是健的工夫；所以時機還沒成熟之前，上卦要負責教養、止住下卦的躁動，這就是「止健」。第四爻「童牛之牿，元吉」是針對初爻；第五爻就是針對第二爻，所以第五爻的「豶豕之牙」是節制第二爻野性發作的野豬，讓它「輿脫輹」。「輿脫輹」就有「豶豕之牙」的意味，也就是對生育能力有影響。可見，塑化劑傷害的不僅是身體，還專指生育能力。那麼，我們再問，塑化劑對生育能力是不是真有那麼大的傷害？答案是不變的小過卦（䷽），沒那麼嚴重，但就是讓人很不方便，只是還不至於致命。

塑化劑存在幾十年的現象為何？它的卦象就是恒卦（䷟），二爻、三爻、四爻動，我們持之以恆地吃塑膠，第二爻的基礎本來還不錯，第三爻就「不恒其德，或承之羞」，「无所容」，吃什麼都有塑膠然後是第四爻。宜變爻位就在第四爻——「田无禽」，「久非其位，安得禽也」，是完全落空、搖搖欲墜的象。我為什麼要對這些現象提出總結？因為它是長久形成的問題，由第二爻的悔亡，到第三爻的「不恒其德，或承之羞，貞吝」，防不勝防，到第四爻的落空。我要特別強調，恒卦第四爻是最嚴重的後果。第四爻爻變就是升卦，所以我們對升卦一定要有認識，它裡面藏了很多虛幻落空的可能；看著是升，其實是泡泡糖、棉花糖；看著這麼大一包，一擠卻沒有多少，隨時可能破裂。恒卦這三個陽爻全變就是坤卦（䷁），陽氣散盡。現在很多中醫認為人們陽氣不足，男人看了像女人，女人看了更像女人，本來陽氣就不足了，再吃塑化劑，更不得了。

塑化劑事件既然已經浮出枱面，未來會怎樣呢？要補破洞可沒那麼容易，結果是屯卦（䷂）變師卦（䷆），也是三個爻動。屯卦第一爻打底，重構基礎；第二爻大家得慢慢爬——「屯如邅如，乘馬班如……十年乃字」，需要很長的時間才可能有績效；然後第五爻「屯其膏，小貞吉，大貞凶」，資源有限，決心也不足。三爻齊變就是師卦，真要處理好，整個社會就像打仗一樣，要嚴格按照法律辦事；如果不講法律，師卦作為坎宮的歸魂卦，就是最後的結果。可見這事沒那麼容易處理，很麻煩，「非一朝一夕之故，其所由來者漸矣」。

占卦實例3：李登輝勝選玄機

一九九六年臺灣首度總統民選，我問李登輝的勝算，為升卦三、五爻動，齊變有坎卦之象。升卦「六五」君位動，爻辭稱：「貞吉，升階。」〈小象傳〉：「大得志也。」肯定勝選。「九三」爻辭：「升虛邑。」是何意？明升暗坎又是怎麼回事？由其後近二十年的發展回顧，還真有玄機呢。「中華民國」被借殼上市，成了虛邑，深陷坎險之中啊！

致命遂志——困卦第四十七（䷮）

升而不已必困

困卦卦如其名，初學者學起來會比較困難，因為爻際之間交相困的關係比較複雜，而爻辭的意象都有典故，現代人比較陌生。此外，在交相困的關係裡，到底是陰困陽還是陽困陰，或是你困我、我也困你，弄到最後誰也解不了套，這種人生困局便需要大智慧才能脫困。

人生有很多困境，如為錢所困、為勢所困、為情所困等。而為情所困的情又包括親情、友情、愛情等等。下經從咸卦（䷞）、恒卦（䷟）開始談情，前面十個卦，尤其是家人（䷤）、睽（䷥）、蹇（䷦）、解（䷧）四個卦，正是典型的情的輪迴，不能脫身；之後才有比較冷靜的理性權衡，那是在高度微妙的動盪情勢下尋求平衡的損（䷨）、益（䷩）二卦，從理性跟感性的平衡中，找到脫困解套的可能。於是後面就有了夬卦（䷪），夬卦又引發一連串不可預期的姤卦（䷫）機緣。抓住時機調度所有精英資源，這就是萃卦（䷬）；然後再發揮精英資源的力量，創造高度成長的氣勢，這就是升卦（䷭）；但是升卦從初爻開始就是虛的，它跟泰卦（䷊）初爻的實有本質上的不同，只是藏在地底下的初爻不容易被發現，所以升卦跟泰卦雖然十分相似，若把「升」誤為「泰」，未能適時強化、回填初爻的空虛，將來往上衝得越高，崩壞的速度越快，升卦的榮景就會變成夢幻泡影，所以說「升而不已必困」。

要成長，一定要開發環境資源，而資源供給絕不會無所限制。像石油就有限，它在地底儲存千百萬年，為了支援工業的高度成長，才短短一個世紀就被人類燒光了。這就像殺雞取卵，把庫存消耗一空，若成長速度不能減緩，發生能源危機的機率便會大增。所以要積極開發新能源，否則就會遇到棘手的發展困境。從「升」到「困」，是大起大落、從雲端掉到谷底。

從升卦到困卦各爻的比較分析

升卦和泰卦只有初爻不同，其他幾個爻完全一樣，所以升卦常讓人誤以為是泰卦。為了避免錯誤，有必要開創一套觀象法——將升、困兩卦的結構平行擺在一起，不看卦爻辭，光看卦象就可以了解從升卦到困卦的「升而不已必困」原因何在？再者，從「升」到「困」的卦型，看升、困二卦六個爻資源分佈的陰陽虛實，大致就可以判斷哪個資源是實的，哪個資源是虛的？而且「困」是實情，「升」是假象，困卦的資源結構分配是極不合理的。

升卦（䷭）最有實力的是二爻和三爻，也就是說，在這樣的金字塔架構中，屬於民間的二爻、三爻位置是實的。當然有人會質疑，第三爻明明是「升虛邑」，怎麼說它實力雄厚呢？爻辭雖然稱「虛邑」，但爻是陽爻，表示它現在還是實的，「虛邑」是指向未來。升卦初爻是虛的，它的資源可能是借來的，但在升的時候沒有人在乎，既然能借到錢創造這麼高的業績，為什麼一定要用自己的錢？有「柔以時升」的本事，他可能還沾沾自喜呢！誰都知道基礎建設很重要，初爻就是基礎建設；想要富、先修路，想要貨暢其流、人盡其才，靈活調度各種資源，一定要投資公共建設。這是發展的必要平台，通常都是由政府公權力負責，私人企業力有未逮，而且權責不清。因為公共建設不以賺錢為目的，而是以繁榮整個國家社會為目的；如果私人介入，當然要考慮賺錢，所以品質控管、監督就可能出問題。特別值得注意的是，困卦初爻還是虛的，因為升卦底部的支撐不夠，可是大家看不出來；一直要到「升虛邑」已經跌到谷底，到了困卦仍然是虛的，大家才會恍然大悟。

接著看困卦（䷮）第三爻，已經漸漸產生變化了。升卦三爻是陽，但爻辭告訴我們是「虛邑」；所以它其實是穿著陽爻的外衣，讓大家都相信「虛邑」是個絕對可能實現的美麗天堂，「无所疑也」，沒有任何人懷疑，所以在強力推銷「虛邑」的夢想時，沒有人能擋得住。一旦泡沫破碎、謊言揭穿，卻已經深陷困卦之中。困卦下卦是坎卦，下卦代表民間、也代表內部，陷入極大的風險之中，民不聊生，內部一場糊塗。而這個坎在升卦的時候還是看不見的巽，而且如風潮般拚命鼓吹，也沒有人覺得不對；直到困卦，陽爻變陰爻，人們才發現一直信以為真的「虛邑」根本就是騙人的泡沫。

再往下看。比較妙的是四爻和五爻。升卦四爻、五爻是領導統馭的階層——君位跟相位、中央執政跟領袖的位置。在升卦的時候它們是虛的，好像什麼都沒有；一到困卦就發現，困卦的四爻、五爻都是陽爻，他們已經變虛為實，一個個都是荷包滿滿的肥貓。這些肥貓是誰養肥的呢？就是在升卦的時候對「升虛邑」深信不疑的人，他們把自己的一點退休金、存款，統統丟到虛邑中，結果在「升而不已必困」時，代表民間的下卦全困，而上層階級藉著「升虛邑」大撈特撈，這就是「升而不已必困」的真實現象。這樣看來，在「升而不已必困」的困局中，唯一獲利的是升卦高層；他們由虛變實，藉由政策護航以滿足私欲，不但沒有善盡職責，反而被收買，導致貪污腐化。受苦的卻是廣大的基層百姓，他們在升卦的時候是形成風潮的巽卦；大局變成困卦時，他們就成為一籌莫展的坎卦。而且，上卦更有意思，原先在升卦時上卦為坤，一副包容、順勢，跟大家一起發財的面貌；到了困卦，他們卻一變而為兌卦，原來只剩他們能開心過好日子。

這就是通過卦形來把升卦跟困卦的虛實做個比較。由此可知，透過《易經》的符號，一個社會可能的變化趨勢都可以完整呈現出來。什麼時候是升卦的象，裡面有多少是真實的？經過升卦泡沫破碎的考驗之後，才發現困卦原來是這麼來的！循著虛實互變的脈絡，對照不同社會階層的實況，才發現裡面不知藏了多少罪惡。光是讀升卦還看不出來，等到對照困卦與升卦直接聯繫的因果關係，才發現上層階級藉著「升」的機會拚命撈錢，把社會大眾當犧牲品。

「困」的字形分析與延伸說明

「困」字為木在室內，四周被堵死，猶如銅牆鐵壁。木又代表生機，樹木應該要伸枝展葉，可是一進入困卦，活力完全被扼殺，伸展不開；連網開一面的生機都沒有。比卦第五爻講「王用三驅」，好歹還有漏網的機會；困卦的進退之路卻都被堵死了。升卦是「積小以高大」，是幼苗長成大樹的象；到了困卦，大樹無法伸展，也無法從外界攝取資源，所以成長停滯，甚至反轉往下掉。

如此看來，在困卦中受困的，未必本領很差，只因環境產生劇變，加上缺乏敏感度和適度的節制，才讓你空有一身本事也使不出來。而困住你的環境，往往是在升的時候無所節制造成的，結果就是英雄落魄、美女白頭。京劇《四郎探母》裡面，楊四郎說自己好比籠中鳥。困就是籠中鳥，空有翅膀卻不能飛。就像明夷卦初爻的「明夷于飛，垂其翼」，動不了。俗話說「虎落平陽被犬欺，龍游淺灘遭蝦戲」。老虎在山裡威風八面，可是到了平陽的環境，縱有通天本領也施展不開，連狗都敢來惹他；龍在大海才顯威風，一不小心困在淺水灘，蝦兵蟹將都敢來調戲。這都是困的處境。所以人生受困的時候往往不甘心，尤其前面有升的繁榮局面，突然變成一籌莫展的階下囚，一定很痛苦。有的人心中不平，始終不承認是自己的問題，就像項羽自殺前大嘆不是自己的錯，而是環境的錯，這種看法就很有問題。

舉例來說，困卦三陽三陰，陽代表實力，陰代表本身的資源、實力不足。困卦二、四、五爻是實力堅強的陽爻，以乾卦來說，這三個爻是最重要的爻，是中樞的角色——「見龍在田」、「或躍在淵」、「飛龍在天」，其他不是「潛龍」，就是「終日乾乾」、「亢龍有悔」，不能影響大局。困卦就有意思了，三個重要的爻位明明是強勢有力的陽爻，可是居然是困卦。下卦最重要的是第二爻，第二爻是地方大員，第四爻是中央輔政，第五爻的重要性就不用講了。這三個爻都是能幹的陽爻，本身很優秀，而二與四同功而異位，都是輔佐第五爻的；領導強，幹部也強，怎麼會困呢？這就是資源配置與陰陽互動出問題，造成個別的強手無用武之地。也就是說，困卦三個陰爻的弱項跟三個陽爻的強項關係不睦，因此形成總體的困。這就很值得分析研究了。

價值鏈的說法

困卦三個最重要的爻都很強，自控力都很高，為什麼還會困呢？其實是因為另外三個弱爻產生牽制效應，導致整體的困。這一點就體現在某些管理理論上，如價值鏈。

曾有學生打算把《易經》卦爻的結構融為一爐來互相印證，並且建立一套模式作為評估企業的準則；不管企業規模多大，都可以藉由這套規則評估其過去、現在以及未來的發展。《易經》可不可以提供這樣一套簡易有效的辦法呢？有人說如果斷卦沒問題，直接用占卦就可以了。雖然簡易可行，但占卦結論要成為論文或西方分類的學術報告，恐怕不能過關。那麼，有沒有別的簡易方法可以建立企業經營的指標？有的，而且是最簡單的，就是陽爻代表有實力，陰爻代表沒實力。一個企業組織相當於一個卦的六個爻，從基層到高層，從內部生產到外部銷售，那就是價值鏈。這個金字塔的組織架構中，領導和基層的實力至關重要。如果是陽爻，它就是強項；如果是陰爻，它就是需要補強的弱項。以困卦為例，雖然有實力堅強的領導階層，卻同樣遭遇瓶頸，讓整個組織欲振乏力，這是怎麼回事？從價值鏈的說法來看，整個產銷鏈串起來的因果，剛好也分成六個階段。生產力和銷售力決定總體價值，包括能給消費者創造什麼樣的價值、給公司的品牌形象累積什麼價值等有形無形的資產。一個卦的內卦是生產，外卦是行銷。具體到六個爻來說，初爻就是生產原料，需要開發出來。第二爻就是開發潛在資源的技術，亦即生產技術。有了初爻、二爻的原料儲藏與開採技術，就要開始量產，這就是第三爻。產品生產出來就要想辦法賣，這就開始進入外卦。第四爻就要佈建行銷網絡，是店面銷售還是網路銷售？是批發還是直銷？反正就是要想辦法把產品銷售出去。同時第四爻一定會涉及物流配送的問題，這是量產之後最迫切的。任何產品光叫好而不叫座，只有死路一條；如果叫好又叫座，強大的生產能力配上第四爻的強大行銷網絡，公司逐漸盈利，慢慢就建立良好的品牌形象，也就是第五爻。第五爻代表全卦的對外形象，也就是品牌效應。品牌一旦超越國界，就可以授權他國企業生產，自己坐收利潤。很多世界大廠就是如此，讓別的企業代工，賺一點辛苦錢，而自己坐著就可以收錢。當然這個局面也是得來不易，畢竟前面四個爻從產到銷下了諸多心力，才形成如今可謂價值連城的產品形象。如果要持續第五爻的口碑，還要有第六爻全年無休、體貼入微的客戶服務。客戶服務對現代企業來說更加重要，假定一個企業完全要靠競爭生存，那就要用最貼心的服務討好客戶。

這就是六個爻的價值鏈，我們用它來看困卦，發現困卦是因為企業發展的規模龐大或因為壟斷市場太久，習氣漸深，缺乏競爭意識，雖然生產能力很強，但是忽略市場變化，一旦開放競爭，為了爭取消費者，就面臨轉型的考驗。從「升而不已」然後困，被迫轉型革新，否則隨著大環境的變化，就會被淘汰。

困卦之所以困的初爻、三爻、上爻分析

困卦是水庫沒水，可能是滲到地底或者蒸發了。如果地底下還有很多水，就需要挖井，這就是井卦（䷯）的開發潛在資源和技術。問題是，資源藏在地下，要花多少成本去挖掘？這都是未知數。如果能接通地下泉脈則一勞永逸，全部問題都得以解決，然後就是革卦（䷰）的開創革新，重

寫遊戲規則。當今世界石油問題最傷腦筋，還造成戰爭，石油價格不斷上漲又導致民不聊生，而且造成環境污染。如何開發足以取代石油，而且又安全、乾淨的新能源，這是人類一直以來的夢想。如果轉型成功，說不定就革故鼎新，告別萃、升、困的時代。

以石油為例，從困卦來看，初爻的危機是地下油源越來越少，石油開發的成本隨之增高。初爻是虛的，原料越來越少，這就是基礎的弱項。第二爻是強項，代表長年累積的開採和提煉技術；有優秀的工程師和設備，豐富的開採經驗。因為原料缺乏，空有第二爻的技術，量產很難，所以第三爻也成為弱項。第四爻是近乎壟斷的行銷，行銷通路又很強，沒有競爭對手；第五爻是擁有好品牌，得到市場的認可。可是有一個弱項——第六爻的客戶服務並不好，因為石油在很多國家是獨門生意，根本不必討好客戶。

可見，困卦的弱項在下卦就是初爻的原料問題影響三爻的量產；第六爻可以設法改善，但長久的習氣養成公務員心態。這是困卦的危機。加上時代不斷轉型，很多新的因素出現，這時就要清楚大形勢是「升而不已必困」，必得趕快想辦法調整，井卦和革卦都是可行的策略；與其坐著歎氣，還不如走出一條新路來。

困—井—革：走出困卦，再創新天地

要能再造新天地，這個卦就必須「元亨利貞」四德俱全，而下經三十四卦只有革卦符合條件。這個另造乾坤的創造力，充滿劃時代的意義，讓人歡欣鼓舞；但它前兩個卦居然是困卦和井卦。可見，困卦之困不一定是壞事；需要是發明之母，要是不進入困境，怎麼有革新的動能和勇氣？

升卦一直往上升，一旦遭遇泡沫打擊，就會變成困卦；想要恢復舊時榮景已經不可能了，不甘束手待斃的人，就會設法脫困，反而激發潛能，最後不但脫困，而且創新，甚至開闢一個新的時代。革卦這種觀念和技術的創新，其因緣就是困卦，以及在沉潛中研發轉型的井卦。困卦既然是推動革卦的主因，所以困卦可說是創新的前兆。困卦代表舊的理論、方法、制度，既然已經不符時代需求，與其灰心喪志，不如設法開創新局，繼續走下去。《易經》就是鼓勵創新，而且是徹底的創新。所以，困卦之困反而是好事，「天將降大任於斯人也」，「生於憂患，死於安樂」，這些先哲話語就是明證。周文王因為整整被困七年，才能使《易經》更加完善。我們在坎卦（䷜）和明夷卦（䷣）中猶可體會他當年的悲痛，但他把受困的經驗化入《易經》的智慧之中，啟發世世代代的人，讓我們知道，經過失敗與挫折的歷練之後，人生將更有深度，也更有創意。

困卦與革卦之間就是井卦，井卦好比是研發轉型，因為舊型已不符時代之需。所以井卦是困卦的另一面。困卦和井卦都是三陰三陽的卦，我們從泰、否二卦就一再強調，這些三陰三陽的卦特別難，也特別豐富，值得好好玩味。學《易經》是要慢慢玩味的，越玩味，越發現它的深度，簡直沒完沒了。有時一個卦一個爻，甚至一個爻裡面的字，就有無窮的滋味。凡是三陰三陽的卦，都要注意其陰陽分佈的關係。困卦的陰陽分佈導致交相困，井卦卻可以慢慢走出新的路子。要透徹了解這些卦，就不能從單方面看問題，還要考慮整體的搭配。搭配不好就會互相牽制，彼此都發揮不了效用；若搭配得好，互相輝映，點石就可成金。困卦的另一面是井卦，這就教我們從綜卦的不同角度看問題；一百八十度之前看著是困，朋友跑光，一籌莫展，坐困愁城；可是就有人會從一百八十度的反向角度，看到新的機會，那就是井卦。就像有些人只看到水庫沒水，卻沒看到還有豐富的地下水等待開採。受困時能探索新的方向、尋求新的發展，並藉機甩掉舊包袱，另起爐灶，開發潛在的新資源，這就是綜卦的智慧。甚至可以更長遠地看到井卦的下一卦革卦，以及革卦後面的鼎卦（䷱）——戴上皇帝的帽子。這就是積極思考與消極思考的差別。

兩種思考，導致不同的結局。有個故事說，兩個賣皮鞋的去非洲考察市場，回來之後，其中一人說，非洲人不穿鞋子，估計一雙鞋都賣不出去。他看到的是困卦的現狀。另一個人認為，非洲有那麼多人不穿鞋子，如果能勸他們穿鞋，那該是多大的市場！這就是井卦的思維。所以，學會反向思維，人生就可能是「柳暗花明又一村」，走出困卦，開創一片新天地的機會多得很。如果在困卦時只會悲觀怨歎，追憶當年升卦時的盛況，就是菩薩也幫不了你！

人生各種不同的難

困卦之困當然是困難、艱困，就是不學《易經》，光從這個字也不難了解它的內涵。講到困卦的「困難」，不妨重新回味前面學過的那些卦。要知道，《易經》是整體的，從乾、坤開闢天地伊始，之後就接連有許多充滿艱險苦難的卦。由這些卦可以總結出來，人生有各種各樣的險難，它們有共通之處，也有相異之處；而要對這些卦有深入的理解，也是另一種難題。例如第三十九卦蹇卦（䷦），〈雜卦傳〉、〈序卦傳〉都說「蹇，難也」，蹇卦的難跟困卦的難有什麼不同？這就是一個題目，也是學《易經》的基本功。要了解因果，卦序就很重要，還有錯、綜、交、互、變等形式，這樣才有貫通的可能。像明夷卦（䷣）也是很痛苦的卦，但是有內難而能正其志，故「箕子以之」；同時「內文明而外柔順，以蒙大難」，明夷卦就有大難跟內難的差別。整個明夷的人生就是「利艱貞」，而它跟蹇卦之難、困卦之難也不同。同樣是難，不同的因結不同的果，應對策略也不同。

既然人生多難，那麼究竟你現在遇上的是哪一種難呢？是困卦的難、蹇卦的難，還是明夷卦的難？如果沒有對症下藥，可以脫「蹇」之難的方法，就不見得能夠脫「困」之難；用錯了搞不好還有副作用，就像醫生用藥一樣。另外，還有一種難——屯卦（䷂）的難是生之難，「動乎險中，大亨貞」，屯卦第二爻就動彈不得，在地上爬——「屯如邅如，乘馬班如」，還得「匪寇婚媾」，至少要十年才「乃字」。你看，屯之難、蹇之難、明夷之難、困之難，或者再把有名的險難——坎卦也拉進來，然後逐一比對這些「難兄難弟」的不同，我們會發現，有的只是細微之別，有的則相差甚遠。要搞清楚這些卦，就要從卦序的因果關係切入。也就是說，要理解《易經》裡面的任何一個問題，一定要先理解它們之間息息相關、牽一髮而動全身的關係。所謂「一爻一世界，一卦一乾坤」，甚至對卦辭、爻辭每個字的體會都要很正確，這樣一來，就可以從大致相關的整體了解局部；也可以從了解局部而建立整體觀。如果能用這種《易經》式的思維解決問題，就一定會起到全面的連鎖效應，因為天下萬事難逃《周易》恢恢之網。

絕處逢生

絕處逢生跟困、井二卦有關。要開發新資源，往往是在舊資源無效之後嘗試走出新路，然後絕處逢生。但這不是一般人辨得到的。要知道，困、井二卦及之後的革、鼎二卦，還有之前的萃、升二卦，這些卦的卦中卦都含有大過卦（䷛）之象，亦即這些都是非常人在動盪劇烈的非常時代創造非常的功業。一般人受不了那種大起大落、隨時可能被壓垮、顛覆的壓力，所以沒有那種本領。

有時《易經》一個卦、一個爻裡的一兩個字，在相應的人生經驗中，就能給人許多勇氣，讓人終身難忘。像困卦到井卦的轉折就是如此。我的老師是清朝皇室後代，一九四五年「偽滿洲國」結束，那時候他也就三十幾歲，當時好多人都面臨成立「偽滿」的責任追究問題。溥儀就是從風風光光的「偽滿洲國」皇帝淪為階下囚，「升而不已必困」，下面的路子該怎麼走？當時老師的母親——太福晉也不好直接問老師，因為老師的個性強，於是就找別人去探口風。結果老師叫人給母親帶了五個字：「長白又一村」，這不是「山重水複疑無路，柳暗花明又一村」嗎？人生的「另一村」要啟程了，不再搞以前參與政治那一套了。所以老師後來不問政治，閉門讀書、專事教育，一直貫徹到底。既然那一村已經過去，也不必再想，往前看，前面又有新的風景出現。老師的母親一看這五個字就放心了，因為兒子不再淌政治的渾水。這個故事大概是幾十年前老師講給我們聽的，當時自己也不曾遭遇什麼重大衝擊，就當聽故事一樣，只覺得很有趣。直到我自己十幾年前在職場上遇到重大變動，當時的處境也是「升而不已必困」，就覺得這個故事很親切，把升卦跟困卦拿來一比，就想通了很多事。我就給自己寫了像老師那樣的條幅——「洞庭又一春」，是「春」而不是「村」，想要開創事業的第二春。後來不到一年，覺得不理想，馬上就改了，因為洞庭湖越來越小，又聽說老鼠為患，根本就是「澤水困」的象，怎麼可以作為一個遠大前程的指引呢？於是改成「華夏又一春」，是不是有點狂？但人生遇到這種轉折的時候，這句話就像定心丸，真的很有用！

有時還覺得蠻悲壯的。往後也真的學會不再回頭糾纏舊事，新的事業也幹得很賣力，這就是人生的困、井之道。

藍海策略——困、井、革的絕處逢生

「藍海策略」這個代表價值創新的名詞，已日漸被人們熟悉，這也是準確掌握困、井二卦很重要的思維，包括錯卦與綜卦的結合，還有卦序。十餘年、甚至更早之前，就有人討論企業轉型的藍海策略，也就是從紅海戰略「血流成河」、「噬嗑」式的割喉競爭，轉為藍海策略。在此之前，那種老式的經營方式，大家生產的東西都差不多，為了爭得市場一席之地，大家只好拚命殺價，仿如流血競爭，弄得大家都沒什麼利潤。尤其現在臺灣和大陸都有的代工產業，倘若不維持龐大的生產量，根本就沒得活，雖然業績很高，但利潤有限，而且很辛苦，很多員工過勞死的現象，就是在這樣的高壓下產生。為什麼利潤如此之薄還得堅持下去呢？就因為永遠都處在產業下游，創新轉型的都在上游產業。

那時候很多人都在倡議轉型，因為市場環境遭逢淘汰率超高的巨變，經營形式也得跟著變，但卻連百年老店都不見得能成功轉型。要知道，人生轉型最難，能夠平平順順過一生，無災無難到公卿，這種人畢竟少之又少。何況現在是一個動盪的時代，隨時都在變動中，調適都來不及，過得了初一，未必過得了十五。藍海策略就是為了應對轉型而來。現在我們對《易經》的卦爻模型基本上有了充分的了解，如果熟悉卦際之間錯綜複雜的變化，就可以從中推出比藍海策略還要高明的方法。這就是《易經》的可貴，任何一個時代的新話題，都可以找到相應的卦爻，而且絕對比它看得更遠、想得更深。

藍海策略與紅海策略相比，就是開創沒有競爭的「新市場」，在對手還沒有看到這塊領域之前，透過創造新的需求，以成本控制和調整公司作業系統，讓顧客用最低的成本獲得最高的產品價值，追求持續領先。也就是說，「藍海」不會有流血競爭，因為它是在紅海的困局中絕處逢生，比別人早先一步成功轉型，並發現很多機會。如果一直陷在殺戮的紅海中，就只能被逼到窮途末路。有太多的非常之人因為轉變想法和策略而轉型成功，往往看見有人辦到了，你才發現，原來就這麼簡單！原來還有那麼多空間我們沒有開發，而人家卻已經先一步到位了。

這就是藍海跟紅海的差別。其實困、井二卦講的就是兩者的分野，之後的革卦則絕對是藍海無限的天地，取之不盡，用之不竭。新的市場和新的技術、觀念，造就了新的世界，所有遊戲規則重新改寫。可是人在困卦中，要找出脫困的可能性並不容易。從卦序來講，由困卦到井卦、革卦，就是把革卦的藍海開發出來。一旦進入革卦，不但可以紓困，而且情況比困卦之前的萃、升二卦還要好。如果能將錯卦瞬間巨變的創意思維也考慮進去，藍海的理論不但更完整，還更超越。困、井兩卦的錯卦是賁卦（䷕）跟噬嗑卦（䷔）。紅海的割喉競爭就是噬嗑卦，那是依據叢林法則來運作的；看似無硝煙的戰爭，卻有最劇烈的競爭，你死我活、勢不兩立，是典型的弱肉強食，大公司吞併小公司，結果大家都沒活路，這種現象在現代商業競爭是很常見的。但稍微有一點敏感度的人，從《易經》卦序去推，就會知道「噬嗑」不會太久。噬嗑卦跟賁卦是相綜的卦，賁卦之後就是剝卦（䷖），最後大家都得一同毀滅。換句話說，在噬嗑卦的過度競爭之下，如果沒有錯卦的跳躍式思維，根本是一條死路。後面的賁卦在包裝上再怎麼下工夫，沒有新市場、新思維，沒有發現新天地，還是那一套單線思考的競爭邏輯，到最後就是同歸於盡。剝卦的浩劫如同一場大屠殺，最後是全體毀滅；而噬嗑卦六個爻就有三個爻是「滅」，徵兆很明顯。所以「噬嗑」也是好現象，讓人保持敏銳，知道接下來不管用什麼虛有其表的文飾補救，都不能免於剝的命運。唯一的活路，就是從「噬嗑」的紅海轉到「藍海」。噬嗑卦六爻全變就是井卦，亦即用開拓新資源、發掘新市場的錯卦思維，拯救噬嗑卦的危機。這就迥異於一般的平面思考，以跳躍性的思維，用井卦的轉型解除噬嗑卦的危機；倘若開發成功，就進入革卦了。

還有，在劇烈競爭的對手面前，與其同歸於盡，不如資源互補合作，就像蹇卦（䷦）的風雨同舟。從前大家流血競爭，弄得大家都難逃毀滅，現在不如集中雙方資源，去做井卦的研發，避免「噬嗑」式的互鬥。如果開發成功，很可能就創造了革卦的前景。那麼，這個可能性存不存在？一定存在。譬如市場上出現同類產品，有的是第一品牌，有的是第二品牌，競爭到最後，即使第一品牌勉強把第二品牌滅了，第一品牌也元氣大耗，不如雙方合作，資源互補，甚至合併成一個更大的集團公司。那時價格的話語權掌握在自己手中，就不必討好消費者，然後可以用更多的精力開發新產品，爭取更廣大的消費群，那就是革卦的新天地。這樣一來，既化解「噬嗑」的對立鬥爭，也開創了新天地，不用師卦（䷆）的對抗方式，而是用比卦（䷇）的互助合作。

可見，轉型才能徹底脫困，而且是跳躍式的脫困，眼前突然一片海闊天空。很多科學技術的發展也是如此。例如現代物理學發展到十九世紀末，很多人就斷言物理學走到了終點，該發展的都發展完了，物理學家即將失業。可是你看二十世紀有多少革新、突破？相對論、量子論等高端物理學，絕非過去的物理學可以比肩。宇宙間的奧秘永遠不會是「山重水複疑無路」，只要敢於創新，必定是「柳暗花明又一村」。《易經》的自然卦序是「既濟」之後接著「未濟」，永遠沒完沒了；如果到此就「既濟」了，這樣的斷言就很危險，也是經驗智慧不足，勢必成為笑柄。

〈序卦傳〉說困、井二卦

〈序卦傳〉說：「升而不已必困，故受之以困。困乎上者必反下，故受之以井。井道不可不革，故受之以革。」〈序卦傳〉很篤定，「必」充滿了自信，認為形勢使然就一定會怎樣。現實確實如此。

「困乎上者」，最明顯的現象就是澤無水，在人的身體就是腎水不足；因為澤是地上水，就連江河湖泊都快見底了。也就是說，所有有形的資產縮水、可用資源即將枯竭。「必反下」，說明地面下還有豐富的地下水庫，「故受之以井」，靠著井的鑿通，取之不盡、用之不竭的資源滾滾而來，徹底解決資源問題。這就是「必反下」。「反」字既是反思、反省，也是回歸基本面，而不是反對、相反的意思。「反」是動詞，「困乎上者必反下」，在上面受困了，就要思考是不是還有很多尚未發掘的救命金丹深藏在下？「反」其實就是復卦的概念，「反復其道」，「七日來復」，復卦（䷗）最有生命力的下卦震就藏在地底下。「困乎上者必反下」，也是說困卦的上卦領導階層受困，一籌莫展，並不代表民間沒有人才、沒有解決的辦法。當今世界有一個明顯的現象，就是西方民選政府往往撐滿一年任期都難，像日本就是。民眾喜新厭舊，選民越來越缺乏耐心，領導人都灰頭土臉、統統受困。像希臘總理面對困境，巧婦難為無米之炊，只好辭職。枱面上的人無能，難道民間沒有大才嗎？要知道「困乎上者必反下」，你看金字塔是上面大還是下面大？哪一個比較深？因此，一定要切斷偏見，不要再用舊觀念思考問題，「反下」說不定會找到寶。上卦即外卦，下卦即內卦，所以也可以說「困乎外者必反內」。人在外面受困，想靠外面的資源解決問題，譬如政商關係，但那時所有關係都靠不住了，所以升卦上爻說「利于不息之貞」，還是得靠自己反身修德、深刻檢討反省。像蹇卦「行有不得」，往前推不動了，就要「反求諸己」，回歸內在主體，重建創造力。所以內觀、反省的習慣很重要。身外的名、利、人際關係，只會讓人困乎外；如果內在能量無窮，外面行不通了，回過頭來另尋門路，「故受之以井」，一定可以開發新資源。

「井道不可不革，故受之以革」，由井卦到革卦其實就是紓困。接通泉脈，井水冒出來，所有問題迎刃而解。為什麼要講「井道不可不革」呢？其實很簡單，假定開發一口新井，新井啟動之前，還要不斷調整，因為剛冒出來的井水可能是渾濁的；「井道不可不革」代表大幅度的創新改造，假定開發的是一口舊井，井塞住了，怎麼辦？廢棄的東西如何讓他重新運轉？既然現狀是改造舊井，要讓它重新冒出水來，中間轉化改造的過程就是革。開挖一口井，從完全無水到慢慢滲出一點水，再到最後水質甘冽甜美，中間一定有革的過程。靠誰來革？就是改造者。人可以革天命，革卦就是把人的幹勁、創意發揮至極，不是坐等天上掉大餅。旋乾轉坤就是革；井水沒有現成的，需要人挖掘，並且讓它從沒用變有用、從地下到地上，然後發揮功能，這個過程就是革卦。

井通而困相遇也

〈雜卦傳〉說：「井通而困相遇也。」這句話又難倒好多初學者。「井通」還好懂，就是把地下水鑿通了；但地底下的東西是看不見的，並不是一挖就有，所以井卦的難度在於看不到深度和量度，而開採、研發都要成本，還要評估風險。困卦的風險很明顯，「澤水困」，內卦是坎，有用的東西藏在風險之處。澤無水是上面沒有。以內卦、下卦是坎來講，困卦當然有重大風險。井卦的上卦、外卦是坎，又何嘗沒有風險呢？但風險之所在，也是資源之所在，怎樣才能把水資源開發出來？一旦開發出來，風險就變成利益；如果功虧一簣，行百里半九十，能承擔風險嗎？所以困、井二卦絕對有風險控管的問題，而且風險不小。如何讓風險之所在變成利益、生機之所在，正是需要思考的問題。像需卦（䷄）的需之所在也是險之所在，倒過來，險之所在也是需之所在。還有比卦的比之所在也是險之所在，交友是要小心，可是不能因為避險而不出門交友。利益跟風險往往並存，就像益卦（䷩）卦辭所說的「利有攸往，利涉大川」，要獲益就要涉大川，大川就充滿重大風險，可是一旦克服，龐大的利益就是你的了。

那麼，井挖通了，地下水源源不斷，解決了困卦澤無水的現狀；「困相遇」又是什麼意思？這就是〈雜卦傳〉最具神韻的筆法，作者用極精簡的一兩個字，把這兩個相綜的卦串起來，他對每個卦的了解真是透徹到了極點。〈雜卦傳〉的筆法不僅有韻律，還有節奏，真是了不起的傑作，我們應該背熟一點，對於我們的思維絕對有幫助。「困相遇」在「井通」之後，而且「井通而困相遇也」在〈雜卦傳〉的編排中，是很特殊的位置。〈雜卦傳〉也分上、下經，一樣是上經三十卦，下經三十四卦。上經的開始還是乾、坤二卦，下經一開始仍然是咸卦、恒卦，天道、人道還是從乾、坤、咸、恒開始，而「井通而困相遇也」就在咸、恒之前，相當於〈序卦傳〉的坎、離兩卦，是〈雜卦傳〉上經殿後的兩個卦。這不是作者胡亂安排，而是有理氣象數無窮的奧秘在其中。正常卦序是上經從乾、坤的天道開始到坎、離結束，下經從咸、恒的人道開始，既濟、未濟結束。〈雜卦傳〉不然，上經的結束不是坎、離，而是「井通」，給人無窮的希望；接著就是「困相遇也」，遭遇瓶頸，然後把問題留給下經去解決。井卦、困卦是〈雜卦傳〉上經自然順序的推導，可是〈雜卦傳〉注重以人為本，從人的角度看問題，「井通而困相遇」之時，上經結束，下面就是「咸，速也；恒，久也」，這個意義就非常深刻。也就是說，人就是要設法用人工的改造來彌補造化不完美的地方。每一代都有很多前代留下來的問題要解決。困卦有一個定義，就是〈彖傳〉說的「困，剛揜也」，陽剛的東西被陰柔困住，發揮不了作用，所以需要突破重圍、設法救援。〈雜卦傳〉上經從「乾剛坤柔」開始，就是從剛柔來看的，可是「乾剛坤柔」運轉到第二十九、第三十卦，剛被柔掩蓋，關係很不好，而且剛也吸收大量的柔，所以「交相困」，不只有剛被柔揜，倒過來柔也被剛揜，大家都被困住，形成糾纏不清的困局。柔在揜剛的時候，同時也上演著套牢跟反套牢的遊戲，結果剛跟柔都一籌莫展。這就更激發〈雜卦傳〉下經「咸速、恒久」突破困局的努力。

那麼，「井通而困相遇」的「相遇」到底是什麼意思？《易經》中提到遇的就是姤卦（䷫）的不期而遇。也就是說，你會有這個遭遇，喜歡不喜歡都由不得你，只有面對它、設法解決它。危機通常會造成對現狀的衝擊，但不一定會造成悲劇或毀滅，要盡可能地把它化為轉機，這就是困、井、革、鼎四卦的重要思維。誰跟誰相遇呢？還是剛柔相遇，它們也真是有緣，你困住我，我困住你；其實也是有緣才會相遇，然後演變成交相困。所以要用「姤」的奇妙機緣來看待困卦，然後再看另外一面的「井通」。而且，「困」是「革」的先兆，「革」是創造新文明的大機緣。會出現這樣的機緣，就是因為「困」，所以反而要感激困卦的處境。上天要造就你，就先困住你，你才可能遇到創新的機會。

所以，〈雜卦傳〉是用一種新的眼光和智慧在看待困卦，跟一般人遇到困境就哀傷感歎全然不同。換一個眼光，困卦的處境和姤卦的「有隕自天」一樣，很可能是「天地相遇，品物咸章」的大好時機，逼著你非變不可，變才有通的可能；人生再開新徑，擁有事業、感情的第二春。可見在「困相遇」的時候，一定要把姤卦的機緣評估進去。人生在困的時候才會有奇遇，接觸奇人，遭遇奇事。周文王就是因為不願在封地做太平官，被當做政治犯關進牢裡，有了「困相遇」的機會，然後才會「井通」，有了新的研發。如果當時沒有七年牢獄之困，文王就沒有機會深入挖掘《易經》的奧妙，畢竟「井通而困相遇」是渾然一體、不可分割的。

傳統的武俠小說寫到男主角受盡折磨，幾乎活不下去時，往往會練就非凡武功、遇到美麗的女主角。就因為他在一個最艱險的地方有了奇遇，發現武林秘笈，吃了什麼千年靈丹之類。如果他當時不困，就不會有奇遇，更不會通、不會革。能用這樣的思維從整體去看，困卦就不是難以承受之重了。

憂患九卦之二——困卦與井卦

困卦第三爻屬於人位，三多凶，而且不中不正，在〈繫辭傳〉中，這一爻被列為《易經》最慘烈的爻之一。我們曾做過三百八十四爻的十大凶爻排行榜，困卦第三爻一定是前十名，有家破人亡、身敗名裂的象，幾乎困到極點。人生一旦發展到類似困卦第三爻的情境，畢生努力可能毀於一旦，意志力不夠強的話，就此一蹶不振，甚至會自我了斷，因為困卦第三爻爻變為大過卦（䷛）。注意，我們一直強調困卦中有「大過」的象，關鍵就在困卦第三爻。因為「六三」爻變是大過卦，又是困卦中的大過卦初爻。「六三」陰居陽位，如果不能承擔巨大的壓力，就準備進大過卦的棺材；可是大過初爻是「藉用白茅，无咎」，這就意味著有轉危為安的神奇可能了。小小的白茅草又代表什麼呢？這要綜合卦際之間的整體關係去考量，我們稍後再談。

孔子對困卦也充滿期待，故將它列入憂患九卦之一；而它的難兄難弟、和它相綜一體的井卦也中選。兩個卦分列憂患九卦的倒數第三、第二卦。〈繫辭下傳〉第七章列出的憂患九卦，這九個卦的排序其實暗藏玄機，特別重要，在卦序中的位置是循序漸進的，而且還有理氣象數的意義。

憂患九卦中，上經依次是履（䷉）、謙（䷎）、復（䷗）；下經依次是恒（䷟）、損（䷨）、益（䷩）、困（䷮）、井（䷯）、巽（䷸）。這九個卦本身就有非常複雜的錯綜交互的關係，如履卦跟謙卦相錯，而且都跟復卦有關。損卦和益卦相綜，而恒卦和益卦相錯，困卦和井卦相綜，最後的巽卦，有的帛書版本是渙卦（䷺）。困卦、井卦之前的六個卦，我們已經詳細談過，不再贅述。而巽卦在困卦、井卦之後，講到具體的卦時再闡述。為了對困、井兩卦有從基礎到深層的了解，〈繫辭傳〉這一章所提到的憂患意識很值得思考。

〈繫辭下傳〉談到困卦和井卦是這麼說的：

困，德之辨也。井，德之地也……困，窮而通。井，居其所而遷……困以寡怨，井以辨義……。

首先，困是「德之辨」，井是「德之地」。要怎麼修德呢？困卦是「窮而通」，窮則變，變則通；「而」就是能夠，代表信心。困而能通，因為走不下去了，就要尋找新的道路。井卦要你各得其所，在你最能發揮特長、可以創新研發的地方深入鑽研，就有機會突破困境，甚至改變世界。因為井卦之後是革卦，新的科技發明、人文創作，以及思想的重大突破，都足以改變世界。

困卦通達，井卦突破，緊接著就是「困以寡怨」，這是困的運用。也就是說，困卦是要寡怨的，一天到晚怨天尤人無濟於事，只有運用困卦的智慧，才能減少抱怨，不去散播失敗主義的負面情緒。而「井以辨義」，則是運用井卦的道理明辨大義，為人之所當為。「困，德之辨也」和「井以辨義」，都有「辨」字。也就是說，人生一定要懂得分辨，如辨善惡、辨是非、辨成敗。像乾、坤兩卦的〈文言傳〉也都強調「辨」。乾卦第二爻「問以辨之」；坤卦第一爻「由辨之不早辨也」，這就說明分辨能力至為重要。井卦跟困卦更需要準確的分辨能力；井卦是要用來「辨義」的，像鑿井是開發井水給大家喝，這比較合乎社會公義，是人之所當為；而要尋找新的水源，也需要專業的探勘、判斷，所以分辨能力很重要。

困卦是「德之辨」，在困境中才可分辨誰是君子、誰是小人。平時大家看起來都一樣，但忍受痛苦、承擔責任的能力，困卦才是最好的考驗，因為一旦生存出問題，所有的偽裝都會剝除，真面目自然流露出來。過去的人物學常是從困境看人，如果沒有困境，有時還要刻意製造諸如酒、色等虛擬情境，好試探出一個人的真品性。

「井，德之地也」，「地」講得真好，「地」就是所，每一個人都各得其所，找到自己的崗位。每個人的「所」可能不一樣，要是流離失所，無法發揮才能，就會像旅卦（䷷）一樣，失位、失時、失勢。旅卦就是失其所，井卦則是「居其所」；選定一個井，就守在那裡，資源取之不盡、用之不竭，不會顛沛流離、到處飄蕩，所以井就給人定居的感覺。選定工作、生活的所在，可以開發無窮的資源，進而改變人生、改變全世界，造成世界的變遷；這就是「遷善」，是從「居其所」而來的。最有價值的點找到了，在那個崗位上好好開發、研究，等到突破性的成果出來，就足以改變世界。「居其所而（能）遷」，「居其所」這種安靜的工夫就很重要。井水是靜的，井的位置就是「德之地」，那是最佳的修行道場，也是俗稱的風水寶地。宗教人文也是一樣，印度釋迦牟尼悟道的地方就叫做「德之地」，也是聖地；周朝的岐山也是「德之地」，周朝八百多年的江山就和這個小地方有關。一個名不見經傳的窮鄉僻壤，因為有人提出突破性的重大貢獻，那個地方就成了「德之地」。現在很多名勝古蹟，有的是自然風景名勝，有的純粹是出了大人物，或曾發生重大歷史事件，那就叫做古蹟，也就是「井，德之地也」。

「困以寡怨」，人之常情，很難做到無怨無尤，那就儘量少一點抱怨，趕快讓心態放寬；否則怨天尤人，哪來井卦和革卦的研發、轉型呢？所以，正確的態度是「寡怨」，讓負面情緒即時轉向，馬上想辦法脫困，這才是大丈夫。人生總會遇到困境，但是跟歷史上那些大人物的「困」比較，你就會覺得自己遇到的困局實在不算什麼，所以，何不學習孔老夫子說的「上不怨天，下不尤人」，否則只會徒增痛苦。

困卦的卦中卦

在分析困卦卦辭之前，我們還是先分析卦中卦。困卦的卦中卦有三、四、五、上爻構成的大過卦。也就是說，人在困局中一定飽受折磨，還要承擔大過的風險，尤其大過卦都集中在領導階層，所以困卦的壓力特別大。那麼困卦能否脫困呢？雖然有井卦、革卦轉型的可能性，但絕不容易；像困卦初爻到四爻構成的就是未濟卦（䷿）。「未濟」是過不了河，很難成功。上面四個爻偏重的是大過卦，未濟卦則偏重下面四個爻，可見，民困不一定能紓解，可能不成功，甚至滅頂。下有「未濟」，上有「大過」，困難的程度可想而知。

為什麼說「困相遇」呢？患難之交就是「困相遇也」，大家面臨共同的困境，同病相憐，就像一家人一樣，所以困卦中間四個爻構成的是家人卦（䷤）。還有就是五個爻的卦中卦，首先是初、二、三、四、五爻構成的渙卦（䷺）。可見人在困卦中要支撐下去很不容易，意志力要很堅定，不然就會渙散離群；因此意志和信念在困卦中很重要。此外，一個團體如果沒有人能夠力挽狂瀾，那麼一定是人心渙散，如一盤散沙，馬上就垮掉。

還有一個卦中卦是二爻至上爻構成的革卦（䷰）。需要是發明之母，正因為困中含有革的契機，所以更要敏感覺察到創新是必須的。雖然從自然卦序來看，困卦到革卦還要經過井卦，但是「困」中已有「革」象，表示守舊就不能脫困，所以困卦不一定是壞事，正是刺激創新變革的根源。

困卦卦辭

困。亨，貞，大人吉，无咎。有言不信。

卦辭首先就言「亨」，這就是《易經》最可貴的精神，在困卦之中絕對有亨通之道；不但可以脫困，而且還可以練習在困的時候保持心情舒暢，就像坎卦一樣。困卦能「亨」，其實看困卦的上卦就知道。上卦為兌，本來就是笑口常開的樣子。也就是說，困卦中的領導人無論如何都要裝出滿臉笑容的樣子，好讓底下的人保持希望。如果困卦的外卦哭喪著臉，那麼很快就完蛋了。看來，困卦光從卦象就可以知道，內部的險已經很難受了，每天還得在外面陪笑臉、裝沒事。這是困卦最重要的修行工夫。下面已經坎，上面還得樂，為的就是未來的「亨」；有了「亨」，還得「貞」，要固守正道，不能不擇手段。如果為了脫困而不擇手段，將來一旦恢復正常，還有誰信得過你？這就跟坎卦的「維心亨」一樣，「水流而不盈，行險而不失其信」。誠信是立身之道，是一輩子的事，不能因為面臨坎境就亂來；一時的坎會過去，要是破壞誠信，一輩子都不要想翻身。所以越在坎險困難的時候，越要堅持正道，這個基本原則絕對不能動搖。這就是修行之難，軟弱的人為了求生存，絕對守不住貞德。

該守住的都守住了，就可以「大人吉」。要修到最高的「大人」，才能夠亨、貞，而且還能反敗為勝——吉。「大人」的境界並不容易，但應對困卦的局面，若能修到「大人」的程度，不但能脫困，還能吉。從困卦的整體形勢來講，「九五」領導人就很重要。領導人在面對困境時若無其事、充滿信心，跟隨的人也相信他一定會帶領大家度過險難。所以困卦中的大人就吉，有機會反敗為勝。吉是卦的保證，後面還加上「无咎」，不會有後遺症。困卦的吉不是一時的，而是長期的，就像師卦的「貞，丈人吉，无咎」一樣；師卦中的大將也很重要，不能為了追求一時的吉而偏離正道，導致後面有收拾不完的咎。

這麼好的結果並不容易。「大人」雖吉，但必須做好心理準備，因為在脫困的過程中，難免「有言不信」。當困境在前，沒有實際脫困的結果，外卦兌有再多花言巧語，別人也不會相信。「有言」是外卦兌的象，要安撫人心，當然得用各種言辭；但時日一久，就會發現靠言語脫困是下策。你可以滿臉笑容，但不能給人家不切實際的期待，否則開始說「沒事沒事」，最終是「有事有事」，這樣自然會「有言不信」。所以，困卦最重要的作為就是實幹，困局當前，領導人少講話多做事，任勞任怨，到最後真的帶大家脫困了，什麼話都不用說，結果就是最強的說服力。

困卦〈彖傳〉

〈彖〉曰：困，剛揜也。險以說，困而不失其所，亨，其唯君子乎。貞，大人吉，以剛中也。有言不信，尚口乃窮也。

「困，剛揜也」，「揜」即掩，困卦的剛被柔掩蓋，無法發揮作用。也就是欲望蒙蔽理智，陰困陽、柔困剛，或者是陰乘陽、柔乘剛；負面的陰柔，把剛健、中正、純粹精的良好本質壓住了。人本來都有良知良能，一旦被欲望蒙蔽，就是典型的困局。諸葛亮在〈出師表〉中就說，後漢之所以衰退，就是因為「親小人，遠賢臣」。君王被小人包圍，這也是柔掩剛。

「險以說，困而不失其所，亨，其唯君子乎」，關於「困而不失其所」後面的「亨」該怎麼解釋？我認為光是說困的時候還不要失去亨通之道，意義並不精確。「困而不失其所」，「所」就是「德之地」。也就是說，困的時候要選對脫困的地方，千萬不要慌亂而「失其所」，找錯地方或者到處跑。其實，單是「困還能不失其所」，就已經解釋「困亨」的原因了。「險以說」，「說」即「悅」，指在內卦那麼險的情況下，外面還笑得出來。因為不笑不行，不然裡面的險就給人家看透了，不好施展脫困之計。其實「柔掩剛」也有這個意思在內，內卦坎為中男，是剛，外卦兌為少女，笑容可掬，是柔。用柔去掩飾剛，在困的時候還笑得出來，才能保持自信；有自信的人才能和悅，讓大家安定團結，早日脫困。「亨，其唯君子乎」，要達到亨，至少要君子才辦得到，一般人會像沒頭蒼蠅亂衝亂撞，結果就被活生生地困死。

要注意的是，困卦卦辭根本就沒提到「君子」，講的是最高標準的「大人」。〈彖傳〉前面在解釋卦辭的「亨」，後面才涉及「大人」，這樣看來，〈彖傳〉其實是有層次的。也就是說，在困卦的環境中，如果是大人，當然能脫困；如果是團體受困，其他的人想紓困，但本身能力不夠，還需修到君子的層次，才能「剛揜也」，「險以說，困而不失其所，亨」。然後讓大人在這個基礎上領導大家脫出險難、反敗為勝、革故鼎新，吉而无咎。一般人沒有君子那樣的修為，往往亂成一團，大人想要整合困局、挽狂瀾於既倒，就會遇到阻礙。要知道，君子的修為和大人相比還差一大截，上面還有賢人、聖人的層次，更高的才是大人。從社會結構來說，幹部群先穩住，領導人才好帶著大家脫離困境；君子本身還沒有能力讓大家「吉而无咎」，只要守住陣地，「困而不失其所」

就可以了。所以〈彖傳〉前面講「其唯君子乎」，並不是解釋「大人吉」，而是大人吉无咎的前提。君子已經守住基本面，帶大家脫困創新的還得靠大人。像蹇卦（䷦）那麼困難的局面就得「利西南，不利東北」，然後才可以「利見大人，貞吉」。

「貞，大人吉，以剛中也」，君子已經穩定，「困而不失其所」，先立於進可攻、退可守的不敗之地，下面就要靠卓越的領導人來「貞」。前面的「亨」只到君子為止，然後才是「貞，大人吉」。但大人還要堅守「以剛中也」的大原則，才可以脫困。剛中就是坎卦的本領，要度過人生的重大風險，都得靠剛中——堅強的意志力，不但不被坎險擊倒，還能帶領大家克服險阻。像坎卦「九五」就很有力量，「坎不盈，坻既平，无咎」，這就是「剛中」。坎卦的〈彖傳〉就強調剛中之德，而離卦〈彖傳〉就強調柔中之德。「大人吉」這裡是指困卦的「九五」，而不是講「九二」。「九二」畢竟是區域性的，影響有限，還得靠「九五」的中正之德，就跟坎卦一樣，「水流而不盈，行險而不失其信」。困卦君位在困局中，最初都要承擔罵名，這正是「剛中」的特質，能挑起重擔、解決問題。所以，困卦領導人「剛中」的德行最重要，不像華爾街的金融困局，就是用兌卦的耍嘴皮子騙盡天下人。

「有言不信，尚口乃窮也」，放棄「有言」的方法，因為耍嘴皮一定行不通。耍嘴皮在升卦可以，在困卦簡直是找死。這句話是從《論語》的一段記載脫胎而來的：「在陳絕糧，從者病，莫能興。子路慍見曰：『君子亦有窮乎？』子曰：『君子固窮，小人窮斯濫矣。』」孔子和弟子困於陳蔡之地，弟子們三天沒吃飯，站都站不起來；子路火大了，就去質問老師。「君子固窮」就是孔子，「小人窮斯濫」就是子路。所以困卦真是「德之辨也」，一遇到困，孔子跟子路的修為馬上分出高下。

困卦〈大象傳〉

〈大象〉曰：澤無水，困。君子以致命遂志。

「澤無水，困」，這是困卦的象，上文已經闡述過，不再贅述。「君子以致命遂志」，「致」是指在危急時將僅存的一切發揮到極致。「致命」是指人在面對天命的大形勢，在強大的壓力下投入全部身心，只有前進、絕不退縮。「遂志」，是說即使遭遇重大挫折，但沒有放棄原先的志向。「遂」字和「逐」字很類似，人生所追逐的目標如果順利完成，就是得遂所願。「遂志」就是不管環境多險惡，都要堅持信念，不會隨便放棄既定目標。

〈大象傳〉強調人在面對困境時更要拚力一搏，即使不眠不休，也要抗爭到底。「致命遂志」是天命跟人志、環境大形勢跟個人奮鬥意志之間的關係。人要立志，但不切實際的立志只會浪費生命，所以要觀察天命時機，選定方向；而且不要因為天命對你不利就放棄志向；在困境中更可以深刻反省人命、天命跟志向之間的關聯。有時候雖然形勢比人強，但未必就是死路一條，要設法找到出路。這就是「致命遂志」。

從爻際關係看「柔掩剛」和「剛柔交相困」

〈彖傳〉說「困，剛揜也」，這是柔掩剛。換一個角度看則是剛掩柔。這就是交相困。從卦象上看是「柔掩剛」，除了上卦的柔掩住下卦的剛、外卦兌掩住內卦坎的「剛中」，從爻來看也是如此。困卦三個陽爻，二爻、四爻、五爻，以乾卦的觀念來講，就是最厲害的三條龍都被陰爻困得死死的，不能動彈。從兵法或資源分配的觀點來看，下卦居中唯一的陽爻被上下兩個陰爻包圍，是為坎險；下卦坎正是柔困住了剛、剛被柔掩。而從上面的三、四、五、上爻這四個爻來看，這四個爻剛好形成卦中卦大過卦（䷛），是不是剛掩？「九四」、「九五」這對難兄難弟被上下兩個陰爻圍堵在圍城之中，無法突圍；「上六」跟「六三」把兩個陽爻死死卡住，讓它們陷入風雨飄搖、岌岌可危的大過卦局面。五爻和四爻空有一身本領仍然受困，何況被「六三」和「初六」包夾的「九二」呢？三個陽爻都受困，這就是典型的「剛揜也」，即使有資源也發揮不了作用，無法突破陰柔的重重包圍。

這是柔掩剛，從另一個角度想，其實剛也把柔困住了。困卦中，三個陽爻被分隔兩地，誰也救不了誰，這就有一點像田單復國的情況——勿忘在莒。「九五」、「九四」代表新即位的齊王守的莒城，「九二」代表田單死守的即墨城。樂毅攻齊，把齊國七十多個城池打下來，只剩下莒和即墨兩座城池。幾十萬大軍重重圍困，一時攻不進去，就想困死兩城。從大形勢看，莒城與即墨城總有一天會被攻破，但這是消極思維；從另外一個角度看，圍困兩座城池的燕軍，其實也被拖住了手腳，不能退、不能遂。這就叫做「交相困」，哪一方撐得越久，就是最後的勝利者，至少可以轉為突圍談判的條件。田單雖然挨打被困，可他是內線作戰，而樂毅是外線作戰，他的軍隊消耗比田單更多；如果不能速戰速決，他可能就會先完蛋。最後的結果當然是田單成功，齊國失去的城池一一收復，燕國國力就此一蹶不振。

可見，從某個角度講，困卦三個陽爻雖然受困，但是有實力、有意志，就可以維持不倒。三個陰爻完全被孤立，也很危險。尤其「六三」的壓力特大，下要跟「初六」聯手困「九二」，上要跟「上六」夾擊「九五」、「九四」。難怪「六三」爻變為大過卦，採取優勢兵力包圍敵人，自然要投入更多資源，時間拖久了，比死守的人還難受。因此在裡面死守的人也要看清這一點，在「交相困」的情勢之下，狹路相逢勇者勝，看誰能堅持到最後。陰柔的一方有時還不一定有那麼堅強的意志守下去呢！所以，我危險，你也危險；我套牢，你也被套牢。當今世界的反恐聯盟之所以困難重重也是如此，看不到敵人在哪兒，可是又不能不防範，你投入一萬倍的力量，他可以按兵不動；但只要你稍微鬆懈，後果就不堪設想。

採取攻勢和守勢，都是兵法中的重點決策。只要守得住，攻的一方就會出問題，死守圍城的人切記不要太快投降，甚至只有一天存糧也要熬下去。如果肯多熬一天，說不定對方就會先舉白旗。二戰中這樣的戰例比比皆是，像德國進攻前蘇聯，剛開始閃電推入，最後進入膠著狀態；面對德軍狂風暴雨般的攻擊，蘇聯紅軍堅守莫斯科，最後等到冬天，終於反敗為勝。所以到底誰佔優勢？很難講。從陽掩陰的角度來看，陰爻比陽爻還危險，投入的資源更多。所以在困卦中永遠不要悲觀，而且在交相困的局面中，更要防止「鷸蚌相爭，漁翁得利」的尷尬局面，這對雙方來說都很危險；好鬥的人常陷入這樣的困境，所以，能和解才是上上策！

困卦六爻詳述

初爻：遺世而獨立

初六。臀困于株木，入于幽谷，三歲不覿。

〈小象〉曰：入于幽谷，幽不明也。

我們先講三個陰爻，先看「初六」。困卦初爻爻辭是「臀困于株木」，成語「守株待兔」頗合這個情境。守株待兔這個寓言說的是先秦時期的宋國人。先秦很多寓言都把宋國人當成滑稽無能的象徵，揠苗助長也是說他們。這很悲哀！國小力弱就變成笑柄。「株木」是指樹木的生機已經斷絕，從「升」的參天巨木，被雷打雷劈，樹幹整個倒了下來，只剩光溜溜的樹根。大公司倒閉、大國衰亡常常是這個象，只留下遺跡。樹垮之後，樹根還在的死樹就叫做株木。「守株待兔」的「株」就是這樣一兜樹根，而且很硬；兔子跑太快，撞到樹根撞死了。農夫看見有兔子自動撞樹根，心想每天揀一隻兔子就不用種田了，於是每天在株木旁等著兔子來撞樹。

所以，「臀困于株木」就是一屁股坐在已經枯倒死亡的老樹根上，憑弔過去的風華。光看樹根基盤的遺跡，就可以想見當年有多麼強盛，可是現在啥也沒有了。「升而不已必困」的現象完全表現在困卦初爻。萬丈高樓整個垮掉了，只剩地基，而這地基還很難處理，就像一個負債累累的大公司停止運轉後，要賣掉都沒人敢要。所以「株木」只好保留下來，成為前車之鑑，讓大家坐在上頭反省思過。為什麼是「臀困于株木」，強調坐下來，而不說站起來思考呢？因為從升卦最高的雲端跌到困卦的谷底，已經破產敗家，想站起來重新振作，可是連站起來的力氣都沒有，只好坐著；而剛好株木也可以提供歇息之地，讓你坐下來痛定思痛。

然後，看他坐的地方，也讓人想起過去和現在的差距，「入于幽谷」，這個情景描寫得真好！人生跌到谷底，進入最幽暗的世界。從升卦上爻的「冥升，利于不息之貞」，「消不富也」，直接「入于幽谷」，獨自在寂寂無人的幽谷中。在升卦，各種人際關係把你捧上雲端，現在統統避而不見，甚至反過來害你，大有痛打落水狗之勢。而這寂寞、孤立的時間通常是很長的，所以說：「三歲不覿」。「覿」是與人見面，有見面三分情的意思。在睽卦的時候，即使惡人或交惡的人也不會避不見面，「見惡人，无咎」。但困卦初爻的人已經「入于幽谷」，有三年之久見不到任何人，大家都不願意跟他來往，所以他就更加痛苦了。曾經大紅大紫的人，一旦落入人生谷底，朋友星散、門可羅雀，如果耐不住寂寞，沒有「遯世无悶」的修為，悶都悶死了，更不要想重振輝煌。

「臀困于株木」的處境，倒有點像羅丹的雕刻《沉思者》，坐在那裡端著個pose（姿勢），就是想三個小時也想不出法子。為什麼會這樣呢？因為欠了一屁股債，一籌莫展，而第三爻所代表的老婆也跑了，所有人際關係都已斷絕；「柔以時升」那套成功模式已成過去，現在是無人聞問的「三歲不覿」。

〈小象傳〉說：「入于幽谷，幽不明也。」黑暗到極點，前途黯淡，看不到一點光亮。從升卦最後一爻的「冥升」到困卦初爻的「幽谷」，從最高點跌入最低點，「幽」跟「冥」合起來不就是幽冥地獄嗎？西式葬禮上，牧師在下棺之前要念的一段《聖經》，就很像困卦「初六」：「我雖然行過死蔭的幽谷，也不怕遭害，因為你與我同在；你的杖，你的竿，都安慰我。」所以我們讀困卦初爻，就會想起這是念給死人聽的。這人是怎麼死的呢？因為「冥升」，誰也不能怪。

「初六」爻一變是滿臉笑意的兌卦（䷹），這時候還能笑得出來，說明困卦初爻也是修練的道場。兌卦是「君子以朋友講習」，這時最好痛定思痛、切實反省，尋找脫困的秘笈，甚至是延年益壽的千年靈芝。困在幽谷，無人打擾，正好趁機勤練三年功。《倚天屠龍記》中的張無忌就是被打入幽谷而修成九陽神功。本來身帶寒毒，加上失戀，被人逼入山谷，反而機緣巧合得遇九陽真經，最後練就絕世神功。這就是兌卦的「朋友講習」，朋友就是機緣。這樣一來，「初六」的幽谷之象，居然是人生再學習、要歡喜雀躍的兌卦環境。所以人群關係全部斷絕也有好處，像文王困於羑里，啥事也不用幹，就鑽研《易經》。在升卦時一天到晚應酬，哪有時間讀書？在與世隔絕的幽谷中，讓你足足讀滿一千天的書。這就是困卦初爻爻變為兌的好處。所以，這「三歲不覿」的幽谷，恰恰是進德修業的基地，此正所謂「井，德之地也」。

三爻：身敗名裂

六三。困于石，據于蒺藜。入于其宮，不見其妻，凶。

〈小象〉曰：據于蒺藜，乘剛也；入于其宮，不見其妻，不祥也。

再看困卦的第二個陰爻——第三爻。「六三」可謂是家破人亡的慘痛人生，家庭、事業、感情等全部落空。爻辭讓人怵目驚心：「困于石，據于蒺藜。入于其宮，不見其妻，凶。」所有倒楣事集於一身。首先是「困于石」。「六三」如果要往前、往外、往上發展，有「九四」代表陽剛的大石頭擋在前面。陰爻碰到陽爻怎麼過去？就像孫悟空大鬧天宮之後被如來佛「困于石」，壓在五行山下整整五百年不能動。對「六三」來講，「九四」就是絆腳石、攔路虎，也是事業發展的前途；

但是以「六三」的資質，根本就無法突破「九四」這一關。

倘若只是「困于石」，沒有前途，前進不得，至少還有退路，可是，「六三」的退路也很慘，是「據于蒺藜」，後面的「九二」就像長著刺的鐵絲網。蒺藜這種植物我在河南安陽和山東曲阜曾經看過，看起來是非常柔軟的，但背面有細如牛毛的倒刺，光腳踩上去會被刺得滿腳流血，拔都拔不出來。這就有點像坎卦上爻把人丟在荊棘叢中一樣。蒺藜的刺長在背面，從外表看不出來，很容易讓人疏於防備。對第三爻來講，前面的陽爻「九四」是不能突破的大石頭，「九二」則是它陰乘陽、柔乘剛，痛苦不堪的據點。所以這時的「六三」進退失據，不知有多狼狽。

為什麼選用「蒺藜」作為這個爻的象徵呢？估計這種植物很早就是老百姓生活經驗中常見到的。一定常有人曾被刺得痛苦不堪，所以就用蒺藜來象徵隱伏的殺機。「蒺藜」的象，從困卦和井卦的錯卦去想，就會更清楚。它們的錯卦就是噬嗑卦跟賁卦，那個折磨人的植物外面是色相豐美的賁卦，可是它的另一面卻是充滿殺機的噬嗑卦。

然而，「六三」偏偏就「據于蒺藜」，居然選了這樣一個令人坐立不安、危機四伏的地方當作據點。以「六三」來講，前有大石頭「九四」，後有多刺的蒺藜草「九二」，所以「困于石，據于蒺藜」，處境極端不利。本來，「六三」要跟「初六」聯手困住「九二」，還要跟「上六」合作，去包圍「九四」和「九五」，結果它比那三個陽爻還痛苦。這就是「交相困」，套牢與反套牢、包圍與反包圍；正是「困人者，人恒困之；害人者，人恒害之」。「六三」爻變為大過卦，又是卦中卦大過卦初爻的白茅，白茅草跟蒺藜有異曲同工之妙。

「六三」「困于石、據于蒺藜」，怎麼辦呢？我們都知道，明夷卦（䷣）很痛苦，但下一卦是家人卦（䷤），家是最後的避風港。「六三」受到重挫，也想回家了。這裡不說回到家，而是回到宮裡──「入于其宮」，想關起門來做皇帝。就像「明夷」之後一定是「家人」，可是「家人」後面就是睽卦（䷥）；因為這個人帶著一身晦氣回家，外面的問題變成家庭問題，導致家庭生變，夫妻反目成仇。所以，明夷卦的後遺症不會因為回家就結束了；本想尋求安慰，結果回家反而散播失意的毒素，家人誰肯受這個鳥氣？「六三」在外面吃了「夾棍」，「入于其宮」，回到自己稱王稱霸的小宮殿，本來希望太太送來一雙拖鞋、端上一盆熱的洗臉水，結果「不見其妻」，老婆跑了！哪有比女人還聰明的？女人最會知機應變，她早就得到老公失意受困的消息，不等老公回來，立馬捲起細軟溜之大吉。「六三」在外面受盡痛苦，本想回到家至少還有老婆的安慰，結果是「入于其宮，不見其妻」，「宮」變成冷宮，真正是妻離子散、家破人亡；事業垮了、家庭也完了，不凶才怪！

我們注意，困卦二、三、四、五爻是家人卦（䷤），「六三」本來同時是家人卦中的二爻和四爻；一是任勞任怨的家庭主婦──第二爻，同時也是理財高手──第四爻。現在回到家，「入于其宮，不見其妻」，沒有人「在中饋，貞吉」，也沒有人「富家，大吉」；回到家比外面還難過，家只剩空殼子，連最後一點希望都破滅了，為什麼會這樣呢？〈小象傳〉說：「據于蒺藜，乘剛也。」這是說「六三」跟「九二」是陰乘陽、柔乘剛的關係，情欲蒙蔽理智，選錯位置，居然笨到把蒺藜當作奮鬥的據點。〈小象傳〉接著說：「入于其宮，不見其妻，不祥也。」簡直不祥到了極點。這更是一個要困死的爻，爻變是大過卦。大過卦是死卦，困到承受不了，快要進棺材了，故有不祥之兆的說法。

我們先看孔子怎麼解釋這個爻。孔子這回心腸很硬，他一點也不同情這種人。〈繫辭傳〉中說：「《易》曰：『困于石，據于蒺藜，入于其宮，不見其妻，凶。』子曰：『非所困而困焉，名必辱。非所據而據焉，身必危。既辱且危，死期將至，妻其可得見耶？』」這就是典型的「早知如此，何必當初」。「非所困而困焉」，不該受困的地方卻受了困，天地之大，無處容身，連唯一的基地都沒有了；不像「臀困于株木，入于幽谷」，雖然是幽谷，好歹還有株木，可以一個人修行練功。人生受困是常有的事，英雄受困如龍游淺水、虎落平陽，這是可能的，但困卦第三爻的困是自找的，因為行為有問題、眼光有問題，這就是「非所困而困焉」，很可能是人情、人性的弱點讓你困住，這就不值得同情。不應該困卻受困了，「名必辱」，身敗名裂是必然的。「非所據而據焉」，不在穩定的地基築造發展的平台，卻選蒺藜地作為據點，非完蛋不可；所以「身必危」，一定有性命之憂。「既辱且危，死期將至」，既遭羞辱又處險境，死期不遠。爻變又是大過卦，名辱身危，「妻其可得見耶」，怎麼可能見到妻子？這時候最聰明的反而是提前落跑的老婆。她為什麼要跟你一起死？況且她已經把你恨得牙癢癢。連孔子都認為這個妻子夠聰明。可能有些人會怪她太無情，其實她的無情還不完全因為老公「困于石」，而是他「據于蒺藜」。蒺藜是什麼？就是「小三」，帶刺的玫瑰。家花哪有野花香？野花是香，可是後面帶著刺，所以老婆對老公「困于石」還可以忍受，「據于蒺藜」就恨之入骨了。「三人行，則損一人」，她離家出走是天經地義的。

從卦中卦大過卦來看「六三」會更清楚。困卦「六三」是大過卦初爻，大過初爻「藉用白茅」，從情色角度來講，「白茅」不就是野合嗎？蒺藜代表帶刺的野花，哪有人會把蒺藜養在家裡的？這都是因果，可是他講得多麼含蓄。大過卦也是一個情欲卦，自己造孽自己承擔。這正是「不見其妻，不祥也」。

所有不順利都是因為「六三」不中不正，性格的弱點造成悲劇，沒有退路，也不值得同情。困卦前兩個陰爻一個比一個慘，初爻一個人在憂苦，三爻一個人守著冷宮。

上爻：改弦更張

上六。困于葛藟，于臲卼，曰動悔，有悔，征吉。

〈小象〉曰：困于葛藟，未當也。動悔有悔，吉行也。

我們再看上爻的「困于葛藟」。「葛藟」在《詩經》中常常出現，是一種爬藤類植物，可以纏繞、困住很多事物。上爻一開始也是被套牢、圍困的象，葛藟象徵人的欲望和所造的業障，好比一些糾纏不清的不正常關係，一旦被困住就動彈不得，但完全是自找的。

「于臲卼」，就是「困于臲卼」，為了修辭，把「困」字省略了。上爻一開始就是雙重的困，「臲卼」兩字右邊都有「危」字，光看字形就知道情勢岌岌可危，是處在高處的危險狀態。儘管如此，「曰動悔，有悔，征吉」，只要大徹大悟，還是有出路。困卦上爻是困極之爻，再不回頭就悔之晚矣。「曰」就是正式對外宣稱，或是對自己的鄭重宣告；「動悔」，動輒有悔、動輒得咎。在「困于葛藟」、「困于臲卼」的雙重危險中，一動就會招來更大的悔恨和痛苦。「有悔」，「有」在文言中還有「又」的意思，也就是說在動輒得悔的環境中，必須真心悔改，而且要「征吉」，趕快改弦更張、勇敢行動，才會有出路——吉。困到極點時，若能真心懺悔，而且把脫困方案立刻付諸實施，還是可以獲吉。困卦走到上爻，下面接著就是井卦，那就是一條可能的出路。

我們都知道，困卦三陰、三陽交相困，包圍者被反包圍；「九五」、「九四」和「九二」不能動；「初六」、「六三」自顧不暇，全部陷入困境。唯一的自由端就是「上六」，那是兌卦唯一的開竅口，大家可以坐下來好好討論解脫之道。這有點像大壯卦（䷡）上爻，進退兩難時，雙方都耗得差不多了，那就要利用談判尋求轉換、互相和解，讓大家都能脫困。困卦上爻也是全卦六爻中唯一有機會脫困的爻，前面五個爻全部不能動，直到最後才有一線生機；而且它就是上卦兌的開口，可見只要運用理智、好好地談，就有脫困的機會。但是「曰動悔，有悔」，談判不會那麼順利，而且往往自己也陷入天人交戰中。你看上爻爻變是訟卦（䷅），兩造之訟，沒有贏家，之前何必你困我、我困你呢？爭到後來交相困，困極之後才被逼出新思維，從「征」的情況下，尋求井卦的新出路。

〈小象傳〉也說：「困于葛藟，未當也。」終於承認不合適，那就要面對現實，不要心存僥倖；「動悔有悔，吉行也」，既然一動就有悔，那就要徹底改弦更張才會吉。這就是「上六」。

講完困卦三個陰爻，我們會發現，這三個陰爻困到了極點，而且它們本來是要困住陽爻的，結果自己受困得更厲害，資源更貧乏、處境更危險。三個爻辭的意境都是在圍城外紮營野宿的景象，而且資源有限，周圍盡是石頭、株木、葛藟、臲卼、蒺藜等。困卦三個陽爻雖在圍城之中，但民生基礎設施反而很完整，有永久性的、堅固的城市生活設施，勞逸程度根本不同。這種城鄉對比的意義是很深刻的。困卦的錯卦是賁卦，賁卦象徵天文、人文、文化；城市是人文，城外是自然文明。所以困卦也表現了天文跟人文的交相困。就像現在，我們在發展人文的同時，地球生態卻被困住了，資源枯竭，人類文明的永續發展受困。這就需要自然與人文的對話，找到平衡點，讓雙方都能脫困。

二爻：錘鍊意志

䷮

九二。困于酒食，朱紱方來，利用享祀。征凶，无咎。

〈小象〉曰：困于酒食，中有慶也。

「九二」「困于酒食」，在下卦坎險之中，一定要自守陣地。因為老闆「九五」自己也受困了，加上聯繫管道被三個陰爻切開，兩個圍城都被徹底孤立，不能期待對方提供奧援。在這種情況下，就要像升卦上爻所說的「利于不息之貞」，自強不息，完全靠自己。倘若自己挺不住了，就會徹底崩垮。就像坎卦「九二」深陷坎險之中，「坎有險」，只能「求小得」。同樣的，困卦「九二」想搞大動作突圍，還要拯救別人，那是辦不到的；但也不能坐以待斃，至少要自救，先立於不敗之地，這樣才有未來。這就是「九二」的思維，剛而能柔，持中之道，靜待全局脫困的時機。

「九二」能忍一時之痛，唯有「困于酒食」。這和需卦（䷄）「九五」的「需于酒食」天差地遠。需卦「九五」是只要坐著等，就能等得到；困卦「九二」陷入下卦坎險之中，孤立無援、困窘不堪。那麼「困于酒食」是什麼意思？是食物供應不上，有斷糧之虞？還是酒食不缺，只能困在酒食裡，飽食終日、無所事事，精神有無限的痛苦？這兩個解釋其實都有可能，也都說得通。困卦第二爻就天候來說是旱象；就人體來說是腎水不足。「困于酒食」如果是存糧有限，那就得勒緊褲帶、省吃儉用；假若食物充足，那就要飽嘗精神的痛苦。這都是因為短時間內等不到外援「朱紱方來」。「朱紱」就是「九五」，是穿著大紅朝服的領導人。二爻和五爻本來是相應的，「九二」唯一的希望就是「九五」能救它於水火，或者中央能撥款讓地方維持運轉。「朱紱」的象徵，就如西方戲劇《等待果陀》，等待上帝、大人的救助。

用「朱紱」作為「九五」的代表，這就和服飾有關了。宋代程頤認為：「朱紱，王者之服，蔽膝也。」《漢書》記載：「黼衣朱紱，四牡龍旗。」南朝徐陵〈東陽雙林寺傅大士碑〉中也說：「黑貂朱紱，王侯滿筵。」在春秋戰國時期，朱紅色服飾一般是大人物或最高領導人穿的，後代則以黃裳來代替，後來又發展為皇帝才能穿的龍袍。所以「朱紱」是指古代官服上的紅色蔽膝，長度剛好遮到膝蓋，再根據蔽膝上的裝飾，區別官位的高低。「九五」是領導人，至少是國君，「朱紱」就是象徵他們的地位，就像坤卦「六五」的「黃裳」和訟卦上爻的「鞶帶」，都是身份地位的象徵。

「九二」自己無法突圍，非常期待「九五」的救助，只是「朱紱方來」，「方來」就是姍姍來遲，有點像比卦卦辭所說的「不寧方來」。困卦「九二」漫長的等待實在煎熬，「九五」必須自己先脫困，才能出手相救，這就是「九二」的麻煩。漫長的等待，還要計算有多少糧食、多少資源，精神上也要撐得住。這時就要鍛鍊意志，同時「利用享祀」，期待上天保佑。「利用享祀」才能讓人心理安定，而且人只有受困時才會祭拜神明。既然朱紱一時來不了，「九二」就要靠自己強化精神、鍛鍊意志，得到精神上的慰藉。所以，很多人在受困時就開始信教、拜佛、學《易經》。在升卦的時候不會想到這些，絕望的時候才要呼喚上帝、要「利用享祀」，這種心態很正常，那是強化身心靈，用的是精神勝利法。

「征凶」，這時候要是不做精神上的充電，不懂得「居其所而遷」，光想靠外力突破，那是擺明了不可能；即使能突圍衝出去，也會死在城外。所以「征」絕對「凶」，只能固守，好好學習，而且要重視心理的平衡，才能无咎；就像〈小象傳〉所說的：「困于酒食，中有慶也。」掌握時中之道，如同「坎有險，求小得」，剛而能柔，福報還在後頭呢！甚至還有慶祝盛會。「九二」爻變是萃卦（䷬），需要專心致志，把握難得的修練機會，提高心靈能量。

五爻：中直之道

九五。劓刖，困于赤紱。乃徐有說，利用祭祀。

〈小象〉曰：劓刖，志未得也。乃徐有說，以中直也。利用祭祀，受福也。

第五爻一開始就是「劓刖」，這兩個字都是古代的刑罰，「劓」是割鼻子，「刖」是砍腳。「九五」似乎成了罪犯，和睽卦第三爻「其人天且劓」類似。一個在困局中的領導人，上下交相困，搞得民生困苦不堪，完全沒辦法往前突破，這時不僅要承擔責任，還要承受千夫所指的難堪。「劓刖」是最殘酷的肉刑，象徵領導人被看成罪犯。鼻子被割掉，因為嗅覺不靈敏，形勢判斷不夠敏感；把腳砍掉，因為沒有行動力和實踐力。沒有鼻子也沒有腳，就沒有了判斷力和執行力；也就是說，一個領導人既沒有知機應變的嗅覺，又沒有強大的執行力，害大家受困，不是罪犯是什麼？

既中且正的「九五」竟變成罪犯，可能也包含深刻的自責。但現在擺在眼前的困境是事實，怎麼辯解也沒用，只能設法帶領大家脫困。所以這時更要有強大的精神戰力，自己要挺住。「九五」畢竟也是人，被人冤枉，心中一定覺得委屈。古代的肉刑很殘忍，割鼻子還算是輕微的，像秦孝公的哥哥就是被劓。他身為大將，鼻子割掉就不能見人，對當初施與刑罰的商鞅當然充滿仇恨。這是題外話。

那麼，接下來的「困于赤紱」，「赤紱」指的是「九四」，因為「九五」要承擔責任，「九四」也不能免。穿紱的都是大官，「九五」是朱紱，是正紅色；「九四」是赤紱，是赤紅色。成語「近朱者赤」就跟這個有關。「困于赤紱」是說「九四」不服從命令，導致「九五」受困，所以「九五」多少有一點想推託責任，因為一個人實在承擔不了千夫所指的罪名。像明朝的崇禎皇帝最後在煤山上吊，他也是實在受不了了。其實崇禎完全是剛愎自用，殺袁崇煥，自毀長城，至死不悟，還說「君非亡國之君」，對得起祖宗；只因「臣盡亡國之臣」，是臣子誤了朝廷。這就是「困于赤紱」的託辭。所以領導人無論如何都要概括承擔所有責任，不能逃避。但「九五」怪「九四」，「九二」等「九五」，所以「困以寡怨」，在困卦的時候就要學習不怨天尤人，但能做到的少之又少。

在困卦中，即使貴為「九五」，你要發牢騷，別人也未必會接受，因為整體來說是「有言不信」，還是得想辦法尋求解脫；而且要向上天禱告，強化精神能量。這就是「乃徐有說，利用祭祀」。「乃徐有說」的「說」，可作「悅」、「脫」解，也可作「說」解，因為上卦是兌卦。「徐」，表示這種局面絕對不能立刻解決。「乃」代表艱難轉折，還要「徐」，慢慢來。如此，脫困之後才比較有說服力。畢竟困的形成是長久的，像能源危機、生態破壞皆因長期破壞，至少幾十年來也沒看到解決。這時只有提高人的智慧修為、德性能量，尤其是領導人，還得「利用祭祀」。那麼，「利用祭祀」跟「利用享祀」有沒有不同呢？有的，就是各拜各的廟。這在封建時代，規格十分森嚴。「九二」只能拜地方諸侯權限內的小廟，故稱「利用享祀」；「九五」可以到太廟祭祀，可以到天壇、地壇祭拜天地，那是君位才可以拜的廟，故稱「利用祭祀」。所以，「九五」的祭祀是比較大規模的，但人在困頓中，即使只用蓍草占卦的小型祭祀，都能給人指點。所以人與自然、天地、鬼神的溝通就得用謙卦的態度，「利用祭祀」或者「利用享祀」，即使規格有所不同，進廟就是對的。「九五」和「九二」要在精神上撐得住，就得像坎卦一樣「維心亨」，才能「行有尚」，重塑自信心。

〈小象傳〉說：「劓刖，志未得也。」「九五」是困卦的領導人，百口莫辯，焉能得志？不得志就要想辦法脫困；「乃徐有說，以中直也」，這就要慢慢來，做長期轉換的準備。「以」就是「因」。「九五」畢竟中正，不但中正還加上「直」，這就是「九五」最後有可能解脫，可以再笑得出來的原因。因為底子好，是「中直」，所以經得起考驗，就算被外面三個陰爻所代表的小人陷害，一旦通過考驗，就如同人卦（䷌）「九五」的「先號咷而後笑」，最終「大師克相遇」。同人卦「九五」〈小象傳〉告訴我們，「九五」能取得最後勝利，也是「以中直也」，和困卦「九五」完全一樣。《易經》六十四卦三百八十四爻，靠著「中直」而扭轉乾坤的就只有同人卦跟困卦「九五」，所以他們還是有真本領。整部《易經》其實都在強調時中之道。「以中直」，能洗淨一切，一美遮百醜。〈小象傳〉最後說：「利用祭祀，受福也。」困卦「九五」的所有關係都成為泡影，只有上帝、佛菩薩能濟渡；此時祭拜，就是為了「受福也」，承受福報；希望上天、祖先、神明降下啟示，讓我們脫胎換骨，提高我們的觀察和預測能力。困卦「九五」爻變是解卦（䷧），即使過去遭受「劓刖」之罪，都可以「赦過宥罪」，傾盆大雨一下，「百果草木皆甲坼」，得到最後的救贖。如果占卦得困卦「九五」動，而且是宜變的爻位，兩個能量一加持，困卦變解卦，那麼絕對是絕處逢生。這就是上天不可思議的力量，可以說是「乃徐有說」感動了上天，使得伏羲顯靈，靈光四射，「遇困之解」。我們在講坎卦的時候，就說到坎卦（䷜）要脫險，還要動兩個爻，一個是「九五」，一個是「六四」，兩個爻剛柔相濟，才是解卦；可是困卦領導人不需要「九四」那個討厭的赤紱，只要自己的心門打開，就可以得解。

四爻：掣肘之弊

九四。來徐徐，困于金車，吝，有終。

〈小象〉曰：來徐徐，志在下也。雖不當位，有與也。

第四爻比較要命，第五爻光一個「徐」就夠煩的了，它竟然有兩個「徐」——「來徐徐」。「來」是什麼意思？「朱紱方來」，代表有機會解脫，「來」是爻的運動方向，鎖定目標，往下、往內。困乎上者必反乎下，困乎外者必反乎內。「九四」的「來」就是和相應與的「初六」互動。作為執政高層，「九四」使全局受困，連「九五」都責怪他「困于赤紱」，他更對不起「困于株木，入于幽谷」的初爻基層老百姓，而且整整三年對他們不聞不問。因為「九四」跟「初六」相應與，政府本來就要紓解民困，但「九四」的紓困方案來得很慢，「徐徐」，要很久才能見效。

「來徐徐」，因為受困之極，資源不足，所以要徐而又徐，才能使救濟資源送給「初六」。為什麼會那麼慢呢？「困于金車」，裝黃金的車子出問題了。「初六」哀哀無告，需要財力支援；「九四」和它相應與，而且是陽爻，救濟「初六」屬天經地義，但善款遲遲不見撥下來，都因「困于金車」。傳統的解釋認為金車是指「九二」，因為「九二」、「九四」跟「初六」都有關係，不從陰困陽、陽困陰論，而從全卦論，他們要爭取選民支持，「初六」陰承陽就是「九二」，但「初六」跟「九四」相應與，所以「九四」為了爭取「初六」的支持而幫忙解決「初六」的困難時，「九二」和「九四」是競爭對手。「九四」要討好「初六」，中間必然要經過「九二」，「九二」可能就是個攔路虎；「九四」把資源撥給「初六」，被「九二」給擋住了。這就是「困于金車」。對「九四」來講，這是一個很大的困擾，因為中央跟地方爭民政處理權，在歷史上這也是常見的事情。「九四」鎖定「初六」是對的，但會平添很多干擾。果真是交相困。原以為困卦中是陰爻、陽爻交相困，沒想到「九五」、「九四」彼此還怪來怪去，然後「九四」跟「九二」還有矛盾。所以困卦之困真是太複雜了！不只是敵我分明的陰困陽、陽困陰，還有窩裡反，同志之間居然互相掣肘。

當然，對「九二」來說，「困于金車」也不完全是他的錯，因為他「困于酒食」，他也在苦苦等待「朱紱」的救援；結果「朱紱」不來，「赤紱」來了，那就先扣個百分之十吧！所以整個環節都不很暢通，這就是「吝」，格局很窄，有時還要文過飾非。真是阻礙重重，既有外敵，又有家賊；但畢竟大方向正確，「九四」鎖定「初六」，基本上就是正確的，故「有終」，雖然經過很長的時間，「困于金車，吝」，但還是有好結果。就像〈小象傳〉說的：「來徐徐，志在下也。」「下」就是「初六」。

「雖不當位，有與也」，「九四」陽居陰位，確實不當位，所以很慘；上有「九五」責怪，下有「初九」埋怨，又有「九二」攔路，但「有與也」。「九四」能做的有限，雖然一肚子委屈，但它跟「初六」相應與，那是打不斷的關係、應盡的責任義務；儘管有困擾、誤解、責怪，只要大方向正確，長久下去，還是可以化解怨尤。所以人生的終極目標一定要搞清楚，即使中間有很多不順，最終還是「先號咷而後笑」。

占卦實例1：二〇〇八年全球金融風暴卦象分析

我們在二〇〇七年年底占卦算二〇〇八年的國際金融問題，是困卦動四爻跟上爻，兩爻動是風水渙（䷺）。我們剛剛講完困卦，再來看這個問題，就比較容易理解了。二〇〇八那一年剛好是金融風暴爆發，國際金融陷入極大的困局；第四爻就是主管國際金融的執政管理階層。那時候發現連動債的泡沫已經很嚴重了，要紓困就得砸錢，所以英、美各國總共砸了一千五百億美金，想要刺激金融流動性，但顯然無效，所以到了二〇〇八年的九月十五號，金融風暴還是爆發了。危機剛剛出現時，國際金融機構聯合砸錢，希望把錢砸到困于株木、困于幽谷、三年無人救援的「初六」基層。但「九四」「困于金車」，運錢的車子從「九四」到「初六」之間，可能會被地區性的管理機構「九二」攔阻。所以，即使站在中央管理階層的高度，錢撒出去，還不一定能全部或及時送到「初六」的手上，紓困的效應大打折扣，所以「吝」。四爻不管採取什麼動作，都無濟於事。

然後第六爻困到極點，像連動債這樣的連環套把大家全部套牢；困于葛藟、于臲卼，危險動盪不安，一定要採取新的方法才能脫困，那個新的方法就是井卦。然後「曰動悔」，能不能「有悔，貞吉」？那要看時間夠不夠？看起來還是不行，很多紓困的動作都無效，或者效果有限，所以出現困極的象。困卦的四爻跟上爻就把二〇〇八年國際金融風暴的種種危機描繪得淋漓盡致。四、上兩爻齊變有風水渙的象，整個「困」就從華爾街那幾個破裂點散佈開來，馬上擴充到全球，成為全球的金融風暴。原因就是「升而不已」造成了「困」，然後四爻、上爻不管怎麼彌補，結果還是擋不住讓困局渙散到全球。此外，個別的投資人如果不夠堅強，面臨二〇〇八年「困」中的「渙」局，他會完全沒辦法應對，可能就徹底渙散、垮掉。

我們對國際金融的狀況連續做了四年觀察，都是前一年看第二年。二〇〇八年的預言是困卦四、上有渙象，剛才講過了。在二〇〇八年年底算二〇〇九年的國際金融情勢，是蒙卦（䷃）第五爻，「童蒙吉，順以巽也」，爻變也是渙卦，還是一個影響全球的象。而且那是「蒙」，在外阻內險的狀況下，大家都蒙昧無知，找不到出路。所以，二〇〇八年是困局擴散到全球，二〇〇九年是「蒙」的狀況渙散到全球。蒙卦第五爻還有一個重點就是歐巴馬當選美國總統。我們說過，他必須向專家虛心求教，不管是「包蒙」的還是「擊蒙」的，「童蒙吉，順以巽也」。這是他上任後第一個要解決的問題。然後二〇一〇年變成不變的節卦（䷻），因為建立制度、規範，各國也開始想辦法節省開銷，所以情況得到一定的控制。大家都一屁股債，當然要「節」。水澤節跟困卦的「澤無水」是什麼關係？「節」是澤中有水，「困」是澤中沒有水，這兩個卦剛好是交卦的關係；朝野上下易位，內外易位。所以澤中無水的時候要想辦法再找地下水；澤中有水的時候就要節約使用，建立制度規範去管理。

照這樣看，二〇一〇年國際金融情勢是不變的節卦，就很好理解了。前面經過困、渙、蒙、渙之後，大家都回過神來，各國政府介入，建立管理辦法，所以大致得到了控制。但還是要小心翼翼，因為資源不足，要開始省錢、砍預算。有些公司能倒的就讓他倒了，不能倒的，也有很多但書，不可能無條件融資。所以二〇一〇年就是一個「節」。

其實你看，第一年困卦中有渙卦，第二年蒙卦中有渙卦，第三年是節卦。節卦跟渙卦是什麼關係？一個是卦序，渙卦之後是節卦；前兩年都渙，第三年當然要節。再一個，渙卦跟節卦相綜一體，有渙當然要節。渙是往外擴散，節就是建立制度，免得氾濫失控。所以連續三年國際金融情勢的發展，不正是按照卦序的邏輯嗎？然後二〇一一年就是蒙卦的上爻：「擊蒙，利禦寇，不利為寇。」爻變是師卦（䷆），貨幣戰爭。全世界每一個國家、每一個地區都捲入貨幣戰爭裡。美國一天到晚逼人民幣升值，歐盟也幫腔，可是大陸才不聽你的話！然後美國就拚命印鈔票，想調節它的債務。但很多問題還是沒有解決，大家就這麼交相困。這就是不折不扣的貨幣戰爭了。二〇一一年全年是蒙卦第六爻，而二〇〇九年歐巴馬當選的那一年是蒙卦第五爻，兩年之間，國際金融從蒙卦第五爻往上走到第六爻；就像困渙、蒙渙變成節，是整個卦由渙到節，那也是自然而然的發展。從童蒙到擊蒙，從困到渙、渙到節，不是有一個變化的規律嗎？我們透過《易經》把國際大事逐年這麼看下去，會發現它的變動法則幾乎都可以函數化。把這些占象的因果關係徹底搞懂了，自然也能搞清楚其中變化的基本原理。

占卦實例2：二〇一五年臺灣經濟困窘

二〇一五年初，我作一年之計，其中算臺灣的經濟情勢為困卦二、三、四爻動，齊變成蹇卦。「遇困之蹇」，困頓難行，轉型不易，外險內阻，看來馬英九的領導難辭其咎。困卦「九五」君位沒動，若動則四爻齊變成謙卦，亨通有終。謙卦〈大象傳〉稱：「君子以裒多益寡，稱物平施。」不僅提振生產，還能公平分配。困卦「九二」爻辭：「困于酒食，征凶。」坐困愁城，民間企業難以突圍。「六三」爻辭：「困于石，據于蒺藜，入于其宮，不見其妻，凶。」進退失據，慘不忍睹。「九四」爻辭：「來徐徐，困于金車，吝。」政府紓困救援緩不濟急，資金通路不暢。此占又完全應驗。

研發轉型——井卦第四十八（䷯）

萃升、困井的異同之處

上一章的困卦比較難，要講述的內容很多，所以在進入井卦前，還是有必要做些補充，進一步強化我們對困卦的認識。相對來講，井卦就沒那麼複雜了。只要困中之人能冷靜處理交相困的複雜情勢，若個人力量不足，還可以加強精神修養，拓升心靈力量；或是利用祭祀、利用享祀，強化主體修為，就有可能突破外在環境或大形勢的困局，開發新的資源。就像萃卦內部的磨合問題處理得差不多了，建立新的共識與平衡之後，下面就是一帆風順的升卦。困卦與井卦的模式也是如此。

萃、升、困、井這四個卦的卦中卦都有身心超負荷的大過卦。以卦象來看，萃卦（䷬）是澤地萃，困卦（䷮）是澤水困；以爻變的概念看，萃卦二爻動就是困卦，困卦的二爻動就是萃卦，二爻上面的四個爻都包含大過卦的內在歷程。而升卦（䷭）、井卦（䷯）的差別就在第五爻；構成大過卦的卦中卦則是下面四個爻，亦即從初爻基層到四爻執政高層，正是大過的過程。

從卦的結構來看，萃、升、困、井四個卦有某種相似性。升卦一直是往前、往上、往外突破，井卦則是往內、往下挖掘潛在水源，一旦挖通，泉水層層湧出，水位越來越高，下面才可以進入整體形勢徹底改變、創新的革卦（䷰）。我在困卦一章特別從困、噬嗑（䷔）和井、賁（䷕）這兩組錯卦，強調用藍海策略超越噬嗑卦割喉競爭的紅海策略，免得噬嗑、賁一路下去變成剝卦（䷖），大家同歸於盡。這是用六爻全變的錯卦思維及時扭轉命運，免於覆亡。困卦亦是如此，由困之井、之革，局面一新，也是用錯卦的思維絕處逢生，擺脫宿命，提高人的位階。

井卦跟升卦都是直線型的發展，越是往上、往外，離成功的機會越近。所不同的是，升卦到第五爻「貞吉，升階」就要適可而止，因為到了成長極限，再往下走就會變成「冥升」，導致泡沫破碎；井卦第五爻已經開發成功，但還不是究竟，必須到第六爻完成一件非常重要的工作，才可以進入變革創新的革卦。一般的卦走到上爻，能帶著正面思維、開闊的眼界，而且能享受福報無窮的少之又少，像乾、坤兩卦就是最好的例子。坤卦上爻「龍戰于野，其血玄黃」，極其慘烈；乾卦上爻則是「亢龍有悔，盈不可久也」，這都是永恆的教訓——過了頭就不好。也就是說，物極必反。很多卦的第五爻代表巔峰，第六爻就開始從巔峰往下掉，過氣、失勢幾乎是通例。但井卦上爻是更上一層樓，所以它才能通到「元亨利貞」的革卦。

物極不反

上爻能像井卦這樣下場不錯的少之又少。物極必反是一般通例，但井卦上爻是「物極不反」，再往前突破。前面學過的四十幾個卦，上爻好的有哪些？為什麼他們的上爻會好呢？這很值得舉一反三、仔細探究。像隨卦（䷐）上爻、蠱卦（䷑）上爻都很好，「拘係之，乃從維之，王用亨于西山」，這是隨卦的最高境界；整個大周朝八百多年的江山，基礎就在岐山腳下的龍興之地，只要維繫人心的工夫做足了，就可以建立一個王道之邦。隨卦上爻就是這樣的境界，就像升卦第四爻「王用亨于岐山，吉，无咎」；隨卦第六爻打好基礎，就有餘蔭庇佑，可以「王用亨于西山」。隨卦上爻的突破是一個很正面的例子，因為「上窮也」；「窮」不是窮途末路，而是窮極最高境界。就像〈繫辭傳〉所說「窮神知化，德之盛也」，是盛德大業的境界。蠱卦上爻「不事王侯，高尚其事」，就是撥亂反正成功，蠱亂消除，擺脫政治鬥爭的窠臼，進入自由開放的臨卦（䷒），而其爻變就是升卦。隨、蠱兩卦相錯綜，上爻都突破物極必反的常規，井卦上爻也是這樣一個非常值得重視的爻。

當然，需卦上爻「不速之客三人來，敬之終吉」也不錯；蒙卦上爻「擊蒙，利禦寇，不利為寇」也是啟蒙教化所必須的霹靂手段。「擊蒙」為什麼是正面的手段？因為上卦是艮卦，艮卦登峰造極的爻就是「上九」；所以，一個卦的上卦如果是艮，那麼這個卦的第六爻一定比第五爻的境界高，因為艮卦有止欲修行的意思，修到最高境界，就可以突破重重障礙，達到登峰造極、「止於至善」的成就。此外，上卦若是艮卦，「六五」跟「上九」的關係也不錯，「六五」對「上九」是畢恭畢敬的。艮卦「上九」敦艮、臨卦「上六」敦臨、復卦「六五」敦復，皆為大德敦厚之義。

還有，賁卦上爻的人文化成也是了不起的境界，「白賁无咎，上得志也」，是返璞歸真、純潔無染、回歸自然。賁卦上卦也是艮，第六爻陰承陽、柔承剛，人文化成到達巔峰。履卦（䷉）上爻的結果也很好，因為「履而泰，然後安」，就像接在井卦上爻之後就是全面創新的革卦「元亨利貞」。蠱卦上爻為什麼好呢？因為改革成功，下面就進入元亨利貞的臨卦。履卦上爻很好，否卦（䷋）上爻也值得慶幸，因為「傾否」之後就接到開大同之世的同人卦（䷌）。所以，往往很糟、很難過的一個卦，到上爻反而變好了。

《易經》中的飲食器具——制器尚象

關於赤紱與朱紱，我想再強調一下。過去《易經》注本對「紱」字的解釋都是「蔽膝」二字，也就是當官的官袍。赤和朱都屬紅色，但這兩個顏色的官袍品級不同，朱色即正紅色，一定是最高領導專用，赤色則是王公大臣所用。而且「紱」恐怕不光是顏色，還有圖案。皇帝、大臣穿的「紱」上面都繡有各種不同的圖案，用以代表不同的身份；有的是花鳥、有的是仙鶴，像清朝各級官服的圖案就有嚴格規定。過去百姓見官都要趴下來磕頭的，只能看到膝蓋以下的服飾圖樣，所以困卦中等著脫困的老百姓，只要看到紱的顏色、圖案，就知道來的是什麼品級的官了。

也就是說，只要看到冰山一角，就能知道冰山的整體結構。《易經》就是要訓練從局部推到整體的思維；從局部的空間推知整體，或從某個時間點的變化而推測未來的發展趨勢，並且知機應變。所以，「履霜」要看出「堅冰至」；看到「赤紱」和「鞶帶」，就知道對方的身份地位。如果瞎子摸象之前受過這種訓練，就不會以偏概全了。這就是部分跟整體的關係，一爻一世界，一卦一乾坤。《易經》就是這樣一個全息結構。

以衣服器物代表身份品級，在《易經》裡面還有很多，例如坤卦第五爻講「黃裳，元吉」；鼎卦（䷱）代表鐘鳴鼎食的富貴人家；有水井處皆有人家，井卦代表的小老百姓就稱為市井小民。井跟鼎是很明確的劃分，象徵從平民到貴族，從在野到在朝，中間經過革卦的改朝換代、上下易位，原先的鼎就變成了井；原先的井就取而代之變成鼎。井卦和鼎卦在六十四卦中比較特殊，因為代表的是很具體的東西，而且都是人造的。自然界本沒有井，必須人工挖掘而成為民生日用之物。古人一定是逐水而居，世界上許多文明古城幾乎都在大河旁邊。所以井是非常平民化的象徵。鼎也是人的創造，是政權的象徵。井、鼎之間的革卦代表人革天命，也是人之所為。所以井、革、鼎都是人所創造的文明器物，這就是〈繫辭傳〉所講的「制器者，尚其象」。制器是發明工具，「工欲善其事，必先利其器」，形而下者謂之器，人要發明東西，必定有其象徵意義；平民階層的井，貴族階層的鼎，一是要解決喝水問題，一是要解決官家吃飯的問題。一般人只能用缶，也就是沒有任何裝飾的瓦罐，稍有地位的人才可以用鼎。坎卦（䷜）、離卦、比卦都有缶，離卦（䷝）中鼓缶而歌，可知當事人已無權，只有一個缶。比卦（䷇）第一爻是小老百姓，除了一腔熱誠，哪有什麼資源？所以是「有孚盈缶」。古代社會把貴族拉下來的平民革命，就是井、鼎、革的上下易位。

六十四卦中只有井卦和鼎卦代表具體器物，從字形上看，「井」字就是一口井，「鼎」字就是鼎的樣子，既實用又有象徵意義。其他六十二個卦的卦名則是高度抽象的，只代表一種狀態。井卦和鼎卦雖然代表具體器物，但它們是下經唯一「元亨利貞」四德俱全的革卦所必不可少的因緣。

井卦的卦中卦

我們先看井卦的卦中卦，首先是初、二、三、四爻構成的大過卦（䷛），這在困卦一章已分析過，要開發潛在資源，必定要先經過「大過」的辛苦過程；但只要資源開發出來，受再多的苦都值得，所以井卦之中也有大過卦的象。此外，井卦三、四、五、上爻構成的是水火既濟（䷾），也就是說，井卦在初、二、三、四爻的研發階段必然飽嘗辛勞備至的「大過」，但經過「大過」的努力之後，苦盡甘來，終於「既濟」。只是人在困境中往往更渴望可以互相取暖的親近關係，所以困卦中有家人卦；但在井卦團隊研發的過程中，彼此可能鬧意見、甚至拆夥，因為二、三、四、五爻構成的是睽卦（䷥）。

還有一點很有意思，就是由井卦二、三、四、五、上爻構成的節卦（䷻）。節卦也是困卦的交卦，為什麼要節？因為井是為了紓困而開發新資源，紓困的目的，就是不再重蹈「升而不已必困」的覆轍，所以要節約，不可揮霍。也就是說，井開發成功之後，由「澤無水」變「澤中有水」，就要規定管理辦法，節約資源。

井卦的最後一個卦中卦更有意思，由初、二、三、四、五爻構成的是鼎卦（䷱），亦即井所代表的一般老百姓，將來說不定有黃袍加身的機會。換句話說，只要開發成功，解決井的民生問題，井中就有鼎——脫貧致富的象。像劉邦在當泗水亭長的時候，在芒碭山打游擊的時候，他是一介無賴——井，可是後來他由平民之身變成漢朝的開國皇帝，這就是井中有鼎象。陳勝、吳廣揭竿起義時，陳勝就說「王侯將相，寧有種乎」，他們最後雖然沒有成功，但畢竟也封王稱霸一時。英雄不怕出身低，「將相本無種，男兒當自強」，這就是井中有鼎象。我們看人的眼光，也要如此。

井卦卦辭

䷯

井。改邑不改井，无喪无得，往來井井。汔至亦未繘井，羸其瓶，凶。

井卦卦辭很長，也非常有啟發性。「改邑不改井」，邑是都會、城市，在前面的卦爻中已多次出現。古代大夫的封地為采邑，所以邑只是城邦，跟諸侯的國有差別。像謙卦第五爻的「利用行師，征邑國」，就是把邑當成了國，有僭越之嫌，所以要征伐。井卦稱「改邑不改井」，表示井比邑重要，邑可以變，井卻永遠不變。也就是說，每逢改朝換代，就有許多「城復于隍」的例子，都市的繁華如夢，很多邑早已灰飛煙滅。中國歷史上很多地名現在只剩遺跡、廢墟，可見，邑是不能久遠的。因為井卦下面就是革卦，革故鼎新、改朝換代，不但舊城被摧毀，有時候連名字也改了，所以我們現在讀歷史上的地名，還得有古今地名參照表。邑是很脆弱的，真正是「升虛邑」；但井是永恆的，因為它提供一般小老百姓民生日用之需，那是最基本的，不論什麼朝代、什麼帝國，老百姓永遠要喝水、吃飯，所以井不可能改。項羽、成吉思汗攻下一個地方就屠城，邑沒有了，但邑中還有殘存的老百姓，新政權還是要解決他們吃飯、喝水的問題。如果不能解決井卦所象徵的民生基本需求，邑所代表的政權就無法存在；因為所有的邑都是為了服務井而存在的。就像我們講需卦的時候就提過，需卦（䷄）跟井卦（䷯）就是初爻不同，上面五個爻完全一樣；飲食宴樂、衣食住行，這是民生基本需求，如果政權跟井背離，後面就是改朝換代的革故鼎新。所以井是永恆的，邑隨時可以改。

還有，邑其實就是圍繞著井而形成的。先有人發現水源，掘一口井，環繞井水而居，越聚越多的人群就慢慢發展成邑。當然，一個邑不可能只有一口井，而是好幾口井構成了邑。可見邑的存在離不開水源，不是繞著河川，就是從地下取水。城市發展一定先從水源開始，然後慢慢聚集人群，人口漸多就變成邑。成語「飲水思源」、俗語「吃果子拜樹頭」，都有這個意思。所以人不能忘本，什麼是基本，什麼是衍生的，井卦卦辭第一句就告訴我們這個道理；同時告訴我們什麼情況下會發生革命、造成政權變更。如果捨本逐末，邑發展成熟之後就忘了要積極解決井的問題，邑所代表的政權就得結束。

井卦一開始就告訴我們會改的是邑，不改的是井，接下來就是「无喪无得」。其實，我們平常講「市井小民」就包含了兩個卦：井是井卦，市是噬嗑卦（䷔）。「噬嗑」是日中有市，是商業交易。噬嗑卦跟井卦是錯卦的關係。所謂市井小民，一是要解決水源問題，二是一定有市場交易，這才構成老百姓的日常生活。那麼「改邑不改井」，就是「无喪无得」，不會喪失什麼，也不會得到什麼。這是什麼意思呢？因為邑是會改變的，絕對有喪有得。有人建立新政權、新都城，那是得；但「城復于隍」時，城被燒毀，那就是喪。邑會變革，所以有喪有得；井是不改的，而且井水是地下水庫，若能挖通泉脈，那就取之不盡，用之不竭，所以「无喪无得」。這樣看來，石油並不是最好的能源，因為它是有「喪」的，越用越少；如果將來開發新能源，像太陽能就是「无喪无得」。其實地球上所有的能源都源自太陽能，石油也是從太陽能轉化而儲備在地下。未來的能源至少要具備「无喪无得」的特性，既廉價又乾淨，而且用之不盡。

「往來井井」，有「往」有「來」，這是泰卦「小往大來」的象。一口井開發出來，有用不完的井水，大家都會跑來取水，取完水就走了，這就是「往來井井」。「井井」二字，前面的「井」是動詞，後面的「井」是名詞，合起來就是打井水的動作。「往來井井」就是住在井周圍的百姓絡繹不絕地來取水，所以，「井井」也代表取水時很有秩序，成語「井井有條」就是這麼來的。此外，井水的使用也需要管理，因此井卦中又有節卦的象。

「汔至」，「至」就是達到目的，鑿井及泉曰「至」，可是「汔至」有點糟糕，「汔」就是差一點，有功虧一簣的意思。鑿井時選錯開挖地點，或者挖了半天沒有水只好放棄，這就是「汔至」。行百里半九十，因為資金、人手還差一點，或者評估再往下也沒有希望，於是就撤守、放棄了，這一撤就一切歸零，前功盡棄。未濟卦說小狐狸要過河，快游到對岸時，力量不夠，只好放棄回頭，這是「汔濟」，差一點成功，結果還是失敗。成功和失敗只有1和0的區別，沒有中間數或大約數，0.5或0.9，甚至0.9999……都不算成功。所以人生很嚴酷，不是1就是失敗。表現在爻，井卦第五爻就是1，開發成功；井卦第四爻爻變大過卦就是功虧一簣、差一步就成功。「為山九仞，功虧一簣」，「簣」就是最後一畚箕土。小狐狸渡河也是如此，下水游一半，淺嘗則止，這樣哪行！井卦是研發轉型的過程，要麼百分之百成功，要麼就是零；只有第一名，沒有第二名，這就是井卦。所以孟子說：「有為者譬若掘井，掘井九軔而不及泉，猶為棄井也。」鑿井不及泉，才差一點就放棄了，就是「汔至」。

「汔至」接著就是「亦未繘井」。「繘」字在此為動詞。「汔至」是鑿井沒鑿到水就放棄；「亦未繘井」是井鑿成了，取水的繩子卻不夠長。取水的設備不夠，自然取不到水。另外還有一種情形是「羸其瓶」，取水的容器可能是瓦罐，這東西很脆弱，看著已經離開水面，不小心一晃蕩，卻撞上井壁，破了，於是只得重來。「羸」字之前出現過兩次，一是大壯卦（䷡）「九三」「羸其角」，一是姤卦（䷫）「初六」「羸豕孚蹢躅」。

井卦上卦是坎，井之所在也是險之所在，風險非常高，什麼意外都有可能。綜合以上三種情形，一是沒有鑿到井水，一是汲水的繩子不夠長，一是水瓶不夠堅固；功虧一簣，結果都是凶。可見，井卦的開發、取用，只要出一點意外，就可能前功盡棄。所以先前不管花多少精力研發，一直到最後的成功才算數。否則就像「汔至亦未繘井，羸其瓶，凶」一樣。井卦要面對激烈的競爭，別人只要比你先一步把新產品開發出來，他就能引領產品的變革，而你就白白辛苦一場。像我們都知道微積分的歷史公案，到底是牛頓還是萊布尼茨先發明？他們都是獨立研究微積分的，但萊布尼茨發表這個觀念是一六八四年，而牛頓在一七三六年才發表，還有更多人比他們研究得更早，只是沒有發表，但歷史上只會記得誰是第一個，不會記第二個；就像諾貝爾獎的研究突破一樣，沒有第二，只有第一。所以千萬不要把成果藏在抽屜裡，成功了就趕快發表，否則就是「汔至」，沒人會承認你是發明人。碰到這種爭議，即使有很多證據，也沒辦法確定誰是第一個創造發明人。一講起牛頓，大家都會想起蘋果，大家都說牛頓被蘋果打到就想到地心引力，這是真的嗎？還是發現地心引力之後，編造一個好記的故事？這種歷史公案其實都可以用占卦來解決，但要善用、善斷，《易經》才可以幫我們破解很多歷史公案。例如，雍正跟呂四娘、董小宛跟順治、順治有沒有出家到五台山等等。

我們還是回到卦辭本身。井卦卦辭「元亨利貞」一個都沒有，可見風險無限；但要是能克服風險，後面就是革卦的「元亨利貞」。所以井卦是低調沉潛的開發，等到成功了，就是「元亨利貞」

四德俱全。很多創造發明都是這樣。看不到「元亨利貞」，並不代表這個卦很糟糕；為了後面的「元亨利貞」，必須低調，不顯山、不露水，這才叫井卦。何況這是開發地底下的泉脈，一旦成功，獲利是擋不住的。六十四卦中「元亨利貞」俱無的卦，除了井卦，還有艮卦、觀卦。艮卦（䷳）沒有「元亨利貞」，也沒有「吉凶悔吝」，只有「无咎」，可是艮卦很重要，那種不動如山的修為是人生修行的高峰。觀卦（䷓）是非常重要的方法論，「盥而不薦，有孚顒若」，你能說「觀」很差嗎？「觀」也很重要，但它的「元亨利貞」完全沒有表現在外。井卦的研發過程很低調、很審慎、很冷靜，最終目的還是為了革卦的「元亨利貞」。艮、井、觀這三個卦四德俱無，但意義深遠，也是人生非常重要的過程。井卦是開發自性，後面是「革」，一旦開發成功，自性可生萬法，人都可以革天命。其實「无喪无得」跟《心經》的「不增不減，不垢不淨，不生不滅」是直接相關的。開發內在潛藏的生命真心，一旦開發出來就不得了。

深造自得

井卦「无喪无得」，不增不減，不生不滅，不垢不淨，這是開發真心的能量。正如困卦〈大象傳〉所說的「致命遂志」，困到一個程度，剛好刺激我們做最深刻的反省，把潛藏在內心深處最清新的能量給開發出來。禪宗講自性生萬法，自性也需要開發，那就是修行，但風險不低。井卦就有各種風險，有的會走火入魔，有的會功虧一簣。孟子曾說：「君子深造之以道，欲其自得之也。自得之，則居之安；居之安，則資之深；資之深，則取之左右逢其原。故君子欲其自得之也。」這裡講到「深造」的概念，深造的目的就是為了「自得」。深造自得也符合井卦研發轉型的過程，探討挖掘深層的、沒有被充分啟動的資源，就可以發揮能量，增加效益，甚至可以改變整個世界。

極低調的開發

井卦卦辭二十幾個字，沒有「元亨利貞」，是沉潛、低調的開發過程，一旦開發成功就不得了；但能成功的還是少數，因為有很多風險。卦辭列舉的幾種風險都會造成功虧一簣的後果。「瓦罐不離井口破，將軍難免陣前亡」，這就是風險，而且是必然的風險。只是，這風險往往不是一開始就出現，因為一開始人都會比較小心；常常是在即將成功時，得意忘形，風險就來了。所謂，行百里者半九十，最後十里才是關鍵；即使走了九十里，跟只走五十里是一樣的。就像老子所說的「慎終如始」：「民之從事，常於幾成而敗之。慎終如始，則無敗事。」人們常在幾乎要成功的時候失敗，這種「汔至」的經驗太多了；所以在接近成功的時候，還是得敬慎其事，才能不敗。否則「幾成而敗之」，功虧一簣，這就很可惜了。

井卦〈大象傳〉

〈大象〉曰：木上有水，井。君子以勞民勸相。

先看〈大象傳〉：「木上有水，井。君子以勞民勸相。」「相」是互相幫助、相夫教子的「相」。從旁協助為「相」，宰相就是從旁協助君王。泰卦〈大象傳〉說：「財成天地之道，輔相天地之宜。」「相」的意思也是如此。「勞民」即勞動民眾，要挖井、要研發，當然要成立研發小組，動員大家勞心勞力地投入。但挖井非一朝一夕之功，要有耐心，不能半途而廢，所以要互相打氣、互相激勵，這就叫「勸相」。也就是說，在陷入困頓的時候，善意的相勸很重要；你幫人家打氣，人家也來安慰你。

「木上有水」是井卦的象。下卦巽為木，是柔軟的木，代表陰柔、有彈性，一旦發現錯誤就趕快回頭另起爐灶，不會死撐到底。巽為木，也有深入的象，深入才有可能把寶貴的資源開發出來，而且造成深遠的影響。像恒卦（䷟）下卦也是巽，要創造可以長期發展的局面，一定要深入、低調。憂患九卦最後一卦就是巽卦（䷸），它是處亂世最高的工夫。木也是生機的象徵，「地中生木」是升卦的象，「木上有水」是井卦的象，都是巽為木的意思。

「木上有水」還有更直接的象徵，一是井水要靠木桶把水裝上來；再一個是更直接的自然現象，就是植物的根要鑽到土壤中吸收水分，然後輸送到樹幹、樹枝、樹葉；如果久旱不雨，為了吸收地下水，植物的根就會鑽得更深。這種毛細管現象，也是「木上有水」，雖然違反重力，但合乎物理原則；所以抽水機可以借助細細的管子讓地下水順著管壁爬上去，這和升卦的表面張力也有關。植物靠根部吸水供給養分，這就是「木上有水，井」的功能；用泵浦將井水抽上來，基本上也是模擬植物根部吸水的過程。人體的血液循環就是靠心臟的泵血功能，心臟一搏動，血液通過毛細作用一推一進，就可以周流全身。「木上有水」是自然現象，但不是靠重力自然下流，靠重力自然下流的是夬卦（䷪）——澤上于天，靠著重力，水往低處流。可是升卦跟井卦是靠著泵浦的效應從下到上。井雖然不是自然就有的，但自然界包括植物和人的血液循環，都顯現出井的功能作用。

井卦第五爻爻變是升卦（䷭），升卦涉及表面張力，井卦本身又是毛細管作用，這兩者其實根本就是一個原理的不同展現。可見，《易經》不止蘊含很多人文法則，還有很多自然法則，否則實用性就會很有限。

此外，「木上有水」是自然現象，人模仿自然現象，「尚象」就能「制器」；看到植物的吸水功能就發明抽水機，看到鳥會飛就發明飛機，這就是制器尚象。華夏文明全方位的展開，就是制器尚象，把自然法則運用到人的創造上。〈繫辭下傳〉第二章講述從伏羲開始的十三個文明發展的卦，跟人類文明的發展都有密切關聯。包括大壯卦的陽宅、大過卦的棺槨墳墓、隨卦的陸運、渙卦的水運、小過卦的糧食加工生產、噬嗑卦的商業行為、乾坤兩卦的政治管理、離卦的漁網之象、益卦的農業生產，都是民生層面；還有睽卦、豫卦的國防和夬卦的文明繼承。

「木上有水」是井的現象。「君子以勞民勸相」，就要獎勵、慰勞研發團隊。因為中間勢必會遭遇很多挫折，團隊之間要互相打氣、互相鼓勵，不要犯了井卦中有睽卦的毛病；大家意見不一，再加上屢次遇到失敗，就可能鬧意見拆夥。如果大家「勞民勸相」，一團和氣，才能團結合作，把「噬嗑」轉成井、革。

井卦〈彖傳〉

〈彖〉曰：巽乎水而上水，井。井養而不窮也。改邑不改井，乃以剛中也。汔至亦未繘井，未有功也。羸其瓶，是以凶也。

從長長的卦辭可以得知，井卦轉型成功需要時間，必須經歷嘗試錯誤的歷程，找到正確的方向；中間可能會假設錯誤、浪費時間，最後就要回頭反省。成功之前往往有九十九個失敗，這是殘酷的事實。另外，井卦的研發轉型既然需要時間和投資成本，更需要耐心，所以最好早一點下手，不然別人也在開井研發新一代產品。也就是說，井卦的研發轉型是決賽，就看誰能早一步革新、脫困。所以越早下手越有機會，即使中間難免失誤，至少還有修正的時間。而且，不要只注意上卦的水是不是冒出來，還要注意下卦巽的低調、深入、無形，在真正成功之前，研發過程中的所有狀況都要保密到家。

在困卦時，六個爻置身在種種困難的情境中，但從卦的思維來看，要脫困的釜底抽薪之策，就是井卦的研發轉型；這也是唯一的機會，由困到革，井卦是必經之路。先找到挖井的所在，才有可能通到革卦的徹底解決；可是井需要時間，所以要早佈局、早嘗試。另外，在困的階段，還要注意掩護挖井的動作，所以困卦的外卦是兌，談笑風生，讓人家無法探知內部虛實；同時困卦的錯卦是賁卦，外表很讓人迷惑，其實是升虛邑、空城計。像司馬懿就上過當，諸葛亮卻爭取到挖井的時間——順利轉移大批軍民。所以在困的時候，一可以利用綜卦挖井，二可以利用錯卦賁的緩兵之計爭取時間。

即使在困局中，運用錯綜的關係，到處都是策略，這就是策略人生。但研發工作往往耗時經年，所以井卦卦辭殷殷告誡，就是告訴我們要提早下手；一邊困，一邊思考井之道在何處，儘量爭取時間，還要超低調。所以卦辭絕不張牙舞爪，絕對實事求是。沒有「元亨利貞」，但還是值得拚命幹，因為「改邑不改井」，井是永恆的需求，「无喪无得」，「往來井井」，資源一旦開發出來，客戶絡繹不絕，既要排隊，還得守秩序。

我們回到〈彖傳〉。〈彖傳〉其實很簡單，我在解釋卦辭的時候差不多都說完了。「巽乎水而上水，井」，下卦是巽，深入低調挖掘潛在資源。其實我們先講〈大象傳〉的「木上有水」，是為了讓大家更能理解為何「巽乎水」，就能「上水」？「上水」就是把地下水打上來。「巽乎水」就是用抽水設備探到地下水層，就像植物的根要吸水，就得鑽到水的下面。這就是井的功能和自然現象。

「井養而不窮也」，井水一旦開發出來，取之不盡，用之不竭，可以左右逢源、「无喪无得」，永遠不窮盡。〈雜卦傳〉說「井通而困相遇也」，困窮而通，井就是要求通，「養而不窮」，永遠用不完。「改邑不改井，乃以剛中也」，為什麼井比邑重要？甚至邑就是從井慢慢發展成繁榮的城市？原因就在「乃以剛中也」，誰是剛中？井卦「九五」。「剛中」是指井卦的價值，也是指坎卦的德性。坎卦「九五」水流而不盈——「坎不盈，坻既平」，也是剛中。困卦的剛中也是指「九五」，井卦的「剛中」當然是指開發成功的「九五」。「以」就是「因為」，「乃因剛中也」。所以困、井二卦都是坎德的發揮運用；意志堅強、鍥而不捨，致命遂志。「改邑不改井」，因為井有源源不絕、生生不息的動力，那就不必擔心邑的繁榮。如果沒有井的功能，所有的「邑」都是「虛邑」。歷史上很多通都大邑由熱鬧繁華變成冷清破敗，就是因為喪失井的功能。

「汔至亦未繘井，未有功也」，《易經》裡面很多「功」都跟坎卦、艮卦有關；因為只有冒險犯難、突破障礙，才有可能成功。坎卦說「往有功」，蹇卦、解卦也說「往有功」，需卦跟井卦還是「往有功」。井卦上卦是坎，如果坎冒出來就成功了，但可能到「六四」就功虧一簣，所以是「未有功」，失敗率很高。因此要特別小心井卦的失敗——「汔至亦未繘井」。如果成功，那就不得了，風險跟成功成正比。

井與渙——影響世界的能力

井卦的交卦是渙卦（䷺）。井的開發一定是從民間基層，從無中生有慢慢開發出來，然後進一步渙散出去，影響全世界。原來的井默默無聞，一朝開發成功，便成為劃時代的產品，影響力遍及全世界，這就是渙卦。

由點連成線，進而擴展成面，這種渙的前景很誘人，使無數人前仆後繼，爭相投入井的創新研發。在革命前夕，井帶給人如此美好的前景，那麼它的未來會怎麼樣呢？例如現在的「蘋果」（Apple產品）可比打牛頓的那個風光多了，在平板電腦和智慧手機業可謂所向無敵。一個曾經罹患癌症、如今已入土經年的創始人卻能屢屢創新、影響全世界，同行都受到他的挑戰；有的跟進，有的複製，有的據隅頑抗。這就是蘋果帶來的IT革命。一個新產品建立新的規格，舊事物全部慘遭淘汰，大家不得不緊跟其後，隨著它的發展而日新月異。但是，蘋果的發展如此驕人，它會一直遙遙領先嗎？這就很難說了，如果不能繼續保持創新，它很快就會被後來者取代。現在很好，不代表以後還會很好，這是至理名言。

井卦有「渙」的潛力，可以影響全世界，所以井的創新研發值得一試。另外，井卦跟困卦一樣，六個爻全部都冠有卦名，可見，困、井這對相綜的卦是人生至為重要的課題；所以困卦是全困，井卦是全井。也就是說，井卦的研發過程，不止第一爻到第五爻，連第六爻都還是井；如果第五爻沒徹底完成，那就是「革命尚未成功」，第六爻還要堅持井的研發精神——「同志仍須努力」。因此，人生不管大小事，任何時刻都要有井卦的思維；窮則變，變則通，只有不斷創新研發，甚至被迫轉型，才能開創新局面、新天地。

這種全井的觀念貫穿井卦六個爻，才能保證不會功虧一簣。困卦六爻全困，形形色色的事物都會困住人，從初爻到上爻、從內到外、從野到朝、從基層到高層，每個爻都困，只是程度不同而已。困卦代表人生的困境，井卦代表人生的突破；要突破困境，必須全力以赴，每個爻都不可掉以輕心。全困、全井跟臨卦、觀卦的全臨、全觀頗為類似，道理一樣，一步都不能錯。

井卦六爻詳述

初爻：用進廢退

初六。井泥不食，舊井无禽。

〈小象〉曰：井泥不食，下也；舊井无禽，時舍也。

現在進入井卦具體的六個爻，先看「初六」：「井泥不食，舊井无禽。」開發井水是為了解決民生用水，就像需卦一樣，沒有比這更基本、更重要的民生問題了；而且水量、水質絕不能出狀況，才能保障基本民生之需。但井卦第一爻出現的井是破敗的，「井泥不食」，井中淤泥堆積，井水不能飲用，完全是百廢待興的象；而且「舊井无禽」，這是一口荒廢的古井，連禽類都不來光顧。當然，井卦可以挖一口新井，從頭開發，但開發新井的成本一定比較貴，而且尋找新的地下泉源也頗費工夫。如果有一口已經廢棄不用、被泥沙淤塞的舊井，經過重新整理，依然可以冒出鮮活的井水，豈不是划算得多？就像很多轉型成功的案例，往往只是將舊產品進行新的組合，同樣也是一種創造發明，而且成本低得多。

井卦第一爻從一口舊井能否重新啟用談起，這對研發創新的思維有非常重要的啟示。因為百分之百的無中生有，這是少之又少的。例如軍隊的武器經常保養、修整，這絕對比重新製造武器要省時間、省資源。舊物回收再利用，其實也是很重要的研發。此外值得一提的是，一個東西如果長期不用，就會像淤塞的舊井一樣失去功能；就像有人說，沒人居住的空房子因為沒人氣，就會有「非人」去住。所以能用的東西就要時常拿出來用，用進廢退，身體機能也是如此。很多人患有心血管疾病，動不動就血管梗塞，又要裝支架，原因就是平常不運動，心臟沒有泵血功能，血液怎能流暢全身？

「井泥不食」，舊井被又髒又臭的淤泥塞住，無水可喝，當然「无禽」。《易經》中的禽包括飛禽走獸在內。井无禽，代表這口井對鳥獸都沒有吸引力，因為沒有乾淨的水可以喝。可見鳥眼也會看人低，新井門庭若市，舊井則麻雀都不來了。舊井其實是指沒考慮到服務的方便性，不能二十四小時不斷供水，當然不會有顧客上門。

〈小象傳〉說：「井泥不食，下也；舊井无禽，時舍也。」井泥不食，說明泥沙淤積嚴重，導致水位太低，不能隨時提供服務，終究會被時代捨棄，所以才會「舊井无禽」。「下也」、「時舍也」，一個是位置太低，一個是被時代捨棄。〈小象傳〉的用詞有點眼熟，像乾卦第一爻的「潛龍勿用，下也」，第二爻的「見龍在田，時舍也」。可見，井不僅要流通無礙，而且要跟得上時代，因為後面就是革卦；時代變了，井還不變，當然是「舊井无禽」。這個爻爻變是需卦（䷄），說明還是有潛在需求，但必須重新整理開發。畢竟這口井過去曾經冒過水，只因年久失修，又不注意時代的變動，不了解禽獸的「消費」需求，如果及時調整，還是可以創造需求。我也講過，「水風井」跟「水天需」只有初爻之差，井卦初爻由虛變實，就可以重新創造需求。這就是井卦的核心價值——針對需求，適時調整。其實很多創造發明都是看到潛在的需求，從「井泥不食」、「舊井无禽」，直到有甘甜清涼的地下水不斷冒出來。可見只要稍微調整一下，有好產品面世，立刻就會門庭若市。

二爻：艱難的突破

九二。井谷射鮒，甕敝漏。

〈小象〉曰：井谷射鮒，无與也。

因為不甘心「舊井无禽」，於是進入第二爻的大幅改善，從清掉淤泥廢物開始，再慢慢疏通水路；本來初爻根本沒有水，到了第二爻就有一點水出現了，水位也慢慢上升。雖然距成功的第五爻還早得很，但至少已經看到初步的成果。

接下來看具體的爻辭：「井谷射鮒，甕敝漏。」「谷」就是兩山之中溪流經過的地方。但井底怎麼會有「谷」呢？其實這只是一個象徵性的說法，指井底出現像「谷」一樣的低窪地，表示已經有水冒出來了。因為這是口舊井，很多東西都是現成的，雖然略顯破敗，但基本的汲水功能還在。

甕就是一種汲水工具。那麼，何謂「射鮒」？有人說是小鯽魚，因為水域太窄，大魚不可能存活。井底出現山谷一樣的水路，水噴出來射到小魚身上，這就是「井谷射鮒」。小魚只要有一點點水就可以生存，但甕管是舊的，而且會漏水，現階段也無法改善設備，所以小魚賴以養活的水還是不夠。因陋就簡的研發前期就是這樣，初步雖有突破，但前景仍然充滿困頓。因為第二爻爻變為蹇卦（䷦），寸步難行，難以為繼。

另外，「井谷射鮒」也提醒我們要多注意索求不多的社會底層，例如貧民窟。像印度要趕上中國就很難，種姓制度牢不可破，二戰後雖然實行西方式民主，但種姓觀念仍然根深蒂固，而且所謂的賤民階級——首陀羅還很認命。即使在最繁華的大都市，貧民窟規模之龐大令人震驚；你會發現，就那麼一點點資源，居然可以養活那麼多人。這也是這個爻給我們的啟示，一點點資源就可以滋潤廣大眾生。所以，任何一種公共設施、民生必需品的費用都要很低，讓人消費得起，這就是井水的意思。它不是鼎，只要開發出來就不能太貴，必須人人都用得起。

「井谷射鮒」也是好不容易得來的成果，靠著「甕敝漏」的破管子搜集到一點東西，錢不多，研發的預算有限，沒有金主願意投資，可能是一個人在小工作室或是一個寒酸的研發團隊裡，就像土法煉鋼一樣，只憑著模模糊糊的理念就動起來了。一開始當然是寸步難行。這樣的一個團隊，從「井泥不食，舊井无禽」，到「井谷射鮒」有了初步成果，這還是在「甕敝漏」的克難條件下掙出來的。本來二爻跟五爻是相應的，但〈小象傳〉說：「井谷射鮒，无與也。」二爻的研發成果繼續發展下去，將來說不定就會站上第五爻的位置；但現狀很糟糕，「无與也」，沒有強力的投資者做靠山。「九五」跟「九二」相應，但是不相與。「九二」在這麼低的位置獨自奮鬥，遭遇很多難關，錢不夠，人也不夠，有一點點成果，卻得不到資源豐厚的第五爻垂青；中央不撥預算，也沒有民間企業贊助。自己和小團隊的伙伴，就得像蹇卦一樣，風雨同舟，互相激勵，「勞民勸相」。在孤立無援的情況下，個人或小團體的打拚常常是如此，因為成果有限，只能從「敝漏」勾畫未來的發展，那是很困難的。這個階段實在不夠看，所以第二爻得咬牙獨立奮鬥。

這樣看來，困卦跟井卦有很多地方是共通的。這裡說「无與也」，「九二」沒有「九五」的支持；困卦「九四」則說「有與也」，因為困卦「九四」跟「初六」相與。井卦的二爻跟五爻不相與，沒有外援，得靠自己咬牙奮鬥。困卦「九四」雖然有與，但「來徐徐」，資源「困于金車」，要送到相與的「初六」這一終端用戶，中間反被攔截，這跟「甕敝漏」不是很像嗎？「九四」有些錢要幫助「初六」紓困，但中間要經過「九二」和「六三」，可能會被「九二」攔截，所以真正能送到「初六」手中的可能十不剩三，還來得很慢，故「吝有終」。井卦「九二」「无與」說明研發成果非常有限，所得不多。然後困卦初爻「入于幽谷」，那是自然的山谷；井卦第二爻「井谷射鮒」，在井底形成谷地，養活了一窩小魚。這個意象和困卦初爻很像，都是屬於人生事業的谷底。困卦「九四」的資源不能及時足量送達「初六」手中，對「初六」來講，是「入于幽谷」，三年望穿秋水而看不到資源，救兵「困于金車」，還到得特別慢。

第二爻就有一個問題了。井裡有一點水，裡邊就有鮒——有小魚。說到魚，我們先說說孔子的後人。孔子的兒子叫孔鯉，字伯魚，這是大家都知道的。此外還有一個，秦末陳勝、吳廣揭竿起義打響第一槍，動搖了大秦帝國，當時很多人投奔他們，其中有一個叫孔鮒的，不知是孔子的幾世孫，因為秦朝焚書坑儒，孔鮒就去輔佐陳勝，但不到幾個月就失敗了。

井裡頭為什麼會有魚呢？很簡單，那是用來測試水質的，因為水質安全太重要了。食用品一定要經過最嚴格的檢驗，以確保安全。就像牛奶不能過期，飲料不可含塑化劑。只要有一個產品出問題，就得全面下架。「井水」是要給人喝的，從「井泥不食」到最後供給大家喝，中間的檢驗把關很重要。先不要求它有多好，至少要求喝了不會生病、不會中毒，就像第二爻雖然只能生產一點點，但也要保證是安全的，所以這水可以養魚，表示井水沒有毒。

把魚養在井裡當作安全指標，這是第二爻的基本安全檢驗，到第四爻的最後把關則又更細緻了，因為第五爻就要全面上市讓大眾使用。

三爻：叫好又叫座

九三。井渫不食，為我心惻。可用汲，王明，並受其福。

〈小象〉曰：井渫不食，行惻也。求王明，受福也。

第三爻則更進一步了，水質、水量、水位大幅改善。「井渫不食」，「渫」即浚渫，泥巴清除乾淨了，可是井水還是沒有人喝。這就奇怪了，比起初爻的「井泥不食」，三爻的「井渫不食」應該好很多，而且還經過第二爻的毒性實驗，整個品質管理都沒有問題，也開發到可以量產的階段。這麼清潔好喝的水居然沒有人動心，為什麼呢？因為第三爻還不曉得怎麼賣，叫好不叫座。這是因為內卦只懂生產，不像外卦專事行銷，現在還沒有進入行銷企劃宣傳鋪貨的階段，第四爻上市前的種種準備還未齊備，沒有顧客，就沒有辦法提供服務。所謂的懷才不遇也是「井渫不食」。這人有才，可是沒有人賞識他；下了這麼多工夫進修改善，也通過考驗了，結果「井渫」，還是「不食」。這時正好是從下卦進入上卦、生產進入行銷、廠內進入廠外的階段。井水明明可以喝了，只是還不曉得怎麼賣出去。有一天突然有人經過這口井，他發現他幾個月前走過的「井泥不食，舊井无禽」如今已煥然一新；而他本身剛好渴極了，就打了一些水來喝，感覺很好喝，可是心下奇怪，怎麼不見有人「往來井井」呢？這就像看到一個民間奇才卻沒有被啟用，不是很可惜嗎？所以他難免替這口井感到惋惜。惻隱之心，人皆有之，這就是「為我心惻」，替這口井感到難過。

當然，這也是「九三」的自怨自艾。我們不必期待一個過路人能幫多少忙，只要他喝水之後覺得水很好喝，至少可以從他的讚揚中增加自信；所以一定要另外尋找能幫得上忙的人——「可用汲，王明」。「王明」就是第五爻，三與五同功而異位，「九三」和「九五」中間隔著「六四」；「九五」代表成功的前輩或者有實力、有資源的人。「九五」看不上「九二」，但「九三」有機會爭取「九五」的垂青。「九三」已經得到路人的好評，可是這些好評沒有實質力量，必須找有實力的君位第五爻。如果君王是有智慧的明白人，就能看出「九三」的好。所以「九三」不能守株待兔，要用包裝主動把自己推銷出去；只要有幾個說你好，那就是「可用汲」。「汲」就是把水打出來，讓產品叫好又叫座，讓更多人分享它的好。但「汲」需要鋪貨、通路，這都需要錢，那就非找「王明」不可。很多王都不是「明」的，只要有「明王」，那就好辦。孔子周遊列國，不知找了多少王，幾乎都被拒絕。他周遊列國，就是「可用汲」。我們提拔人才，讓好東西發揮功能，都叫「汲」；迫不及待、積極的自我推銷，就是「可用汲」；不必矜持、不好意思，不能都學諸葛亮。諸葛亮會有人自動找上門來，那是因為他之前也有放話、造勢，然後才會吸引人注意。「可用汲」

的目的是尋求贊助，只要碰到一個王是明的，合作關係一旦建立起來，產銷雙方實力結合的結果就是「並受其福」，大家都受福。

《小象傳》說：「井渫不食，行惻也。」連路人都覺得你好，替你惋惜，下一步就得靠你推銷自己。這種事不能希望路人幫忙，要有毛遂自薦的精神，自己去找專家。「求王明，受福也」，孔、孟都「可用汲」，希望碰到明王；蘇秦、張儀就更不用講了。春秋戰國時期很多名士全都是「可用汲，王明」，只要遇到明王，就可以「並受其福」。所以不能怕挫折，更不要不好意思；不然，這個爻爻變就是坎卦（䷜）。要突破井中的坎象這一關，就得「求王明」，因為王不會主動來求你。《易經》告訴你這一關非突破不可。

這是第三爻。我們提到「行惻也」，過路人替你抱不平，但也僅止於此而已，不必有所期待。過路人畢竟只是過客，要是像无妄卦第三爻「无妄之災，或繫之牛，行人之得，邑人之災」，過路人順手牽牛，那就完了！所以這個路人不偷你的水，不給你下毒，就算是高尚人士了，你還希望他扮演「王明」，那不是糊塗之極嗎？所以重大事情還是要找明王。

四爻：完美的修整

六四。井甃，无咎。

〈小象〉曰：井甃无咎，修井也。

第四爻很簡單，就四個字：「井甃，无咎。」「甃」就是修井。進入第四爻之後，產品鏈沒有任何問題，但隨後還有銷售的問題，包括鋪貨、包裝、企劃宣傳等。井水打出來了，但絕不能出任何問題，所以就需要殺菌等準備工作。我們喝的自來水也是如此。第二爻是比較低階的安全標準，第四爻通過水管送到用戶手中之前，還要做最後把關，用高標準的安全檢測監控水質。而且一口井不只要求水質好，還要講究包裝，像井的牆壁要砌好，不能坑坑窪窪等。所以，上市行銷鋪貨前的準備，通通是「井甃，无咎」。包裝好，行銷好，水質也好，又有第三爻的好口碑，自然无咎，不會出任何問題，即使出問題也會立刻改善。

行百里半九十，不要功虧一簣，講的就是第四爻這一關。爻變是大過卦（䷛），而且又是卦中卦大過卦的最後一個爻，很可能一次錯誤就導致滅頂之災，所以〈小象傳〉再三強調「修井也」。因為這個爻是成功前最後的把關，當然重要。

五爻：品牌效應

䷯

九五。井洌，寒泉食。

〈小象〉曰：寒泉之食，中正也。

到了第五爻，好喝的井水才真正開發出來，全面供應：「井洌，寒泉食。」「洌」就是清涼；「寒泉」代表井水乾淨清涼。經過初爻到四爻的加工、檢驗，各種污染已全面排除，成為清涼、甘甜的井水；從「井泥不食」、「井渫不食」，最後變成「寒泉食」。這就是最好的產銷全面結合。五爻爻變為升卦（䷭），創造高成長的業績，懷才不遇的第三爻也升官了，才能沒有被埋沒，結果都很圓滿。

〈小象傳〉說：「寒泉之食，中正也。」「九五」中正，苦盡甘來，長期研發的成果就像甘甜的井水源源不絕。不但打響知名度，也建立了國際品牌。第五爻就是品牌的概念，任何人一想到喝水，就會馬上想到某一口井的水特別好，「井洌，寒泉食。」這就是品牌效應。可是，它得之不易，前面經過「初六」到「六四」的改造過程，「井道不可不革，故受之以革」。如果占卦占到井卦第五爻，又是宜變的位置，爻變變升卦，業績創造出來，享受成功的喜悅，全面升階。

上爻：維持品牌的忠誠度

䷯

上六。井收勿幕，有孚元吉。

〈小象〉曰：元吉在上，大成也。

井卦到第五爻還不算功成名就，還需要第六爻持續提供最貼心的服務。就像好的產品賣出去了，但產品的售後服務同樣重要。困卦上爻的服務不好，但井卦上爻的服務是百分之百的好，所以它才能夠革新、席捲市場，並且建立客戶的品牌忠誠度。品牌忠誠度一旦建立起來，這個產品在市場的地位就很難動搖了。

第六爻的售後服務是怎麼做的呢？「井收勿幕」。「勿幕」就是千萬不要蓋上蓋子。井水是公共資財，每一個人都需要喝水，所以不能把井口蓋上蓋子。「收」就是有服務人員上下班時間的限定。要讓大家隨時都有水可喝，最好是全年無休。為了降低管理成本，就要設計一種不需要人員在場的管理方式。幕就是把井蓋上，井要加蓋，可能是防止有人或動物跌入井裡。可是井口蓋上了，萬一有人臨時要喝水怎麼辦？要是無法支付二十四小時服務不間斷的管理成本，就要設計隨時可以打開的蓋子，方便大家隨時取用，不然，原先的良好口碑就可能一朝全毀。這就叫「勿幕」，為有需要的人提供方便之門，這種服務可以自動化，就像全年無休的銀行ATM櫃員機和很多自動販賣機，過年過節，大家照樣可以提款、買東西。還有，資訊社會的上網服務更是全天候的，沒有人管，也沒有人一天到晚盯著你。這也叫「井收勿幕」。

能做到這樣，慢慢就「有孚」，建立商譽，然後一傳十、十傳百，品牌效應就產生了，當然「元吉」，下面接著就是「元亨利貞」的革卦。「有孚元吉」，讓人覺得很溫暖，這種服務態度的革新，是全方位、全時間的。換句話說，這個爻的服務概念，就是即便在第五爻已經樹立良好的品牌，但要維護品牌，產生更大的附加效益，就不能從管理者狹隘的立場去考慮成本；要往長遠看，考慮消費者的需求，考慮到後面還有革故鼎新的可能。所以〈小象傳〉說：「元吉在上，大成也。」「九五」還不是大成，到了上爻就大成了。這個爻爻變又是巽卦（䷸），是憂患九卦中地位最高的卦，也是發號施令、主導一切的卦。良好的服務釀成風潮，慢慢就變成無形的資產，最後產生實際的收益。

占卦實例1：「南科」一夢成空

一九九五年初，南部科技園區籌設地點將審議通過，臺南、高雄兩縣競爭激烈，都動員所有政商關係，希望爭取到該地設址。當時高雄縣長余政憲夫人鄭貴蓮正上我的《易經》課，自己占得高雄縣的勝算為井卦二、三爻動，齊變為比卦。井卦象徵創新研發，比卦得關係良好，也有比較競爭之意。「九二」爻辭：「甕敝漏。」〈小象傳〉稱：「无與也。」「九三」爻辭：「井渫不食，為我心惻。」缺乏明王關愛支持，水位過低，公佈在即，肯定無望。幾天後發佈，果然選中臺南縣，高雄縣落榜。

所有開發事宜，必須井卦五或上爻動，才獲成功，四爻功虧一簣，四爻以下根本沒機會。

占卦實例2：小孩的魅力無敵

二〇一一年二月底，我問小孩的魅力何在？為井卦「上六」爻動，爻變有巽卦之象，爻辭稱：「井收勿幕，有孚元吉。」赤子無私，天真待人，是生命本性的自然流露，難怪大家都喜歡小孩。

占卦實例3：太陽花與食品安全

二〇一四年四月初清明，我參與企劃的臺灣國樂團「觀易賞樂」在國家音樂廳演出，以國樂表現乾坤坎離四卦的意境。樂曲後還有現場回覆觀眾的提問，並以多媒體銀幕顯示占算結果。有人關心正紅火的「太陽花」反服貿運動前景，我占得井卦「九二」爻動，爻辭稱：「井谷射鮒，甕敝漏。」〈小象傳〉解釋：「无與也。」爻變為蹇卦。當下就判斷學生運動資源有限，得不到太多高層的支持，內部也存在一些結構上的問題，推動有困難。果然一兩天後宣佈退場，結束了長期對峙的局面。

當年十一月上旬，因資策會贊助加辦一場演奏會，現場有人提問臺灣的食品安全能改善否？其時頂新毒油的事件正鬧得不可開交，民怨沸騰，結果又占出井卦「九二」爻動，變為蹇卦。水井中放置小魚正為防毒，確保飲用安全，看來政府的把關出了不小問題，得大力整頓，要有大幅改善還真不容易呢？

占卦實例4：亞投行的開辦前景

二〇一五年四月初，大陸國家主席習近平正式提出籌設亞洲投資銀行的構想，以促進亞洲許多地區的開發繁榮。我問其開辦前景，為井卦五、上爻動，齊變為蠱卦。井卦象徵研發轉型，君位「九五」爻辭稱：「井冽，寒泉食。」資金如井泉湧騰而出，取之不盡用之不竭。「上六」爻辭稱：「井收勿幕，有孚元吉。」〈小象傳〉讚稱：「大成也。」信貸服務不設阻礙，博施濟眾，大功告成。長久以來美歐日霸權壟斷的金融積弊，終於有了改革體制的機會。

易經密碼：易經六十四卦的全方位導覽 / 劉君祖著.
-- 初版. -- 臺北市：大塊文化, 2015.11
冊；　公分. --（劉君祖易經世界；7）

ISBN 978-986-213-653-9（第六輯：平裝）

1. 易經　2. 研究

121.17　　104020591

劉君祖易經世界7
易經六十四卦的全方位導覽
易經密碼　第六輯

作　　者：劉君祖
責任編輯：李濰美
封面設計：張士勇
文字校對：趙曼如、楊菁、鄧美玲、劉君祖
法律顧問：董安丹律師、顧慕堯律師
出　　版：大塊文化出版股份有限公司
地　　址：台北市 105022 南京東路四段二十五號十一樓
網　　址：www.locuspublishing.com
讀者服務專線：0800-006689
電　　話：(02) 87123898　傳眞：(02) 87123897
郵撥帳號：18955675　戶名：大塊文化出版股份有限公司
總 經 銷：大和書報圖書股份有限公司
地　　址：新北市新莊區五工五路 2 號
電　　話：(02) 89902588（代表號）　傳眞：(02) 22901658
初版一刷：二〇一五年十一月
初版七刷：二〇二二年五月
ISBN　978-986-213-653-9
定　　價：新台幣四〇〇元
Printed in Taiwan